U0610041

越文化研究丛书

王建华 主编

孙伏园评传

吕晓英 著

中国社会科学出版社

图书在版编目（CIP）数据

孙伏园评传／吕晓英著．—北京：中国社会科学出版社，
2011. 11

ISBN 978 - 7 - 5161 - 0299 - 2

Ⅰ．①孙…　Ⅱ．①吕…　Ⅲ．①孙伏园（1894—1966）-
评传　Ⅳ.①K825.6

中国版本图书馆 CIP 数据核字（2011）第 230211 号

责任编辑　官京蕾
特约编辑　大　乔
责任校对　王俊超
封面设计　子　时
技术编辑　李　建

出版发行　中国社会科学出版社　　出版人　赵剑英
社　　址　北京鼓楼西大街甲 158 号　　邮　编　100720
电　　话　010 - 64040843（编辑）　64058741（宣传）　64070619（网站）
　　　　　010 - 64030272（批发）　64046282（团购）　84029450（零售）
网　　址　http：//www.csspw.cn（中文域名：中国社科网）
经　　销　新华书店
印　　刷　北京奥隆印刷厂　　　　装　订　廊坊市广阳区广增装订厂
版　　次　2011 年 11 月第 1 版　　印　次　2011 年 11 月第 1 次印刷
开　　本　710×1000　1/16
印　　张　17. 75
字　　数　289 千字
定　　价　38.00 元

凡购买中国社会科学出版社图书，如有质量问题请与本社发行部联系调换

版权所有　侵权必究

越文化研究丛书编委会

学术顾问（以姓氏笔画为序）

李学勤　陈伯海　陈桥驿　高丙中

董乃斌　董楚平　葛剑雄

主　　编 王建华

编　　委（以姓氏笔画为序）

王建华　叶　岗　朱志勇　寿永明

李生校　张炎兴　周一农　费君清

高利华　梁　涌　陶　侃　章　融

谢一彪　潘承玉

浙江省哲学社会科学重点研究基地2009年度省社科规划重大项目

《越中知名现代作家系列研究》（课题编号09JDYW01ZD）成果丛书

课题负责人（主编）

王建华　刘家思

课题组主要成员（副主编）

朱文斌　李先国　吕晓英　陈改玲　周桂华

钟小安　范志强　黄　健　傅红英

《越中现代知名作家系列研究丛书》
序

越中现代知名作家系列研究丛书是浙江省哲学社会科学重点研究基地2009 年度省社科规划重大项目《越中现代知名作家系列研究》（课题编号09JDYW01ZD）成果。

世纪之交，中共浙江省委、浙江省人民政府作出了浙江省不仅要建成经济强省，而且要建设成文化大省的重要决策，大大地推进了浙江文化的研究，也激活和浓化了浙江的学术空气。社会发展必然推动文化的进步，但文化的精进反过来又会推动社会的发展。这种相辅相成的关联性，自然要求浙江在经济建设和社会发展获得全面进步后尤其要重视文化建设。多年来，文化研究已经成为浙江省文化建设的一个亮点，不仅是浙江省一个新的学术生长点，而且也是浙江省社会主义精神文明建设的重要阵地。

然而，文化研究有一个基本的抓手，就是作为社会主体和文化主体的人。因为人既是社会、文化的创造者，又是社会、文化的载体，文化演进和社会发展都是由人主导的。因此，研究文化就是要研究主体的人所创造和彰显的社会文化的历史形态和内在品格，为今后社会文化的繁荣和发展服务。正是基于这一点，我们申报了浙江省哲学社会科学重点研究基地社科规划重大课题《越中现代知名作家系列研究》，2009 年获得了立项资助。

从全省范围讲，浙江（越）文化研究从20 世纪二三十年代萌芽，到20世纪末期揭幕，至今已经着手了两方面的工作：一是浙江（越）文化的史论研究；二是浙江（越）文化名人传记的研究、撰写。前者以宏观的理论探讨见长，奠定了浙江（越）文化研究的理论基础；后者从文化主体的个体出发进行微观的透视，呈现浙江（越）文化的主体状态。这两种视角构建了浙江（越）文化研究的基本框架，奠定了浙江（越）文化研究的基础。

绍兴文理学院越文化研究基地前几年组织力量重点研究了"越文化通

论"等一系列重大课题，推出了一批成果，就是立足于史论，旨在为今后
的越文化研究奠定基础的。然而，越文化研究停留在这里是不够的。一是
我们的研究必须从历史走向现代，要服务于当代，启示将来，因此开展现
代越文化研究显得十分重要；二是文化不只是抽象的、概括的、普遍意义
的，也是具体的、鲜活的、个性化的。因此，我们的研究一方面要将理论
的概括融入到鲜活的个体和具体的形态中去，另一方面又要从个体中把握
其普遍的意蕴指向，同时还必须把握古往今来历史进程中的文化传承与超
越的情形。这是人类文化发展的内在特征与基本面貌。一种先进的文化姿
态总是既不会忘却历史，又能着眼于现实，放眼于未来；而一种有生机和
活力的文化，则不是着眼于传统，而是立足于现代。从本质上说，文化研
究的根本任务，就是要从历史中把握内在精神的现代基质，探寻现实人生
与社会文化发展的路向。所以，文化研究必须具有三种眼光：过去—现
在—将来；必须抓住三个基点：人—时代特征—自然环境；必须把握三种
内涵：传统—现代—未来。而一种文化如何从传统走向未来，现代的情形
则是十分重要的。可以说，把握现代的蜕变，是推进文化研究由注重历史
走向着眼未来的一条必由之路。

越中自古以来经济发达，文化昌盛，名人辈出。在近代向现代社会的
转型过程中，越中诞生了蔡东藩（1877—1945）、刘大白（1880—1932）、
鲁迅（1881—1936）、许寿裳（1883—1948）、周作人（1885—1867）、夏丏
尊（1886—1946）、孙伏园（1894—1966）、胡愈之（1896—1986）、许钦文
（1897—1984）、谷剑尘（1897—1976）、孙福熙（1898—1962）、章锡琛
（1889—1969）、魏金枝（1900—1972）、孙大雨（1905—1997）、姚蓬子
（1905—1969）、孙席珍（1906—1984）、吴似鸿（1907—1988）、陶亢德
（1908—1983）、柯灵（1909—2000）、徐懋庸（1910—1977）、陈梦家
（1911—1966）、金近（1915—1989）、谷斯范（1916—1999）等一大批著名
作家。他们有的是现代文学大师，有的是"五四"白话新诗文的开创者和
代表诗人，有的是乡土小说的代表作家，有的是新月派的代表诗人，有的
是上海"孤岛"时期的著名小说家、散文家，有的是白马湖派的代表人物，
有的是湖畔诗社的重要诗人，有的是著名的戏剧家，有的是"左翼"文学
的著名作家，有的是鲁迅杂文的继承人，有的是抗战文学的代表作家，有
的是近现代通俗演义小说重要的开创者……他们贯注着越文化的血脉，又

创造了鲜活的现代越文化成果，显现了越文化的现代形态与内在特征，是越文化从传统走向现代的转型过程中的活的文化标本，反映了从传统走向现代的越地人民的精神历程及其所取得的历史文化成就。

因为以往的研究关注历史的比较多，而关注现代和当代的比较少；关注文化精英和高层的较多，关注大众形态和普通性的很少，所以，除鲁迅和周作人之外，学术界对上述越中作家重视不够，大都没有被纳入学术界系统研究的视野之中。而从文化视角来研究、发掘其精神资源，关注其现代文化成就的尤其少，审视其创造的独特文化形态，显得非常不够。特别是对于他们在浙江（越）文化从传统走向现代、由封建走向民主的转型过程中所产生的精神流变和思想引领的生动状态更疏于探究。因此，开展越中现代知名作家系列研究，是对浙江（越）文化研究的一种补充、深化和拓展，意义重大。一、展示浙江文化的现代成就，展现浙江文化的先进性，弘扬浙江文化的现代精神，为正确认识从晚清到现代浙江（越）文化的历史特征提供一个切入口，为浙江（越）文化的建设和发展提供一些思想启示；二、开拓浙江（越）文化的研究领域，有利于建构历史形态研究——传统向现代的转型研究——现代越文化研究的完整研究体系，推动浙江（越）文化的全面研究，推进浙江省文化工程的研究进程，为区域文化研究提供新的视野和途径；三、为正确认识近代知识分子如何转变为现代文化精英提供一种理论指导，为现代史书写提供参考；四、填补上述作家没有整体研究的空白，深化和拓展中国现当代文学的研究，为文学欣赏提供指导和启示；五、为人物研究和评传写作提供一种学术借鉴与参照；六、镜照世俗社会，启示现实人生，引导个体树立正确的人生观和价值观，提高国民素质，推动社会进步。

因此，我们准备分期分批地对上述知名作家展开研究。最初的设想是于2005年提出的，2007年着手准备，2008年开始启动，2009年开始了全面的实质性研究，到现在已经有几年了。目前选取了学术界关注比较少，整体研究比较薄弱，甚至是还没有作过整体研究的10位作家作为第一批研究对象，组成了《越中现代知名作家系列研究》重大课题。这些作家是蔡东藩、刘大白、许寿裳、夏丏尊、孙伏园、胡愈之、魏金枝、孙大雨、徐懋庸、陈梦家。我们从校内外选取了有一定研究基础和实力的教师作为课题组成员，采取统一规划、目标一致、分项包干、责任自负的方式，展开研究。我们的想法是，这一批作家研究完成后，重新申报项目对第二批、第三批作家进行研究。至于为何没有将鲁迅、周作人两位大师列入第一批研究对象，是因为学术界对他们已经有很充分的研究，各种研究成果很多，就是从浙江（越）文化视角去研究他们的成果也不少，这是我们要特别说明的。

我们试图通过对这些越中现代著名作家的研究，发掘浙江（越）知识分子在社会转型时期是如何将时代要求内化为文化精进者的主体追求，成为推动社会进步的强大力量的深层原因，从而把握浙江（越）文化从传统走向现代的转换过程中的精神脉络，探求浙江（越）文化的现代精神底蕴，构建越地现代人类学的理想图景。其特点在于：一、着眼于从近代到现代的社会转型，抓住人这个主体，以系列研究来审视浙江（越）文化从封建传统文化形态走向现代文化形态的演变轨迹，打破以往研究中宏观宽泛的研究态势，改变割裂式的个别研究，既呈现浙江（越）文化的个体活性，又彰显浙江（越）文化的历史形态，避免以偏赅全、人为设定的局限与不足。二、文化既是一种历史形态，又是一种现实形态，还是一种从历史到现实的过渡形态，但文化研究始终是为现实形态的建构服务的，要着眼于文化的发展。因此，我们打破庸俗社会学和政治学的惯性思维模式，采取史论结合的方式，运用系统论的理论和方法，从社会转型的动态文化大背景中去进行整体研究，揭示社会的剧变对个体人生的影响，通过全面把握社会转型中不同个体的生命旅程、思想性格、人生业绩和创作成就，来把握浙江（越）文化的现代形态，改变以往以静态的文本解读和阐释的简单化方式，凸显文化的立体感和整体性。三、文学是文化的一种主要构成要素，文化灌注在文学之中。因此，从各个研究对象的生命发展历程中来把握他们的文学创作，审视它们在现代浙江（越）文化建构中应有的文化、艺术和思想价值，把握它们在中国现代文学发展历程中的意义，彰显浙江（越）文化对于中国现代文化的影响力，是我们研究的一个主要内容。在这里，个体与整体相结合、历史与现实相联系，就成为了我们研究过程中的重要原则，并重视将这些作家置于中国现代文学发生发展的场域中展开研究。

在研究中，我们强调融社会批评与主体剖析于一体，理清各个研究对象的生命旅程和思想发展脉络，突出文学创作和文学活动，将事业（仕途）、爱情和交游三线交织，全面地展现其悲喜沉浮的人生，揭示其人生和创作取向的主客体成因，立体地展现其真实形象，彰显其现代的精神特征和越文化的现代品格。同时，我们又注重分析和把握他们文学创作的特色和成就，认识他们各自在文学史上的地位。我们的研究，既注重文化个体活性，又注重理论概括；既注重历史传统的把握，又注重对传统与现代的融通、历史与现实的关联；并以社会学、文化哲学和生命哲学为指导，突出原初性研究特征，挖掘越文化渊源；且以文本研读、田野调查和人物访谈为路径，立足于社会转型的背景来审视他们的人生历程、思想情感和文化心理，透视其世界观、人生观、文学观以及价值追求，进而彰显浙江（越）文化的现代精神。

在研究过程中，我们注重在充分掌握资料的基础上进行系统而深入的分析研究，力求比较全面而准确地对研究对象的创作成就及其文学地位予以比较客观的评价；注重对现有研究文献和传记资料的甄别与辨正，剔除以往研究中的错漏与偏失，力求还研究对象以本来面目；注重从特定时空背景中去审视研究对象主体人生的独特状态，力求对其人生和思想历程作出比较科学而合理的阐释。因此，我们一方面高度重视搜集越文化背景和历史资料，以及各研究对象散落的文学作品、文献资料和生平事迹，把准其精血气；另一方面又重视对研究对象曾经生活和工作过的地方的考察，重视访问其后人及其友人的后代，重视与相关的研究专家交流，以完善研究工作。

在研究工作中，我们再三讨论了各子课题的研究方案，又审定了各专著的写作纲要，有的经过了几次的讨论修改以使整个课题的研究成果保持面貌的基本一致，而又各具个性和特色。在这套成果丛书出版之前，我们也随机性地选择部分书稿予以审阅，每部书稿都经过了三四次的修改。然而，由于研究对象几乎都是博古通今、中西交融的鲜活的文化个体，牵涉的学科领域很广，触及社会与人生的问题很深，文化内涵很丰富，对研究者的素养形成了很大的挑战，赋予了研究工作本身较大的难度；加上课题组成员都担负着繁重的教学工作，有的还担负着繁重的管理工作，精力不够集中，时间比较紧张；尤其是我们水平有限，并且对人物评传的撰写缺乏经验，因此，研究工作难免存在一些着粗疏和不足，我们敬祈读者批评指正。同时，由于课题组成员从事研究的经验和实力本身存在差异，因此，虽然我们在研究和撰写过程中大都十分认真和负责，但实际上这套丛书的质量很难做到整齐划一，这是我们尤其感到不安并要恳请读者谅解的。我们必须告白的是，我们所做的仅仅是抛砖引玉的工作。

在研究进入尾声，成果即将付梓之际，作为课题主持人，我们首先要感谢全体课题组成员几年来的密切协作与艰苦工作，使本课题的研究工作得以按时完成。同时，我们也要感谢浙江省哲学社会科学发展规划领导小组、浙江省哲学社会科学重点研究基地的领导部门以及绍兴文理学院越文化研究基地的大力支持。因为有了这些支持，我们这个课题的研究才由设想变为了现实，这套成果丛书才得以顺利出版。而且我们还要感谢中国社会科学出版社的大力支持，尤其是宫京蕾编辑为此付出的辛勤劳动。此外，对一直以来给我们的研究工作以热情帮助和关心的许许多多好心人，我们一并致以谢意。

课题负责人：王建华　刘家思

目　录

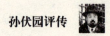

前　言

　　孙伏园（1894—1966），浙江绍兴人，作家，编辑家，文化名人，作为新文化运动的重要参与者，在中国现代文学史、文化史上均具有不可忽略的重要意义。至今，没有完整记述孙伏园的生平活动，并结合其创作进行全面评述研究的"评传"，这意味着在孙伏园研究上尚存一个大的空白领域，有较大的研究空间。

　　孙伏园的人生经历、思想发展与时代发展、革命运动之间存在着主客观交互影响的血肉相连的紧密联系。在他身上，有许多很复杂而又矛盾的性情统一在一起，这是一个奇迹，他单纯而又复杂，豪情而又节制，激情而又严谨，乐观而又悲悯，率真而又谨慎，能处理各种复杂的关系而又不世故，浪漫的文人气质与深刻的现实洞察力有机相融。要做到这一切是很不容易的，孙伏园却很自然而轻松地做到了。孙伏园为文很高妙，为人也是如此，他有着无限的生活智慧。

　　1894 年 12 月 24 日孙伏园出生于绍兴城内渔化桥河沿，祖籍绍兴嘉会（今绍兴齐贤镇），原名福源。1918 年进北京大学读书，更名伏园。1921年，北京大学毕业后，他辞去北大讲师之职，出任《晨报》专职编辑。同年 10 月 12 日，接替李大钊，主编《晨报》第七版"文艺栏"，并将该栏改为四版单张，定名为《晨报副镌》。1924 年 10 月，孙伏园辞去《晨报副镌》编辑职务，应《京报》总编辑邵飘萍之邀，任《京报副刊》主编。1926 年 4 月 24 日，《京报》被查封。同年 8 月，孙伏园到厦门大学任厦门大学国学院编辑部干事。12 月，赴广州，任《民国日报》副刊编辑，兼任中山大学史学系主任。1927 年 3 月 22 日，中国国民党中央机关报《中央日报》在汉口创刊，孙伏园应邀任《中央日报》"中央副刊"总编辑。1927年 9 月 1 日，《中央日报》"中央副刊"停刊，孙伏园与三弟孙福熙共同在上海创办嘤嘤书屋。1927 年 12 月 5 日，《贡献》旬刊创刊（第五卷起改为月刊），孙伏园出任主编。《贡献》于 1929 年 3 月出至第五卷第三期时终刊。孙伏园赴法国巴黎勤工俭学，在巴黎大学专修文学，并从事散文创作。1931 年 5 月，自巴黎回国，应中华平民教育促进会领导人晏阳初之邀，到河北定县从事平民教育，任平民文学部主任，编辑平民读物、《农民报》及平民学校课本《千字课》等。1937 年 6 月，中华平民教育促进会总部撤迁至长沙，孙伏园随中华平民教育促进会迁至长沙。1938 年初，湖南省衡山实验县成立，孙伏园出任衡山实验县县长。1939 初，孙伏园辞去衡山实验县县长，中华平民教育促进会安排孙伏园赴贵州定番县乡政学院工作。1940 年底，孙伏园到重庆，执教于重庆中华平民教育促进会中国乡村建设学院，并受聘重庆政治部文化工作委员会和设计委员会委员。1940 年冬天，重庆《中央日报》改组，孙伏园应总编辑陈博生之邀到《中央日报》，以主笔的名义主编副刊。1942 年 1 月 24 日至 2 月 7 日，在《中央日报》副刊上登载郭沫若的历史剧《屈原》，孙伏园因此被撤销《中央日报》副刊"中央副刊"主编职务。之后，借重庆《时事新报》改组之机，孙伏园进入《时事新报》任主笔，实际上在编辑部负总责。1943 年上半年，在主笔《时事新报》不到一年后，即退出《时事新报》。和刘尊棋、詹辱生等组建中外出版社，从事出版工作，出版《文汇周报》，孙伏园任该刊主编。同时，1941 年 1 月至 1945 年 8 月，孙伏园还任重庆士兵月刊社社长，负责编辑出版《士兵半月刊》。1945 年 8 月，任成都齐鲁大学中文系主任。后应成都华西大学文学院汪德亮院长之聘在华西大学教书，一直工作到 1949 年，历时四年。1947 年 9 月起，在华西大学教书的同时，又在"中西文化研究所"和铭贤学院兼职。同时，1946 年，应成都《新民报》总编辑关白晖之邀任该报主笔兼副刊编辑，直至 1949 年上半年《新民报》被查封。1949 年夏天，离开成都再赴重庆，在北碚的乡村建设学院任教授。1949 年 11 月，重庆解放。孙伏园应邀参加重庆市军管会召开的文教界代表座谈会，当选为重庆市第一届人民代表，参加了人代会。1950 年 1 月，应胡愈之之邀欣然北上，1950 年 2 月 2 日，到达北京，出任出版总署图书馆馆长，全国文联增选孙伏园为全国委员会委员。1954 年冬天，中风脑溢血，经抢救治疗，虽脱离危险，但因右边偏瘫，不得不在家治疗休养。仍继续担任版本图书馆馆长，坚持在家中阅读办公，锻炼用左手写字。1966 年 1 月 2 日，孙伏园在北京弘通观 2 号家中去世。

对于孙优园这样一位参与过新文化运动的重要作家，著名编辑家，文化名人，迄今为止，竟没有一本专门的研究著作问世。从当下学术界研究成果看，对孙伏园的研究仅仅停留在把他作为一位副刊编辑加以解读而已，且也只是停留在对史料的复述上，至于对他的散文、杂文创作成就，他的文化实践贡献均疏于谈及，这多少是件遗憾的事。我们以"评传"形式进行孙伏园研究，通过记述孙伏园的人生历程，重点评述他的文学创作、编辑活动、文化实践，凸显出他是一位在现代文学史上有独特贡献的作家、编辑家、文化名人，具有重构性和原创性，填补了孙伏园没有评传的空白。

我们不孤立静止地研究作家作品，更不会用程式化、概念化和简单化的方法来代替对复杂文学现象作深入的思想剖析和美学评价，我们首先把问题放到一定的历史范围内，从广阔的时代背景和中国社会实际出发，来分析孙伏园的散文杂文创作、编辑活动、文化实践，以及他思想艺术特色的形成过程和他在文学史上的独特成就与贡献，不仅注意到从孙伏园和外部世界的关系来研究他的思想与创作，而且注意评述形成作家思想艺术特色的主观因素。

譬如，在绍兴民间，说起有出息的家族时，常有"周家三兄弟和孙家两兄弟"之称，"周家三兄弟"指鲁迅和他的弟弟周作人、周建人，"孙家两兄弟"指孙伏园和他的三弟孙福熙，"周家三兄弟和孙家两兄弟"之称自然是说这两个家族的后人有出息。诚然，这个说法或许不够精确科学，但确也不是毫无依据的。孙家与周家，孙伏园及他的三弟孙福熙与鲁迅、周作人既是同乡师生，也是有共同文化追求的战友，他们作为师生、同人一起参与了新文化运动，留下了许多值得研究的课题。在本书中，我们对孙伏园参与其间的中国现代文学史中的诸多现象和事件作出了学理性的解释和评价，这可使流于语焉不详的问题得到一定的廓清。

作为一部作家评传，本书主要有三个特点。其一是经纬交错的结构。以生平活动为经，以创作活动、编辑生涯、文化实践为纬，为主要内容。在记叙了生命历程后，横向展开、分头分题评述，从而使得结构、脉络和层次清晰，又相对集中而形成各自的评述中心和内容特点。其二是客观真实的风格。力求表现出作家及其创作的本来面貌，从原始材料出发，以事实为根据，避免推测和想象而导致失真，如有推测和发挥，均有"或许"

"猜想"引领,表示并不确定,以适应于对问题的重新解释和探讨,注重引用原文,并注意注明出处以备考。其三是史论结合的高度。从时代变化和创作发展的背景中,按学理深入挖掘、阐释作品的思想内涵和艺术特色,对文学创作、编辑活动、文化实践分别作梳理和评述。崇尚理性,有激情,不激动,不感情用事,坚持实事求是,做到不溢美、不掩丑,不拔高、不贬低,崇尚借鉴,以历史和历史人物为镜子,从历史的演变和历史人物身上,寻找多方面的有益启示。

我们相信,我们的写作不只是权作人们茶余饭后的谈资,一定会留下一些启迪。再者,2011 年正值孙伏园先生逝世 45 周年,出版《孙伏园评传》更有当下纪念意义,我们愿将《孙伏园评传》作为菲薄的祭品敬献给孙伏园先生。

第一章

故 乡 时 光

在绍兴城区西北约11公里处，有一叫嘉会的小镇。传说清乾隆皇帝到江南巡视时曾到过此地。当年乾隆皇帝坐着龙舟，沿着小西江一路东来，过柯桥折而往北，先在"官墅"落脚小息，后经"待驾桥""周驾桥""迎驾桥""仙驾桥"顺江而下，径直来到阳嘉隆。因为龙是皇帝的象征，后人便将"阳嘉隆"改为"阳嘉龙"，而"汇""会"近音通假，嘉会因此得名。

嘉会今属绍兴县齐贤镇。嘉会镇上街河曲折蜿蜒如游龙，龙首在东西与南北直江相会，形成"三龙"会合状。集市沿河呈弧形分布。老街的北面为铺面。踏上一座从南街通向北街的拱式石桥，倚桥眺望，只见二层砖木楼房，木檐黛瓦下的上层，有式样不一的格子窗、雕花窗，窗户或闭或开；下层则是狭狭长长的雨廊，雨廊内古色的铺面，曲尺形的柜台，或茶馆或酒食店或百杂摊。沿着雨廊下的石板路走去，只见茶馆里有三四人聚坐品茗，百杂摊前有行人驻足挑选土布、竹木制品和霉干菜等特产，酒食店里时时散发出浓郁的老酒香味。

当时的嘉会是"濯锦乡"，濯锦是洗涤丝绸的意思。嘉会的周边有安昌、华舍两个轻纺重镇，丝绸特多，常需洗涤，嘉会自然成了安昌、华舍两个轻纺重镇的丝绸洗涤地，所以便有"濯锦"之命名。

这个有着绍兴水乡特色的小镇除有"濯锦乡"之称外，还设有多家金银箔作坊。金银箔是绍兴特种传统工艺品，经手工千锤百打而成。1克黄金，可打成9.33×9.33厘米金银箔50张。薄胜蝉翼，无风自飘，指触入纹。成品用于会堂宾馆、宫殿庙宇、柱梁匾牌以及文物、字画、纸扇的装饰。割成丝线，用于戏袍、高级服装和少数民族服装缀绣。金银箔作坊多父子相传。这种传统手工艺锤打技术给嘉会百姓带来了滚滚财源。

　　孙伏园的祖先就生活在这个小镇上。孙伏园的曾祖父长期在安徽和河南做小官，到70岁才回来，那时，家里的人都先后在白喉病中去世，包括他的哥哥和弟弟及侄子。这样他就在叔伯兄弟门下找了一位侄孙过继给哥哥和他自己做嗣孙，这就是孙伏园的父亲。孙伏园的父亲本想读书，但考虑其祖父年事已高，且留下的财产不多，他必须及早立业。因为其岳父家有人做估衣生意，所以他也就开了个估衣铺，但因他原来是学习经营杂货的，并不熟悉估衣，所以经营不善。

　　大约在1893年，孙家在绍兴城内渔化桥河沿购置了宅院，举家迁入城内。这是一个具有清代建筑风格的传统绍兴台门。大门上顶有屋檐挑出，砖木结构，石板铺地，屋宇高大，天井开阔。天井即院子，绍兴人称作"明堂"。走进台门大门，一方天井便施施然地呈现在眼前。每到午后，阳光投射至天井，天井便会形成一个阳光方框。天井的功能除通风、采光，还有"四水归堂"之意，因为天井的四面是四间屋的屋面，屋面上的雨水都会淌到天井里，这叫做"肥水不落外人田"。孙家的前院后园，杂莳花木，院子很大，一年四季花香浮动。客厅是三开间的平房，客厅左边挂着四张屏，屏上的字是绍兴一个老翰林写的隶书。

　　1894年12月24日，孙伏园出生在这座宅院内。在孙伏园出世时，家中有曾祖父、父亲、母亲，家中的财产有占地约20间平房组成的房子一栋，两个菜园子，田地9亩。孙家本来就家底殷实，今日又喜添新丁，更是锦上添花。孙家给孩子取名"福源"，希望他能给家族带来源源不断的福气财气。

一、快乐童年

　　孩子无时无刻不在天堂，童年无需祈祷幸福，它本身就是幸福。这个名叫福源的男孩，的确有个幸福的童年，这多半是因为他有一个好父亲。父亲精细认真，他不苟言笑，不轻许人，不随便承诺，数丈以外能辨步声，事实未发现以前能有几分先知的把握。

　　父亲不抽烟，他的嗜好只是栽花，他是真正爱花，不是为了消闲，更不是为了图利。他从乌石荒坳里采来红蔷薇插枝，红蔷薇第一朵花开的时候，他将花盆放在正屋左边最近的茶几上，用一条竹枝的叉，支持在花骨朵之下，他的一举一动是如此的细致。他招呼家人们和他一起仔细地观赏花朵，他边观赏边自言自语："我看着这朵花就如有了一个女孩的高兴。"或许是他怕别人不懂他话中之义，便又补充说："我没有女儿，没有人会见气的。"父亲一生养育四子，他是在借花略抒自己没有女儿之憾。

父亲种的桂花是四季桂，通年开花，花儿香气四溢，而且常有许多重瓣。每当桂花盛开的时候，父亲常常抱着小弟在树下说："我们来数桂花，看看重瓣的一共有几朵。"

夏天的早晨，院中的鸡冠花、美人蕉鲜艳明丽，绯红的荷花也乘着凉快浮在绿叶上怒放开来。童子孙伏园就在这花前读书、写字，累了就取了水桶到河中汲水浇花。早晨的太阳斜照水上，又返照到河埠的椽子间，水影在椽子间跳跃舞动。冬日的傍晚，院中腊梅花盛开，父亲便给孙伏园讲"日暮诗成天又雪"意境之美妙。

父亲于上一年所种的牡丹花盛开时，他自己没有能够看到这花的盛开。父亲融融的爱意在孙伏园 14 岁那年消失了。父亲是患喉症去世的，亲友中有人说，父亲如果抽烟，也许可以躲开这个大祸。14 岁的孙伏园虽然无法认定此话科学与否，但他自从那时起便存有必须抽烟的观念了，而且他自己日后也学会了抽烟，烟龄不短。

父亲去世了，但慈母仍健在，尽管她没有父亲的精细认真，但她慈惠耐心，对孩子从来都是和声细语的。父亲去世，母亲带着呜咽对孩子说："以后做人处处要小心，你们是没有父亲的小孩子。"每到孩子的生日，这天清晨，

孙伏园与母亲、妻儿在
绍兴渔化桥河沿老家

母亲总会对孩子说："今天是你的生日，小心点，不要讨人厌。"当姑母从四十里外乡下寄来包裹或圆篮，母亲拆开它们时，总感恩念叨："姑太太真细心，她无微不至地爱你们，有的父母爱子女还没有这样呢！"

祖父忌日，正是吃蟹时节，孩子们想吃蟹时，母亲会说："今天曾祖父没了，要斋戒的。要听话的，他是如此爱你们的！"南风吹来，闹营营的市声中辨别得出人的叫喊与狗的狂吠。母亲掩藏起内心的忧惧，对孩子们细缓地说："声音这样的扰，一定时势要不太平了。外边时疫极盛，你们走来走去小心些！"

衣食无忧，父慈母爱，孙伏园就在这融融的亲情里，在温蔼耐心中成长着。

二、兄弟手足

在绍兴民间，说起有出息的家族时，常有"周家三兄弟和孙家两兄弟"之称，"周家三兄弟"指鲁迅和他的弟弟周作人、周建人，"孙家两兄弟"指孙伏园和他的三弟孙福熙，"周家三兄弟和孙家两兄弟"之称自然是说这两个家族的后人有出息。诚然，这个说法或许不够精确科学，但确也不是毫无依据的。出生在绍兴城内渔化桥河沿孙家台门内的两兄弟与出生在绍兴城内都昌坊口周家台门里的周家兄弟，日后均成为了新文化运动的主力，他们是师生同乡，又是同人朋友，有着许多共同的文化追求和文化精神。

孙福熙比孙伏园小四岁，自幼聪颖活泼，有绘画天赋，对色彩和文字较为敏感。1920 年 12 月 15 日，孙福熙从上海搭乘法国邮船"智利"号赴法国勤工俭学，经过一个多月的海船生活，于 1921 年 1 月 23 日抵达里昂。赴法途中，他每天必有数百字的记载，真实地记录了途经印度洋、红海、地中海、西西里海峡的观感，以及香港、西贡、新加坡、可仑布、吉布、苏伊士、坡特赛得、马赛等地的风情。全文共 10 篇，文章触绪引申，皆成妙趣。这 10 篇游记大致以"智利"号邮船停泊的码头为自然段落。作者走一路，写一路。然后寄给在北京编辑《晨报》副刊的哥哥孙伏园，孙伏园将这一系列文章在《晨报》副刊的"游记"栏目上陆续发表，后来又在《新潮》杂志第 3 卷第 1 期上加以转载，并将标题改为《赴法途中漫画》。孙伏园专门为《赴法途中漫画》加了"按语"：

春苔的这十篇漫画，已在《晨报》上登过一遍，本来没有再行转录在《新潮》的意思。同社绍虞颇以他的写法为然，主张把它转录，我也甚为赞成；但我于赞成之外，觉得还可乘机说几句话。春苔这次赴欧经过许多地方，而我屈指计算，这些土地上住着的，竟可说是没有一个少壮的民族——不是衰老，便是幼稚。他自己，我以为正与我一样，是个衰老民族中的幼稚者；所以他对于他们所受的苦痛，从他文章的有几段看来，简直同他身受一样；加以他本是个富于同情的人。我看着常常想，假使经过这些地方的人，不要都默默地经过了，却如春苔一样，响响的替他们也就是替自己叫几声，这恐怕对于人类问题的大解决不会没有一点益处罢。有这一层，似乎这转录更不为无意义了。

当年的孙福熙就是这样在哥哥的帮扶下如虎添翼，将自以为幼稚或偏激的作品勇敢地拿出来，创缔出文学的最初的灿烂，继而自信地旁若无人地走到新文学史的前台，并赢得了自己的一席之地。

孙伏园与孙福熙等在绍兴渔化桥河沿老家

在此，撷拾几则兄弟俩儿时的解颐旧事，从中可知兄弟怡怡之情。

弟弟爱养小动物，哥俩便常常一起捉麻雀、蟋蟀、金铃子，将一起在南瓜棚下捉来的络纬娘，养在小竹笼中，喂之以南瓜花，让碧绿的络纬娘"静"在橙黄的花上，引导它口旁的四只小脚去拨动咬下来的花的

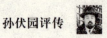

碎片，放入口中。在河埠头鱼虾船中买物的时候，哥俩总凝神留意，有什么方法可以得到一只小虾一条小鱼。弟弟最爱有花纹的小鱼，哥哥便取了来养在碗中、盆中，哥俩一起看小鱼的尾巴拨动，见小鱼的胸鳍瑟瑟地煽动时竟能毫不前进或退后，也不下沉或上浮，弟弟便称之为"静牢"。暑假时节，哥俩夹书同往园中，早晨的太阳已颇猛烈了，他们就钻入紫藤棚中。荫中生凉风，这花荫卫护着读书的哥俩，直至母亲的唤喊声响起。

有一年暑假的一个晚上，将睡的时候，忽见弟弟脉上有一条红线，从掌边至小臂中部，约有三寸之长，隐约的在皮肤之下。这时节城中正闹"红丝疔疮"传染病，听说这病像是有一条红线从手臂延长，通过心中，当红线再延至他臂时，病者就死了，也有只到心窝就死的。红丝的延长是很快的，如在太阳光下还可以看出它微微地移动过去的走向。虽然走得很微，小小一个人，从手到心的这点距离，有多少时间可走呢！据说只要用鲜枣从红丝头上擦起，红丝就不再延长过去了。

于是，焦急万分的哥哥在黑夜里赶到市上去买枣子。可是，水果店都关门，不肯开了，说卖鲜枣的节气已过，没有鲜枣了。哥哥想到或者干的红枣也可用的，便去急敲南货铺的门，声明是去医疔疮的，终于让店家起来开门。买了干红枣，哥哥急急地回家。弟弟总算毫无不适，而且红丝也渐渐淡下去了。

没有了父亲，大宅院少了许多人气，晚间总是寂寞阴森的。当天渐渐地暗起来时，母亲拿了煤油灯走向灶间，堂屋中只有一盏两条草芯点的菜油灯，橄榄核般的一粒火，连对面人的面貌也照不出。哥俩不敢留在堂屋中，就都跟了母亲走向灶间，母亲亲昵地称哥俩的跟随像"熟荸荠串进串出的"。经过檐前，母亲手中的灯光将阶前石凳上的花草与院中的桂花的影子投射到灶间壁上，斑驳的树影犹如幽暗的森林，愈移动愈觉深不可测。无数个这样的晚间，哥俩一起度过。

三、结识鲁迅

就像草木生长需要阳光雨露一样，一个人的成长也需要借助不同的机缘，从不同的维度展开，譬如职场、爱情、婚姻、仇人、恩人、同僚、上司、下属，甚至擦肩而过的人，都可以成为一个人自我发现和成长的契机、机缘。遇见鲁迅就是孙伏园成长中的一个最重要的机缘。

宣统元年（1909）正月，山阴县劝学所总董杜海生等发起、创办山（阴）会（稽）两县初级师范学堂，校址位于府城塔山原会稽县立高等小学堂。创办当年设简易科，修业年限 2 年，招生 42 名；后增设完全科，修业年限 5 年。简易科设修身、教育、国文、历史、地理、算学、格致、图画、乐歌、体操等；完全科增设英文、化学、博物、生理学、伦理学、官话教育、经学等。学生毕业考列最优等者，即为师范科贡生，以训导衔充当小学堂教员；优等者，充当小学堂教员；中等者，准许充当小学堂教员。

大约在 1903 年左右，孙伏园就读于绍兴昌安门外袍渎敬敷小学。敬敷小学初名会稽敬敷，创办于明嘉靖间。"敬敷"二字出自《尚书》："敬敷五教。""敬"是谨肃恭敬，"敷"有传播、布散义，犹今言宣传教育，"五教"指教父以义、教母以慈、教兄以友、教弟以恭、教子以孝。1906年改敬敷为两等小学堂。民国以后，敬敷学堂改为县立完小，为农村县立学校之始。后多次更易校名，新中国成立后，亦随乡镇体制变更名称。1986 年复名敬敷小学。

敬敷小学教师多为饱学之士，教学严谨，尤其是王声初校长、鲍菊潜先生的传授，对孙伏园后来从事文学活动大有影响，莘莘童子在此初露晨光。民国初，校长王声初曾获六等嘉禾褒彰。1932 年，孙伏园等人为王声初建立了"王声初先生纪念碑"和"扬声楼"钟

今敬敷小学内的王声初先生
纪念碑，只是碑体已残破不堪

楼，旨在继承和发扬王声初先生"教育兴国、为国育才"的思想和精神。

校长王声初，兼任英文教员。敬敷小学的三年级学生，《华英国学文编》就读完第四册，《耐死非尔》文法也读完第三册。寻常中学校，怕还没有这个程度。孙伏园是敬敷小学的首届毕业生，毕业考试成绩名

列第三。

1910 年，山会县立初级师范学堂完全科新生举行入学考试。这天很冷，又下着雨，一班考生，拖泥带水，右手擎着伞，左手拿笔墨跑去应考，孙伏园也是这里面的一分子。上午的考题是"学然后知不足说"，下午考的是一篇"四书义"，几天后出榜时录取四十名，孙伏园是第四名。

孙伏园入山会初级师范学堂后任完全科第一班班长。他矮矮的身材，圆圆的脸庞，面色白中透红，梳一条大辫，留着稀稀拉拉的前刘海，和人谈话，老是笑容可掬，笑的时候有两个酒窝。这班同学，大都少年气盛，一言不合小则谩骂，大则挥拳，甚至短期绝交。众人都公认孙伏园的性情最为平和，对待同学一视同仁，从来不分厚薄，所以没有一个人对他有恶感。上课时候，他貌似心不在焉，非常随便，起初大家当他是个不肯用功的人，但他的成绩，反而比任何人都强。

师范学堂的寝室，是一座七开间楼房。楼下住教职员，楼上南北两对间，隔开变为十四间，中间留一条走廊。孙伏园住第三间。晚上一到八点五十分，就得往被窝里一钻，熄灯以后，几个习惯迟睡的同学便嘻嘻哈哈海阔天空地谈话，半小时以至一小时，一部分人慢慢地都进了梦乡。谈话者从十几个人淘汰到三四个人，最后就只剩下孙伏园和同学秋宗章两人在谈话了。这时候，万籁俱寂，鼾声四起，他们的聊天声自然引起舍监先生的呵斥：孙福源、秋宗章，不准谈话扰乱别人睡觉，知道么？这就是当年孙伏园在山会初级师范学堂寄宿舍里熄灯以后谈天被舍监先生呵斥的故事。

大概在民国二年的秋天，秋宗章等几个志趣相投的年轻人，组织了一个螭阳诗社，请绍兴越铎报主笔陈先生担任名誉社长。每月三次诗课，也请陈先生替社员写的诗删改润饰。孙伏园也加入了诗社。大家哼哼平平仄仄，自命为诗翁，还各取了一个别号以"附庸风雅"。孙伏园取了音同字不同的"伏园"作为别号。这应该是他最早用"伏园"二字。

1911 年 7 月，鲁迅辞去浙江两级师范学堂教职，回故乡绍兴担任府中学堂教员。

1911 年 10 月 10 日，辛亥革命爆发，王金发带领革命军在攻克杭州以后率部进驻绍兴。11 月 10 日，范爱农、周建人等率领府中师生和绍兴各界人士到绍兴城东面的五云门外欢迎王金发革命军。王金发在绍兴组成新的军政府后，任命鲁迅为山会初级师范学堂的监督，即校长。

那一年鲁迅30岁，孙伏园17岁。鲁迅初到任时，仍着学生制服，偶尔也穿西装。看他彼时摄的照片：西装内着一件雪白的立领衬衣，戴领带，短发短髭，眼神炯炯，英气勃发。而当时学生中却仍有留长辫、穿长衫者。部分学生较鲁迅年长，他们在背后戏言：这么小的教员校长，我的儿子比他还大呢！

鲁迅在山会师范很重视教学之改进。作为校长的鲁迅偶尔也代国文教员改作文、上课。鲁迅讲课简明扼要，通俗易懂，容易记住，这让学生考试时不用临时着忙，做许多准备。他所编的讲义，易懂易记。他出的作文题新颖，又富于启发性，意在引导学生独立思考，提高思想觉悟和写作能力。鲁迅批改时非常注重学生的创新精神。他对学生注重正面引导，反对嘲笑挖苦。鲁迅经常鼓励青年积极向上，将来为国家和人民作贡献，其爱国主义精神渗透于日常教学和与学生的接触之中。鲁迅在山会师范时期，学校教学研究之风颇盛，曾联络全县各校组织了校务讨论会，研究管教之改进，山会师范一度成为绍兴的教研中心。

孙伏园作为班长，自然要比其他同学有更多机会接触作为校长的鲁迅。孙伏园当年奔走最多的是替同学力请周作人来校任英文教员一事。而对孙伏园触动最深的，自然是鲁迅对他作文的评点。孙伏园写了一篇祝贺南京新政府成立，并改用阳历一类题目的作文，鲁迅很赞赏。认为文章思想新颖，符合革命形势，就批了"嬉笑怒骂皆成文章"八个字，予以鼓励。

也许，鲁迅写下的这八个字只是作为一名国文教员在例行公事般地点评学生作文，简简单单，普普通通，但对孙伏园来说，绝对是莫大的期望和夸奖，以致25年后，他回忆起鲁迅时，还谦虚地认为自己愧对这八个字①。

结识鲁迅，受业于鲁迅，孙伏园有幸；而孙伏园就读于山会师范学堂，又让百年后由山会师范学堂发展而来的绍兴文理学院亦觉有幸。如今校园内有"春台""伏园""秋舫""雪村"寓意一年四季之景的四

---

① 裘士雄编：《孙氏兄弟谈鲁迅》，新星出版社2006年版，第11页。

大景点。其中"伏园"取自孙伏园之名，"伏园"位于志廉楼正大门进入的第二院落，两侧有跨江连廊，曲桥江亭，水中种荷花以示夏色，取"伏园"寓夏景，含蓄而又易领悟，可谓名义妙合。

绍兴文理学院内的"伏园"

旧时的绍兴，从事锡箔生产这一为祭鬼神服务的行当的人达数万之众，素有"箔半城"之称，一些行业不仅组织工会，设立会馆，而且建有子弟学校，锡箔业即如此，绍兴的箔业会馆、箔司工会、箔业小学等一应俱全。1912 年，孙伏园从山会师范学堂转学到绍兴府中学堂。后入绍兴省立第五中学继续读书。1914 年，孙伏园毕业后在上大路箔业学校教算术、英语。此时，他曾改名"伏渊"。

做一名小学教员，用稳定的收入养家糊口，对此，孙伏园一定是不满足的。如果文学是一条奔腾的江河，他想成为细小的支流，哪怕间或断水；如果文学是一座沐浴阳光的金字塔，孙伏园明白他或许成不了那让人瞻仰的雄伟塔尖，但可以是底层的承重基石，即使无人关注也无妨。1917 年，作为小学教师的孙伏园强烈地感觉到自己应该走出绍兴。

第二章

北 大 成 才

从 1894 年出生，至 1917 年离开绍兴负笈北上，孙伏园在故乡绍兴生活了 23 年。

绍兴作为历史文化名城，有着深厚的文化积淀。这种区域文化悠久厚重的积淀，已经深深地溶入越地民族的血液之中和意识深处。我们不能不正视其中确实存在着一种文化"基因"。越族在兴衰起伏的漫长过程中所积聚起来的巨大心理经验体系，作为一种集体无意识，必然会递传于后代。在越地的孙伏园自然也不例外地会受到这种文化的浸润，可以说，他与故乡一定有深厚的文化联系，母土文化一定是最初滋润他生根、发芽、成长的土壤，他首先是从区域文化的"母体"中，获得某种文化基因，这基因犹如最初的乳汁，奠定了他今后健壮"发育"的基础。而 1895 年至 1920 年初的前后大约 25 年时间，是中国思想文化由传统过渡到现代，承先启后的关键时代。无论是思想知识的传播媒介，或者思想的内容，均有突破性的巨变。也就是说他出生的年代，中国受西方的冲击开始在显层中大规模地呈现，传统不再成为人们安身立命的根基，尤其在 1905 年，科举废除后，不管从外在的制度上看，还是从内在思想文化上看，儒家道统的权威性已经逐步解体，从而为更容易接受新质的多元思想开启了一种可能性。对孙伏园来说，这种可能性也种下了他之所以不愿意安于在故乡做一名小学教员，要走出绍兴的潜在因子。再者，他虽然在学前教育中接受过正规的传统教育，可这种教育并没有像他前辈那样持续到 20 岁左右，他十几岁就接触了新式的教育，相对而言比较早地接触到了两种截然不同的教育，这使他在自我审视中不易于走向极端，也能保持自我思考的独立性。

如果说，孙伏园结识鲁迅是他人生历程中的一个契机，那么，该如何把握这个契机，将自己的人生航船驶向理想的彼岸，就要看他的智慧和造化了。

一、负笈北上

1917 年的孙伏园真是一个幸运儿，因为他的勇气和运气，他的人生展开了崭新的一页。

说到孙伏园的负笈北上，必须要提到周作人，因为孙伏园能进北京大学，与周作人的帮助有着极大的关系。

1913 年 3 月，周作人被选为绍兴县教育会会长，继而浙江省立第五中学又请他教英语。他在日记中分别说是"允暂担任""暂任之"。① 可是，两样差事却都干了整整四年，即从 1913 年至 1917 年，周作人因离开绍兴才结束这两样差事。1913 年 4 月 14 日，周作人首次赴校授课，对象为二三年级学生，其中就有孙伏园。在教育会的工作，亦于这年 4 月开始，周作人负责编辑《绍兴县教育会月刊》的工作。同年 10 月，第一期面世。1914 年 8 月《绍兴县教育会月刊》第十期印行后，改为《绍兴教育杂志》，篇幅有所增加，仍由他编辑，于 11 月出版第一期。1913 年至 1916 年间，周作人在《绍兴县教育会月刊》和《绍兴教育杂志》共发表了五十余篇文章，有创作有译文，以关乎儿童问题者为主。

1913 年春，绍兴成立学术团体"爰社"，参加者多系第五中学学生，周作人为名誉社员。在《爰社丛刊》上，他先后发表《丹麦诗人安兑尔然传》《英国最古之诗歌》《新希腊小说三篇》和《拟曲五章》。

上述周作人的这些教学活动，译著新作，作为学生的孙伏园不可能不受到一些影响。对此，四十多年后的 1960 年，孙伏园回忆这段岁月时曾说，1912 年鲁迅上南京后，他弟弟在师范教书，"我和他弟弟有接触"。②

周作人在 1914 年 8 月 5 日的日记中记载："致函章云翘、孙福源二

---

① 周作人：《知堂回想录·在教育界里》，香港三育图书文具公司 1971 年版。
② 裘士雄编：《孙氏兄弟谈鲁迅》，新星出版社 2006 年版，第 45 页。

君，谢绝来读英文事。"

　　但几天后，对于好学上进的孙福源的迫切要求，周作人毕竟还是答应了。他在同年 9 月 13 日的日记中说："孙福源君来，说每周从读二日，允之。"17 日日记中又记载说："得孙福源君笺，云自明日起，每水、金、曜日来读。"第二天，孙伏园就正式来新台门补习英文："孙福源君来，为解说英文法，借去《英文汉诂》一本。"1915 年 3 月 17 日在周作人日记中又见记载："孙福源来，续讲文法。"9 月 14 日："下午福源来，为讲 Macaulay 著《Gold Smith 传》。"

　　除学习英语以外，民国初年《周作人日记》中有关"福源"或"孙福源来访"的记载也是很多的。在 1915 年 6 月 15 日的日记中有这样一条记载："上午寄北京书两包，内《杂集》廿本，又寄赠浙江图书馆一本，分赠朱渭侠、祝霞城、陈伯祥、孙福源、越铎报社各一本。""杂集"即鲁迅辑集的《会稽郡故书杂集》。由此可见，当时孙伏园与周作人的关系，已不是一般的师生关系了。

　　细细想来，孙伏园说的"接触"除了你来我往的交往外，更多的应该是一种潜移默化，受周作人识见的影响。周作人用儿童学的理论来考察儿童教育，侧重以人类学为依据的儿童文学研究，兼及儿童教育的其他方面，说得上是认认真真做的一门学问。作为学生，作为小学教师的孙伏园不会不重视不接受的，还有周作人博学的视野，本于心性、缘于慧能的研究，自由地行坐在精神天地中的境界，特别是周作人独出机杼，甚至有些不合潮流的文艺译作，这一切一定让孙伏园从混沌的人间中看清了一些思想的蹊径。

　　总之，孙伏园决定负笈北上，报考北京大学，而且，当孙伏园决定离开绍兴，报考北京大学时，他首先想到的也是找周作人帮忙。尽管周作人自己也刚刚于 1917 年 3 月 27 日乘舟启程往北京，其路费还是由鲁迅从北京寄来的。

　　1917 年 8 月，孙伏园在上海考点报考北京大学预科，未能如愿。于当月 15 日，即写信给北京的周作人，请求帮助自己进北大旁听。1917 年 9 月 16 日，孙伏园至北京，找到周作人。周作人后来对孙伏园的到来是这样形容的："我于 9 月 10 日返北京，可是过了六天，他老先生也飘然的来了。他说想进大学旁听，这事假如当初对我说了，我一定会阻

绍兴箔业学校教工合影，前排右三为孙伏园

止他的，但是既然来了，也没得话说。"① 于是，在 9 月 18 日，周作人写信给学长陈独秀，代孙伏园请求准许旁听。当时的旁听章程是一年后随班考试及格，可以改为正科生。这条章程在第二年就修正了，以后旁听生一律不得改为正科了。那一年入学的旁听生，只有国文系的二人，之一是孙伏园，另一位便是创办《世界时报》的成舍我，可见孙伏园的运气之好。

周作人留孙伏园在绍兴会馆住下后，又替他去找图书馆主任李守常，经同意，孙伏园得以在北大图书馆做一名书记，月薪八元。值得一提的是，他的后任就是毛泽东。

半工半读的孙伏园，有伙食费来源，又可旁听。而且更值得庆幸的是，这之后不久，章程修改了，旁听生不再能改入正科。假使他当年不突击北上，也就失掉了好机会。当然，他的勇气和运气固然可佩可羡，但可以肯定地说，如果没有周作人相助，他的北大之路不会这么顺利，他或许难圆北大之梦。

这时，北大的规模也日渐扩大，1918 年红楼建成，图书馆及文科各

---

① 周作人：《孙伏园与副刊》，《亦报》1950 年 1 月 23 日。

50 年代孙伏园与周作人在八道湾

系均在此楼，称为北大一院。"五四"运动前后，在这所大楼里设立了许多研究会，创办了好几种宣传新思潮的刊物，这里几乎成了传播、研究新思想的根据地。李大钊、毛泽东、陈独秀等革命先驱都在这里留下了历史的足迹。京师大学堂旧址，富丽清幽的四公主府为北大二院，校本部及理科各系均在此处。北河沿原京师大学堂的译学馆为三院，法科各系及研究所国学门设在这里。北大三处教学楼相距约一里许，这三院附近又有学生宿舍五处，当时称为三院五斋，形成了一个新文化区。

　　孙伏园得益于北大的旁听生制度，正是通过旁听这样的一个"跳板"，他取得了正式北大学生的学籍。如果他不北上，那么即使他在上海考取了北大预科，也不可能在学识和人际关系方面取得后来那么多收获，不可能有那么多机会参与到后来的社会实践，尤其是编辑实践中去。北大开放的教育体制给予这些青年旁听生的不光有济世救民、解民众于倒悬的科学知识和思想熏陶，也形成了他们以知识、趣味为聚合标准的关系网络，更为重要的一点是，通过他们自身受惠于自由开放的教育经历和人生体验所形成的自由主义理念，已经在他们思想中扎下了根。孙伏园就是在这样的一种自由、平等的学术风气中成长着。

　　孙伏园在北大第一院上课听讲，住在第一院对面的中老胡同。尽管是旁听生的身份，但他和北大许多有名的师生已经熟悉了。1918年秋季，孙伏园经考试及格，他顺利地进入北大，由旁听生改作正科生。当年在上海考取的学生还在预科二年时，他却已是本科二年了。

进北京大学，孙伏园又一次抓住了人生契机，北京大学成了他施展能力的新的人生舞台。从此，他给自己取了一个新名叫"伏园"。北京大学作为新文化运动的发祥地和中心，犹如一方沃土，孙伏园犹如一粒种子，一伏入园中，立即生根发芽滋长。

二、新潮社骨干

在20世纪初的北京大学里，在那个新旧文化激烈碰撞的特殊年代里，孙伏园真是有幸，他接触到了许多令人高山仰止的大家，这些大家既有深厚的中国传统文化底蕴，又在西方先进思想文化中得以熏陶，从这个意义上讲，他们是前无古人，后无来者的大家，他们虽然身处内忧外患的动荡年代，却依然能迸发出令人炫目的文化光芒。

孙伏园进北大那一年，正好也是蔡元培到北大上任的第一年。在蔡元培的倡导下，教授里既有拖着辫子的辜鸿铭，也有曾拥戴袁世凯做总统的"筹安六君子"之一的刘师培，也有主张激进革命的陈独秀，这给了学生充分的自由空间。北大有两个地方是师生经常聚会的场所，一个是北大一院二层楼上的国文教员休息室，钱玄同等时常在这个地方，另外一个地方是一层楼的图书馆主任室，也就是李大钊的办公室。在这两个地方，无师生之别，也没有客气及礼节等一套，大家提出问题来互相问难。几乎每天下午三点以后，这两个房间里便济济一堂。孙伏园自然是这里的常客。

1919年春，著名哲学家杜威应邀访华，在北大进行了一系列演说，也在学术界掀起了一阵空前的热潮。杜威演讲时，胡适为他作口译，而孙伏园和罗家伦一起被选去负责记录。每次演讲完后，胡适都会让孙伏园他们核对演讲大纲，再拿去发表。

那时，每天早晨，孙伏园必往教育部会场听杜威的教育哲学讲演。冬季的寒风侵面，且带灰沙，他步行经北上门，穿三海。北海中结着雪白的冰，街上的水车流出的水滴也结成了冰锥子。尽管是春寒料峭，但想到自己一个来自山野小城的青年学生能肩负起这一重任，孙伏园不禁倍觉自豪，便脚下生风。为杜威的演讲做记录,对孙伏园来说,或许是可遇而不可求的,而加入新潮社并成为新潮社骨干那一定是因为他的激情参与。

"新潮社"是"五四"时期北京大学的著名社团,酝酿于1918年秋,同年10月13日召开第一次筹备会,由傅斯年、罗家伦、徐彦之等发起,会议上他们决定出版《新潮》杂志。1919年11月19日,社员大会决议改组为学会,召开第二次筹备会议。在这次会议上,根据章程推定了第一任职员,他们是主任编辑傅斯年,编辑罗家伦,书记杨振声,主任干事徐彦之,干事康白情,书记俞平伯。职员推定后,接着就着手预备稿件。因同学们的踊跃参加,当时社员已达21人,其中有成平、黄建中、陈兆时、陈嘉蔼、刘敌、潘之耿、戴岳等。故征集稿件,并非难事。但有几个虽属次要却非解决不可的问题,那就是社址和印刷发行等问题。

这时候,李大钊正担任北大图书馆主任,馆址在北大第一院,当时称为"红楼"的第一层。李大钊是热心赞助者之一,便立即腾出一间房子作为新潮社的社址。庶务主任李辛白也很肯帮助,把印刷、发行等事完全代为布置妥帖。发行由北大出版部负责,印刷由该部附设的印刷局负责。北大出版部成立于1917年,并在"红楼"的地下室附设了小型印刷局,排印北京大学讲义及刊物等,银钱出入由学校会计课负完全责任,社的干事概不经手银钱。万事俱备,"新潮"杂志于1919年1月1日顺利出版了。

《新潮》封面

第1期至第5期的总编辑是傅斯年,罗家伦任编辑,两人都有很好的国学基础,又正值年轻气盛,写了很多关于妇女解放、婚姻自由等意气风发的文章,《新潮》杂志在当时成为继《新青年》之后,倡导新文化运动最有影响的刊物。

孙伏园肯定看到了那些进出北大第一院的学兄们的忙碌身影,他很是羡慕。于是，当新潮社在 1920 年 8 月 15 日正式成立时，孙伏园立即加入了。

正式成立的新潮社社团名称不变。成员已增至四十余人，其中有孟寿椿、康白情、俞平伯、顾颉刚、高君宇、周作人、孙伏园、郭绍虞、谭平山、张申府、叶圣陶、冯友兰、朱自清等，这些人后来大都成为中国文化思想界的重要人物。新潮社在吸收社员时有其独特的标准，其组织章程规定，要求入社者以有无投稿作为条件，全体社员都应是《新潮》杂志的撰述员，在吸收新社员时，北大学生在《新潮》上发表 3 篇的，可约为社员，非北大学生则除发表 3 篇作品外，还需要经过社员 2 人介绍，才可成为社员。

1919 年五四运动后，孙伏园曾兼任《国民公报》编辑，《国民公报》于 1909 年创刊，1919 年 10 月 25 日被封。这样，他便有了更多的精力投身于新潮社的活动。

孙伏园加入新潮社后，首先写了一杂文《海外中国大学为什么不成舆论》，接着介绍了托尔斯泰的小说《高加索的囚人》《伊凡的故事》和犹太西尔雪般的《暗中》等，而论及孙伏园在新潮社中作出的文化贡献，主要还是体现在他参与编辑的"新潮文艺丛书"上。

尽管，新潮文艺丛书的出版始于 1923 年 5 月，那时，孙伏园已从北大毕业，但是，缘起还是在 1920 年 8 月间。当时新潮社面临两方面的困难：一是经济困难，二是社员干部困难。新潮社成员都是学生，而学生毕业后，有的出洋留学，有的分赴各地，社员中能留校工作是很少的。为了稳定社团发展，新潮社决定请周作人加入本社。周作人同意后，《新潮》第二卷第四期刊出"本社特别启事"，"郑重宣布"周作人为"新加入本社社员"。新潮社已从学生团体变为学会，请教授参加，也是可以的。按新潮社成立时的规定，月刊每出满一卷（五期），要改选职员一次。1920 年 8 月，该社第三次职员改选，周作人被选为主任编辑。周作人指定毛準、顾颉刚、陈达材、孙伏园为编辑，孟寿椿为主任干事，他还指定王星汉、孙伏园、高尚德、宗锡钧、李小峰、郭绍虞为干事。

《新潮》到 1922 年 3 月出版第三卷第二期后，终于无疾而终。周作人不编刊物后，决定编一套文艺丛书，由孙伏园和李小峰一起，管理该丛书的出版工作。周作人是学者，他只能在苦雨斋里出出主意，看看稿子，要他奔走联络是不行的，繁杂的编务工作自然会落在孙伏园、李小峰等人身上。性格内向、沉默寡言、忠厚可信的李小峰与孙伏园同一年进北大，同时入新潮社，他俩因文艺结缘，在你来我往中留下了许多新文化运动的插曲，后文还将一一细叙。

"新潮文艺丛书"先后出版了冰心的诗集《春水》、鲁迅翻译的俄国盲诗人爱罗先珂的《桃色的云》与他自己的小说集《呐喊》。在实际的出版过程中，有些书进行了调整，同时又陆续增加了一些新书进入文艺丛书，如先后出版了孙福熙的《山野掇拾》、李小峰翻译的《两条腿》、CF女士翻译的《纺轮的故事》、冯文炳的《竹林的故事》、李金发的《微雨》《食客与凶年》、周作人翻译的《陀螺》。这套丛书的各本扉页上都印着："文艺丛书、周作人编、新潮社印"。

"新潮社文艺丛书"种数不多，但影响深远。鲁迅的《呐喊》自不必说，鲁迅收在集中的作品，在报刊上发表时，曾引起强烈的"轰动效应"，现在编成集子出版，更显示了新文学运动的实绩，这也是"新潮社文艺丛书"的重大意义所在。孙伏园弟弟孙福熙的《山野掇拾》，记录了作者在法国时的见闻，由82篇短小的散文组成，每篇文字朴实、简洁，不尚花哨词句，没有大议论，这正是周作人所称道的。书前有一位法国朋友写的序，书中有四幅作者自画的水彩风景画插图，这在当时更是别开生面。《春水》《山野掇拾》《竹林的故事》《微雨》都是各位作者的处女集，独具艺术风采。而且，这些作者后来都有重大的发展，他们的风格产生了影响，甚至还形成了不同的流派。

可以说，倘非周作人、孙伏园、李小峰等人的齐心协力，"新潮文艺丛书"很可能流产。正是他们的努力，让新潮社为中国新文学的建设献上了一份厚礼，在这套丛书中有着中国现代文学的众多开创性作品。新文学的创作即使是以1917年为起点，到1923年亦不过6年时间，因此"新潮文艺丛书"可以称得上是新文学的一次集体亮相，甚至可以说是第一次集体亮相，从此，新文学创作从孤单的个人表现转变为集体姿态。对于参与其中的作家来说，开始了将散落于报刊的文字结集出版的时代。① 因此，这套

———————————

① 陈树萍：《新潮社：五四青年知识分子掌握现代传媒的尝试》，《四川师范大学报》2007年第6期。

丛书在中国现代文学奠基和发展中的意义是绝不能低估的。①

孙伏园借助新潮社这个平台，以十足的锐气，登上了新文化运动的舞台。而这也为他此后主编副刊作了两方面的准备。

一是积聚了大量的作者资源。

鲁迅曾比较《新青年》和《新潮》："但又因为《新青年》其实是一个议论的刊物，所以创作并不怎样着重，比较旺盛的只有白话诗；至于戏曲和小说，也依然大抵是翻译。""（创作）较多的倒是在《新潮》上。"②《新潮》因为以创作取胜，推出了自己的青年作家群，汪敬熙、康白情、杨振声、叶绍钧、欧阳予倩、顾颉刚、俞平伯、朱自清、汪静之等人构成了《新潮》作家群的新锐力量。有意思的是，他们大致来自山东、浙江、江苏，相同的地域关系可能会使他们更加具有一种稳定性和一致性，而这种自身关系的稳定对一个团体的协作是很重要的。并且当时北大的教授也大都是江浙人士，这层地域渊源在无形中为新潮社的运作提供了强大的文化资源。同时蔡元培、陈独秀、李大钊、鲁迅等新文化运动的扛旗人物对《新潮》创办给予了很大的帮助，《新潮》上不时有他们的文章发表。胡适则直接被聘任为《新潮》的顾问。地缘的关系、师生的关系以及新文化运动领袖人物的提携所形成的人际网络，对《新潮》应该是有影响的。因此，或许我们可以这么说，因为有这么一群具自身独立性和受新文化运动洗礼的作者群以及他们所建构的人际网络，才可能会有这么一份提倡新文化运动，并又具有自身独特性的《新潮》。③

作为新潮社骨干的孙伏园和这个作者群中的许多人打成一片，往来密切，这些人都或直接或间接地成为了孙伏园以后主编副刊的作者资源。

二是通过积累不少编辑出版的信息，形成了积极的编辑思维定式。

思维定式是一种客观存在的现象。心理学的研究表明，人在学习过程中使用某一认知方式进行思维，重复的次数越多，越有效，那么，在

──────────

① 倪墨炎：《倪墨炎书话》，北京出版社1998年版，第240页。

② 《鲁迅全集》（第6卷），人民文学出版社1981年版，第238页。

③ 陈万雄：《五四新文化源流》，三联书店1997年版，第30—42页。

新的相似的情境中就会优先运用这一方式。这是一种不甚自觉发生的行为，它是思维的"惯性"现象，是人的一种特别本能和内驱力的表现。思维定式对于问题解决具有极其重要的意义。在问题解决活动中，思维定式的作用是根据面临的问题联想起已经解决的类似的问题，将新问题的特征与旧问题的特征进行比较，抓住新旧问题的共同特征，将已有的知识和经验与当前问题情境建立联系，利用处理过类似的旧问题的知识和经验处理新问题，或把新问题转化成一个已解决的熟悉的问题，从而为新问题谋求到一个行之有效的解决途径。

将这一心理学上思维定式理论来观照编辑的思维定式，可以发现，编辑由于受已有知识、经验的影响，在编辑活动的各个环节会表现出一定的倾向性和心理准备，即或多或少地表现出一定的思维定式，而编辑的思维定式一旦形成，便会长期发生作用，直到进一步的经验修正。资深编辑在工作中积累了很多经验，同时也形成了很多惯用的、固定的思维方式；而刚刚入行的新编辑，通过各种阅读以及前辈的教诲和自己的实践，也会在头脑中积累很多关于编辑出版方面的信息，对编辑工作产生一定的认识。这些经验及认识就会左右他们思维的定式。

可以说，孙伏园在新潮社这个平台上获取了不少积极的编辑思维定式。譬如《新潮》杂志的营销方式，1919年10月30日《新潮》第二卷第一期封底刊出全国代卖处的名单，强调"自愿推广新思潮、新文化的个人、学校、报社、图书馆、教育会、学校附设的贩卖部等经售代销的居多数，甚至有绸缎庄代销的"，"总计全国代销处不下四十余处，而由书店代卖的只占三分之一——十三四处！"[①] 在许多书店还担心着代销风险的时候，因为有其他非专业代销处的增加，使得《新潮》以尽可能便捷的方式送达读者手中。这种营销策略在孙伏园主编副刊时一直沿用并完善之。又譬如，新潮社从不嫌弃初学写作者的幼稚和狂妄，也从不盲从和遵命，既尊重传统，坚持美学的神圣性，又不拒绝实验，对一切新鲜事物都抱着探索的准备。这些品质都影响着孙伏园，成为他日后走向《晨报》的重要支撑。

---

① 李小峰：《新潮社的始末》，选自《五四运动回忆录（续）》，中国社会科学出版社1979年版，第210页。

三、再遇鲁迅

从 1911 年 11 月到 1912 年 2 月，鲁迅在山会师范学堂只待了短短的三个月，即离开绍兴赴南京、北京。1912 年 8 月，鲁迅被任命为教育部社会教育司第一科科长。负责领导博物馆、图书馆、美术馆、文学、音乐、戏剧以及调查和收集古文物等工作。

1913 年 7 月，鲁迅从北京回到绍兴探亲时，孙伏园到东昌坊口周家新台门看望鲁迅，是年 7 月 21 日《鲁迅日记》云："上午孙福源来"，这是《鲁迅日记》中最早出现的关于孙伏园的记载。在《鲁迅日记》中再次出现孙伏园，已到 1917 年 5 月 4 日，记的是"代二弟寄孙伏园、宋孔显信"，孙伏园与宋孔显都是周作人在浙江第五中学任教时的学生，其时周作人刚到北大任教。也就在这年秋天，孙伏园经周作人介绍进北大旁听。

浙江第五中学旅京同学合影，前排左一为孙伏园

可以想见，三个月的师生情谊总归是深不到哪里去的。再者，孙伏园在北大读书做旁听生期间，也无缘听到鲁迅的课。鲁迅亦才从 1920 年 12 月 24 日开始在北京大学兼课。从现有记载看，直到 1919 年 4 月 30 日，孙伏园才正式拜访鲁迅。那时候，孙伏园已是北大本科二年级学生了。此后，5 月 3 日、5 月 4 日、5 月 10 日、5 月 21 日，孙伏园都

见了鲁迅，5月4日那天，孙伏园是作为北大学生参加完天安门大会和
示威游行后，去宣武门外南半截胡同绍兴会馆找鲁迅的，他向鲁迅细述
了天安门会场和游行时的情形。5月21日那次见面，鲁迅还赠以《小
学答问》一册。而从1919年6月4日至11月20日期间，孙伏园累计
拜访鲁迅16次，鲁迅还回请了一次。至于1920年以后，两人见面的回
数就更多了，孙伏园俨然成了八道湾11号的常客。

　　除了见面，两人还常有书信来往。至此，孙伏园和鲁迅不仅仅是单一
的师生关系了，他俩已是师生、同乡、同人，更主要的是编辑与作者的关
系。下面三件小事足以诠释孙伏园再遇鲁迅后，他俩之间不一般的关系。

　　鲁迅在《新青年》上发表文章时，用得较多的笔名是"鲁迅"与
"唐俟"，他以"唐俟"写论文，写新诗，写随感；又以"鲁迅"写小
说，也写随感。当时就引起不少人的猜测，有猜测"唐俟"是不是蔡元
培的笔名，也有猜测"唐俟"与"鲁迅"是否同为一人，只是所有的
猜测中，没有"鲁迅"就是周树人的猜测。而孙伏园是早已知道这秘密
的，但他决不随便对人说。孙伏园一面看着青年同学在谈论中对于这位
隐名作家的五体投地，① 一面独自享受着心中这个小秘密带给他的快乐，
甚至可能还有年轻人因为知道大师秘密的虚荣心和满足感。

　　当然，可以肯定的是，在进出八道湾的常客中，孙伏园的地位一定
不会低的。当鲁迅母亲看着鲁迅大冬天还穿着单西裤，而且还是留学日
本时穿的裤子时，心疼儿子的母亲自己劝阻不力，便让孙伏园去劝鲁
迅。鲁迅回答说："一个独身的生活，决不能常往安逸方面着想的。岂
但我不穿棉裤而已，你看我的棉被，也是多少年没有换的老棉花，我不
愿意换。你再看我的铺板，我从来不愿意换藤绷或棕绷，我也从来不愿
意换厚褥子。生活太安逸了，工作就被生活所累了。"② 这段话日后不断
有人引用来说明鲁迅的衣食如何简单。

　　如果说，上述两件事知道的人较多，下面一件或许不会有多少人知
道。当年，鲁迅从砖塔胡同61号搬到宫门口西三条21号时，孙伏园和
许钦文合送一只火腿当贺礼。鲁迅知道后就说："钦文也送火腿，他要

————————————
　　① 孙伏园：《"五四"运动中的鲁迅先生》，《中国青年》1953年第4期。
　　② 《鲁迅回忆录二集》，上海文艺出版社1979年版，第310页。

因此多写多少字呢!"并要孙伏园转告许钦文"下不为例"。你看,这火腿之礼,真可谓情不轻礼也不轻,体面又实惠。

要知道,在中国,有多少著名文化人士,只是因为给鲁迅写过几封读者来信或者打过几次招呼,变得"著名"并且"文化"起来。很多人只能从文章和报端中揣摩和想象鲁迅大家学者的风范,而孙伏园却可以经常和他照面,共同出游,甚至一起品茗、习文弄墨。由此,更可见孙伏园之再遇鲁迅,真是幸运而又令人羡慕。然而,也许由于孙伏园与鲁迅的密切关系,人们往往忽略了孙伏园自身的存在和价值。其实,在鲁迅与孙伏园之间,孙伏园的约稿是拓展鲁迅作品发表园地的一个很重要因素。①

五四运动后,孙伏园在北大读书期间还兼任《国民公报》编辑,《国民公报》于1909年创刊,1919年10月25日被封。1919年8月1日,孙伏园访鲁迅,请他写些东西。8月2日晚,鲁迅着手开始翻译日本武者小路实笃的剧本《一个青年的梦》,8月15日,《国民公报》第五版"新文艺"栏目上开始连载鲁迅的译作《一个青年的梦》,这是孙伏园第一次编辑鲁迅的文章。1919年10月25日,当剧本刊至第三幕第二场时,因研究系与安福系军阀发生矛盾,《国民公报》被查封,《一个青年的梦》被迫中断连载。但是,这年的8月至9月,孙伏园在第五版"新文艺"栏目上,共编辑发表了鲁迅的总题为《自言自语》的七首散文诗,在"寸铁"栏目编辑发表了鲁迅的四则小杂感。之前,鲁迅的作品几乎都发表在《新青年》《每周评论》上,《国民公报》是鲁迅作品发表从刊物走向报纸的第一步。这得归功于孙伏园的约稿,亦是他在北大读书期间立下的文化贡献。《一个青年的梦》的单行本由上海商务印书馆列入"文学研究会丛书"之一出版,1927年9月,又由上海北新书局列为"未名丛刊"之一再版发行。可以设想,如果没有孙伏园的约请,鲁迅也许不会翻译武者小路实笃的《一个青年的梦》,这异域的反战呼声就不可能传入寂寞的华土,更不消说一版再版,在中国的读者中产生巨大的影响。

在八道湾11号这个大院里,鲁迅的母亲讲的是绍兴话,孙伏园每次到了鲁迅家里,自然也都是满口绍兴乡音。大家用家乡土话聊天,经常是笑声不绝。就在这由绍兴乡音组成的谈笑风生中,孙伏园与鲁迅一起阔步登上了新文化运动的大舞台。

---

① 宋志坚:《鲁迅根脉》(下卷),福建教育出版社2008年版,第221页。

第三章

副刊掌门

1921 年，28 岁的孙伏园从北京大学毕业，开始他成为《晨报副镌》和《京报副刊》两大副刊掌门的人生辉煌期。从 1921 年到 1924 年，孙伏园主编《晨报副镌》《京报副刊》，其间，他慧眼识文，遍寻中国新闻史，能如孙伏园那样挖掘出伟大作品的并不多。《晨报副镌》《京报副刊》的作者群几乎囊括了当时所有的名流和新秀。孙伏园不把副刊仅仅视为娱乐性的"报屁股"，也不仅视为是纯文学的实验园地，而是把它纳入整个文化启蒙运动的轨道之内，让其成为整个思想启蒙的一部分，真正把所编副刊打造成一个公共话语的平台。进入信息化的今天，孙伏园留下了许多可以借鉴的经验。孙伏园的人生因副刊而精彩荣耀，副刊也因孙伏园而增色夺目。

一、主编《晨报副镌》

我们首先来说两个地点，一是绍兴县馆，一是晨报馆。

孙伏园弟弟孙福熙在散文中是这样写绍兴县馆的：

> 在绍兴县馆中，大清早醒来，老鸹的呼声中，槐花的细瓣飘坠如雪，两株大槐树遮盖全院，初晴的日光从茂密的枝叶缺处漏下来，划出轻烟颜色的斜线，落在微湿而满铺槐花的地上，留下蛋形与别的形状的斑线。新秋的凉爽就在这淡薄的日光中映照出来的。①

这段描写极有诗意，显然，绍兴县馆被诗化了。而周作人在《知堂

---

① 《孙福熙散文选集》，百花文艺出版社 2004 年版，第 152 页。

回想录》中却是这样写绍兴县馆的：

> 这地方有点不大好，因为是个南北胡同，北头的就叫北半截胡
> 同，它的出口即是那有名的菜市口——前清时代杀人的地方，戊戌
> 政变时杀"六君子"，庚子义和团起事时杀那"三忠"和许多难
> 民，都在那地方。

周作人显然又把绍兴县馆描写得太过现实化了，不觉使人心有余悸。

而绍兴县馆的知名度自然是因为鲁迅曾居住此地。鲁迅自1912年5月6日住进绍兴县馆，一直居住到1919年11月21日，他与周作人一家一同迁入八道湾新居后才离开绍兴县馆的，在绍兴县馆他居住了七年半的时间。这是鲁迅自从离开绍兴老家到逝世为止，居住时间最长的一处地方。

绍兴县馆位于宣武门外南半截胡同路西。大门上方悬挂着一块魏龙常题写的木匾，上书"绍兴县馆"四字。绍兴县馆虽门面不大，但其中规模不小，大小房屋有84间。会馆前厅称仰蕺堂，供奉着绍兴人引以为豪的先贤牌位，后厅称晞贤阁，供奉着文昌魁星，另外馆内还有嘉荫堂、修禊堂、藤花馆、补树书屋等厅轩。这些名称大都与绍兴历史上的掌故或院中景色有关。绍兴县馆是进京参加会考的同乡举子或京官居住的公寓，不必交房钱，只需在年节给看房的长班赏钱。1921年，孙伏园北大毕业后，也住进了绍兴县馆。

晨报馆位于菜市口一边的丞相胡同，丞相胡同现为菜市口胡同。晨报馆旧址现为21号院，今为光明日报职工宿舍。院门不很大，与一般居民院没有什么区别，只是院内有一栋二层白色小楼，将院子分成前后两部分，经过70年风雨的侵蚀，房屋已十分破旧。

在绍兴县馆和晨报馆之间，孙伏园住在绍兴县馆，工作在晨报馆，开始了他副刊掌门的精彩人生。

从1921年至1924年10月，前后历时四年多，孙伏园是主持《晨报副镌》最久的副刊主编，这期间，也是《晨报副镌》的鼎盛时期。

《晨报》的前身是《晨钟报》，1916年8月15日创刊，是以梁启

超、汤化龙为首的资产阶级改良派团体——进步党（后改为宪法研究会，即研究系）的机关报。《晨报》共8版，其中第七版专载小说、诗歌、小品文及学术演讲等。1919年《晨报》改革第七版，又吸收李大钊等人参加编辑工作。此后《晨报》便成了宣传新思想新文化的重要阵地。到了1921年10月，晨报由于几年来其第七版上各类文章的刊发而在国内读者中形成了一个较大的媒介影响力，于是决定将第七版扩大为一个4版副刊，并独立发行。

《晨报》副刊一下子扩大为4个版面后，更需要一个既有很强编辑与组稿能力，同时又有较好文学素养的人来担当主编重任。早在1920年7月，还是北大学生的孙伏园就已兼任《晨报》第七版"文艺栏"的编辑，协助李大钊编辑《晨报》副刊第七版，孙伏园自己在第七版上发表过《人与自然》《爱》《新信仰》等十几篇好文章，这些业绩引起了晨报老板的注意。机会就是这样垂青于这个有准备的年轻人。1921年，大学毕业后的孙伏园受邀正式担任了扩版后的《晨报》编辑一职。当年的10月12日，接替李大钊，主编《晨报》第七版"文艺栏"，并将该栏改为4版单张，定名为《晨报副镌》。每日出版，每月合订成册。

"副刊"是相对于报纸"正刊"的一个名词，当时，鲁迅为《晨报》副刊取名为"晨报附刊"，取名"附刊"显然是寄希望于"独立"后的副刊能有一个相对独立的编辑方针，不受或少受报纸正刊的影响。《晨报》总编蒲伯英题写报头字时写成"晨报副镌"，编辑在出版时为尊重鲁迅的原意，仍然在报眉上保留了"晨报附刊"的字样，而报头则印上"晨报副镌"。对此，孙伏园自己回忆说：

　　当时的《晨报》主持人蒲伯英先生，看见这稿件骤增的现象，主张把第七版学术栏扩充成为独立的四开一张的小报纸。既成了一张小报，随着大报刊行，报名便成为第一个必须处理的问题了。我们左想右想，都想不出一个适当的名称，于是仍是蒲先生提议，由我去问问鲁迅先生，看他对于报名有什么意见。鲁迅先生也没有什么适当的名称，只就"随着大报刊行"一点而言，他主张就用"晨报附刊"四个字。

　　我把鲁迅先生主张用"晨报附刊"四个字的意见，口头告诉了蒲先生，并请他写一个报头。蒲先生把报头写好送给我，却是古气盎然的四个篆文《晨报副镌》。

　　以后这个小报的名称，便有了三种写法：一个是鲁迅先生的原文《晨报附刊》，小报的四个报眉上便如此。一种是照着蒲先生的报头《晨报副镌》，但连蒲先生自己也不严格照用。还有一种是在头两种中各取一字作为《晨报副刊》。这第三种中的"副刊"二字以后便成了同类刊物的通名。①

直至 1925 年 10 月 1 日，《晨报副镌》由"新月派"诗人徐志摩接编后更名为《晨报副刊》。由此，我们在论述时用"晨报副镌"而不用"晨报副刊"，这样更切合孙伏园编辑《晨报》副刊时的实际。

从此，孙伏园日复一日策划选题、约稿、编辑、看校样，总是在不停地斟酌筹划着下一期内容。从晚清到"五四"时期，再到三四十年代，报纸副刊的活力在于它是相对独立于报纸的。报纸的副刊主要是委托外面的人编的，是由著名的作家、学者来编的。当年，北大、清华的教授们介入北方的报纸，中央大学的教授介入南京的报纸。而且他们只负责稿子，不负责营销。老板只是把副刊当做报纸的门面来考虑，不考虑这个版具体的读者量问题。如此看来，孙伏园也确实赶上了一个办副刊的好年代了。

那时，孙伏园的长子孙惠迪已到了入学年龄。1923 年他将儿子从绍兴接到北京，送入孔德学校。孔德学校是新中国成立前北京一所著名的学校。以法国哲学家孔德之名命名。成立于 1917 年，由蔡元培、李石曾、沈尹默、钱玄同等人创办，校长为蔡元培。孔德学校与北大三院紧邻，受北大影响很深，在这所学校任教的教师相当一部分是北大的教授。马幼渔、沈兼士、沈尹默、李石曾、钱玄同、周作人、马叔平等人都在这里教过书，并任过校董。北大教员的子弟大多也在此上学，如李大钊、周作人、刘半农、沈兼士、钱玄同的子女都在此校毕业。学校在教学与管理上很有一套独特的办法，教学水平和质量也较高。孙伏园将儿子送进当时最好的学校就读，一如当年自己的父亲送自己进绍兴最好

---

①　孙伏园：《三十年前副刊回忆》，《文艺报·文艺副刊笔谈》，1950 年。

的学校读书一般。当孙伏园去八道湾拜访鲁迅时，也常常带上惠迪，所以，鲁迅的日记中多次出现"孙惠迪"字样，这位日后成为中国共产党高级干部的孩子大概是鲁迅日记中出现的人物中年龄最小的人吧。

二、催生《阿Q正传》

尽管这是个人人皆知的老掉牙的旧事件了，但在此，我们还是得叙述一番，因为《阿Q正传》的发表之于鲁迅、之于孙伏园和《晨报副镌》实在有非同一般的意义。

1921年12月3日上午，鲁迅接到孙伏园的来信，约请他为《晨报副镌》新增添的"开心话"栏目写点东西。其时，阿Q的形象已在鲁迅心目中酝酿了好多年，但他一直没有适当的机会写成小说。孙伏园的约请，突然激发了鲁迅塑造阿Q形象的创作热情，多年的酝酿一下子涌聚在他的笔端，当晚就写成了《阿Q正传》的第一章：序。这晚，孙伏园亲自来取稿子，连夜发排，次日便在"开心话"栏目里与广大读者见面了，标题是《阿Q正传》，署名"巴人"。

《阿Q正传》从1921年12月4日开始在《晨报副镌》上刊出，共分9期登完。其间，

登载《阿Q正传》的《晨报副镌》

鲁迅是一章一章地写，孙伏园是每星期必来催一次稿，每次见面就说"先生，《阿Q正传》……明天要付排了。"就这样，鲁迅一连写了两个多月。大约在1922年2月间，孙伏园因故离京返家，代理编辑"于阿

Q 素无爱憎"①，鲁迅为了早日能腾出手来，去干别的工作，乘机将第九章《大团圆》寄去，便立即登了出来，待到孙伏园返京，阿 Q 早已被枪毙一个多月了。对此，鲁迅自己也不无幽默地认为："到最末的一章，伏园倘在，也许会压下，而要求放阿 Q 多活几星期的罢。"②

《阿 Q 正传》是中国现代文学史上一座不朽的艺术丰碑。长期以来，它不仅为我国广大读者所传诵，而且还先后被译成多种外文，在全世界广为传播。当人们陶醉于作品的艺术境界，惊叹于它的独特结构和巨大思想容量时，自然也会记得这部伟大作品的催生者孙伏园的。然而，很少有人会细究当年孙伏园将《阿 Q 正传》从"开心话"栏目移至"新文艺"栏目这一举措的重大意义。事实上，说孙伏园催生了《阿 Q 正传》，并不是仅仅停留在向鲁迅催稿上，更重要的是移至"新文艺"栏目这一行动，这一移使《阿 Q 正传》的意义就非同寻常了。一转一移，对于这部作品由浅层次向深层次升华，减少其趣味性的负担，而在人物的这种农民本质所涵盖的国民性方面着力，完成其不朽使命，孙伏园编辑之功大矣。③

"开心话"这个栏目在《晨报》副刊由来已久，顾名思义，它追求文章的趣味性。如 1921 年 1 月 20 日《晨报》副刊的"开心话"栏目登载的《雷祖爷欢天喜地》一文，其目的就是用趣味的笔法来解释打雷这一自然现象：

> 话说雷祖爷在古代本来行凶霸道，鱼肉乡人，他不管什么这是有用的树木，那是已熟田禾，那是艰难缔造的房屋，只逞他一时喜怒，便把你打得个烂额焦头。……英国出了位培根老爷，说天上这些雷公电母之流，只要人有力量，都可以捉来当听差老妈。……接着一位雷祖爷的大冤家对头弗兰克林先生出来了，……雷氏一族，男女老幼，都被弗兰克林先生收服，到人类中来服务。……点灯的是他，传话的是他，送信是他，拉车的是他；热得受不住了，有他

---

① 《鲁迅全集》（第 3 卷），人民文学出版社 2005 年版，第 394 页。
② 同上书，第 395 页。
③ 徐慧琴：《孙伏园的办刊理念》，《编辑之友》2007 年第 2 期。

给你当扇，冷得受不住了，有他给你当炉子……从前要为害的，现
在人类知识长进了，再决不让他为害，只高高地在房屋上插着长
针，雷氏一家无不望而生畏。

"开心话"栏目的文章就是如此，往往讲述一些令人解颐、让人开
心的故事，使得读者在轻松的气氛中得到一些思想启迪或感兴。这些故
事可以就近取喻，也可以"无中生有"，总之，只要让人开心而又不流
于媚俗即可。

《阿Q正传》显然不同于这些文章。起首一节，可以说极尽调侃之
能事。小说戏拟中国传统史传体例与文法，但又消解了正史的权威，而
小说主人公阿Q就是在这被解构的历史中出场的。这篇小说在鲁迅小说
中独树一帜，全文九章，长者不过三千字，短者两千言。小说前三章写
性格，中间三章写变化，后三章写结局，线索清楚，相当完整。前三章
性格的描述引领着人物的性格发展和命运的终结，告诉读者下面讲述的
是一个具有独特性格的独特人生。小说采用戏仿手法，以喜剧的形式叙
述了一个沉重的悲剧故事。每章有各自的情节波澜，却又相互珠联，随
着人物命运主线的发展，故事层层演进，人物性格渐臻完成。小说的故
事节奏正好与副刊连载的节奏合拍，在每一期中叙述一节故事单元，鲁
迅巧妙地克服了每一期版面的限制，出奇制胜，把故事节奏与读者的接
受心理节奏天然地和谐起来，这确是鲁迅的天才的创造。可以想见，倘
不是注意到副刊的随写随载要求，《阿Q正传》也许是另一种样式。

孙伏园将《阿Q正传》从"开心话"栏目移至"新文艺"栏目，
这正证明他之有识见，能组到好稿子，固然是好编辑，但在拿到好稿子
以后，还能剖璞现玉，将稿子中的闪光部分充分展示出来，那就要看这
位编辑的文化底蕴了。

有意思的是，1921年12月4日，这一天是星期天，在《晨报副
镌》第一版上的"开心话"栏目里只有两篇文章，头一篇论文是孙伏
园自己写的署名"松年"的《人生的价值》。这是一篇竭力启发中国老
百姓争做"人"的自觉悟意识，宣扬"人"的解放的很有分量的文章。

孙伏园在文章中把争做"人"思想觉悟的觉醒过程分作为四个时
期。第一时期是蒙昧时期。在这一时期里生活的人类只知衣食温饱、生

儿育女，根本不知除此之外还有别的人生价值。第二时期是心甘情愿做
奴隶时期。随着知识的进步，文明制度教导人们，人类的一生为的是上
帝，儿女的一生为的是父母，臣的一生为的是君，妻的一生为的是夫。
这时的老百姓真信了他们的话，便心甘情愿地做起了奴隶。这也就是鲁
迅所说的做稳了奴隶的时期。第三时期是随着知识更进步了，人们有了
怀疑。这一怀疑的结果便有了宗教革命、政治革命与家庭革命，当然，
从思想上竭力麻痹人们、试图让老百姓世世代代做奴隶的统治者决不想
让老百姓就这样觉醒，所以最后便是流血的收场。第四时期是人们去掉
历来的污泥和尘垢而趋向于自由的国土。孙伏园在文章中认为现在的中
国，多半在第二个时期，小半还在第一个时期，极微极微的一部分在第
三个时期，因此在此时当务之急是需要更多的声音来奋力呐喊，把那些
沉睡的奴隶尽快唤醒，尽早开始第三、第四时期的运作。

孙伏园的这"人生的价值"论述与鲁迅通过小说对国民的种种劣根
性表现以及这种种劣根性的历史根由入木三分的解剖，可谓是"同曲异
工"。也正是基于这样的思想认识，孙伏园完全能认识到《阿Q正传》
是用讲故事的手法来提出一个关于"人生的价值"的主题来，而将这样
的文章放在"开心话"栏目似乎有些不太严肃。

事实上，孙伏园当时已意识到《阿Q正传》文本后的深刻蕴意。他
还动员周作人敦劝鲁迅将《阿Q正传》写下去：

> 《阿Q正传》似乎有做长之趋势，我极盼望他（指鲁迅）尽管
> 宽心的写下去，在他集子（指《呐喊》）中成为唯一的长短篇。有
> 许多平凡生活，要是没有人写他，真是恐怕永久不会见书面的了，
> 岂不可惜。①

他在后来的回忆中说：

> 我每次接到先生的续作时就像捏着一团正在喷射燃烧的岩浆似

---

① 孙伏园致周作人信，转引自陈漱渝《尊重老作家，培养新作者》，《出版工作》1979
年第10期。

的，为之感到不安和激动，只有作品付印出来以后，方始安心下来。①

移至"新文艺"栏目后的《阿Q正传》的故事愈到后来愈显得沉重起来，它开始关注中国"国民性"的主题，已远离了"开心"的初衷。周作人后来论此小说时也强调了其独特的讽刺艺术。认为《阿Q正传》与中国传统讽刺小说"性质很是不同"，因为《阿Q正传》的讽刺为"中国历代文学中最为少见"，"因他多是反语（Irony）"。"Irony"现多译作"反讽"，这传统源自于国外："其中以俄国果戈理与波国的显克微支最为显著，日本的夏目漱石、森欧外两人的著作也留下不少的影响。"②

孙伏园催生了《阿Q正传》后，又及时发现了《阿Q正传》的增值空间，他要让《阿Q正传》引领副刊从消闲解闷这一传统的狭隘领域里走出来，走向探索真理、指导人生、寻找解决中国社会问题的正确途径，从而使副刊有了积极的富有新意的广阔天地。至此，栏目与一个品牌作家同时诞生了，新文学的超凡实力即将集体亮相。

三、打造新文化运动平台

如果说，当时的一批新文化运动的斗士某种程度上尚处于散兵游勇状态的话，那么，正是孙伏园及他编辑的副刊把他们联系起来，使之形成一支强有力的集团军，在新文化运动的前哨阵地，以猛烈的火力，进行卓有成效的批判和建构。

相当长的时期内，中国知识分子的人生命运都与科举制度联系在一起，这种局面在19世纪末和20世纪20年代初被打破了。历史在给这一代知识分子打击的同时，也给了他们机遇。此时报馆纷纷成立，许多断了晋爵之阶的知识分子都涌入了报馆，成为新中国的第一代报人。从此以后中国知识分子的人生命运开始与大众传媒联系在一起。这些报人都是饱读诗书的人，论文学修养，他们都不差，由此，便形成了中国现

---

① 裴士雄编：《孙氏兄弟谈鲁迅》，新星出版社2006年版，第37页。
② 仲密：《阿Q正传》，《晨报副镌》1922年3月19日。

代文学创作机制的三个特点，其一是身份。现代文学作家则大多是学者、新闻工作者，写作是职业，也是兴趣、爱好，既体现出人生的目的，也体现出人生修养。其二是文本的传播。现代文学作家作品的传播一般总是先在报刊上刊载，然后再由出版社结集出版。其三是作家作品风格、流派的形成与报刊有很大关系。报刊的编辑方针和价值取向制约和规范着作家作品风格的形成。围绕着报刊，众多风格相同、相近的作家自然就形成了文学流派，报刊是联系作家和维系流派的纽带和枢纽。在现代文学中有些文学流派干脆就用报刊的名称命名，如"语丝派""新月派"。①

　　基于这样的创作机制，这些中国现代知识分子需要一个可供他们传播思考、传播新知识、新言论的公共空间。在这个公共空间里，主角是中国现代知识分子，他们是那些从传统的"庙堂"中解放出来的"自由"知识分子，他们与传统知识分子不同的是：不再依附于政治权力，尤其是封建君权。在政治权力之外，他们有自己的另一片生存空间，有相对独立的意识，可以在某种岗位上靠传播知识安身立命。他们只需要一个以自己为主体的话语空间，可以自由发言，各抒己见。用胡适的话说，就是用"评判的态度"，"重估一切价值"，可以怀疑一切成见，并在怀疑中创造。

　　这样的自由的公共空间在孙伏园手里诞生了，他主编的《晨报副镌》是这个时代发育得最健全最富有生机活力的一块阵地。孙伏园坚持"五四"时代的启蒙思想，精心守护着这块思想文化的"公共空间"，使得中国现代知识分子有机会在这样的语境里从事新文化建设工作。②周作人对《晨报副镌》改版成功原因作过这样简洁的概括：

> 　　改第五版杂报栏为《副镌》，大见成功，一方面固是孙、蒲办理得法，一方面也由于客观条件具备，新闻芜杂，杂志贫弱，大家要求一种中间读物，如有《旁观报》的那样东西，副刊正好来补了

──────────────

　　①　汤哲声：《论现代大众传媒对中国现代文学创作机制的影响》，《江苏社会科学》2007年第5期。

　　②　张涛甫：《孙伏园时期的〈晨报副刊〉》，《江淮论坛》2004年第2期。

这个缺。①

这里的"孙、蒲"指的就是孙伏园和《晨报》主持人蒲伯英。孙伏园把具有不同思想背景的人物聚拢到一起，除了有周氏兄弟以外，还拉来了很多时贤才俊加盟助阵，诸如梁启超、蔡元培、张申府、丁文江、徐彦之、胡适、章士钊、李大钊、钱玄同、李石曾、吴稚晖、余上沅、徐志摩、王统照、许钦文、冰心、林语堂、江绍原、许地山、甘蛰仙、石评梅等。可以说是荟萃了当时新文化界的精英。《晨报副镌》虽说版面不大，可有一种涵容万象的大气度和眼光。只要有益于中国现代思想文化建设，不管其思想背景、人格个性、写作风格甚至政治背景如何，都可以在这个平台上发表声音，均可以加入到这个活跃的思想文化舞台上展示自我。真可谓是风云际会，群星璀璨。

《晨报副镌》给每个人平等的话语权。比如，其中一部分人在《晨报副镌》语境之外，可能完全是另一种角色，如李大钊、陈独秀、瞿秋白、李石曾、吴稚晖、徐志摩等。但当他们各自以个人角色进入这个公共话语空间的时候，其思想仅仅是多元中的一元，不带主流色彩，他们的观点仅仅代表了一种思想，不占据强势地位。

那么，孙伏园在搭建起这个新文化运动平台后，又是如何经营的呢？我们以为，以下两个方面是他经营最得法的。

其一是增加文艺作品在副刊中的比重。

"五四"是一种特殊的文学思潮、一个特殊的现象。五四时期那么多人把眼光投向文学，并不是都对文学本身感兴趣。譬如我们可以觉得鲁迅弃医从文是他最伟大的地方，但也可以不把这件事看成是他一个人的选择。弃医从文或者弃别的从文是五四那代人整整一代人的选择，现代作家弃医从文的很多，当时相当一批作家都是放弃了自己的专业来从文的。譬如郭沫若、胡适、郑振铎等，当然每个人的情况都不一样。郭沫若从医的时候，他的听力不太好，从医会有许多不方便。胡适在美国学的是农业的果树专业，学习如何根据苹果的果皮、颜色、肉质等给苹果树分类，胡适用实用主义哲学观来认识所学专业，意识到自己在美国

———————

① 周作人：《孙伏园与副刊》，《亦报》1950年1月23日。

学了这么多苹果的分类，回国后不可能有那么多苹果种类需要自己去分类的，所以胡适毅然"弃果从文"。而作为文学研究会的发起人之一的郑振铎，他学的是铁路管理，毕业后在上海火车站工作。还有的人学的是纺织、军工、陶瓷、无线电、化学等，学什么的都有，最后大家都不约而同地把眼光放在了文学上。所以说，弃医从文是鲁迅一个人的选择，也是一代人的选择。意识到用文学改变人的精神状况，进而推进整个民族的发展，是那一代有识之士的共识，这也是五四时期新文学之所以被这么多人共同抬举到如此之高度的原因所在。孙伏园主编《晨报副镌》正好得了风气之先。

早在李大钊主编时期，《晨报》副刊就成了新文化启蒙者进行现代思想文化启蒙的一个重要阵地，成为传播西方学理，发表新文化启蒙者启蒙言论的现代话语空间，中国现代知识分子将它视为传播真理、传播新知识的重要讲坛，这个公共空间是他们在失去庙堂这一栖身之地后虚拟的安身立命的广场。他们的才华在此施展，他们的人生和社会价值在此实现。正因为如此，使得《晨报》副刊负载了太多的东西，中国现代知识分子把历史转型时期的时代使命贯注到这个副刊上，使这块原来以刊载轻松内容为主的园地变得十分严肃。

孙伏园主编副刊后意识到了这点，他对李大钊时期的副刊作了一些微调。尽管，在当时介绍传播哲学、科学、文艺学理论的刊物杂志还不多，报纸副刊还需勉为其难地承担启蒙的任务。但是，他已意识到副刊的杂志化思路、精英化趣味难免会影响到普通读者的接受和理解。他说：日报的副刊，"本以趣味为先"。① 副刊就是报纸的附张，当以大众为服务目标，在这一编辑理念指导下，《晨报副镌》重思想轻文艺这一失衡状态在孙伏园主编时期得到了改观。

一方面，在每期《晨报副镌》的版面上，将文学或文艺方面的内容比重加大，几乎有一半的内容是文艺作品。另一方面，努力使文艺性的栏目及相应的文艺形式越来越丰富，除原有的"艺术谈""诗""小说"等栏目以外，还出现"歌""歌谣""杂感""浪漫谈"等栏目，"剧谈"与"剧本"栏更是出现前所未有的兴盛景象。如此调整后，文艺

① 《晨报副镌》1922 年 11 月 11 日，署名"记者"。

作品就成了《晨报副镌》"趣味"的重要源泉。文艺作品表现的往往是著者的情思，读者在阅读文本的时候，会从中得到思想的启迪、情绪的感染、审美的娱乐。

翻阅《晨报副镌》，可以发现文艺方面的内容十分丰富，译、著兼具，而且多有佳作。既有名家赐稿，也有新手试笔。副刊没有围墙，开放式办刊，各种风格都可以显露风采。许地山、谢冰心、胡愈之、徐志摩、王统照、郑振铎、应修人、李伟森、林语堂、耿济之、汪静之、孙福熙、沈尹默、钱玄同、川岛、冯雪峰、萧友梅、陈大悲、庐隐、傅东华、曹靖华、赵景深、陈铭德、李俊民、许钦文、梁实秋、余上沅、熊佛西、焦菊隐、徐玉诺、俞锟的作品和译文，均在报上发表。冰心的诗《诗的女神》《繁星》《春水》《迷途之鸟》相当受人注意。不少外国文学作品也被介绍在报端，这些作家是：屠格涅夫、托尔斯泰、契诃夫、克鲁巴金、柴门霍甫、高尔基、安徒生、易卜生、显克微支、莫泊桑、雪莱、王尔德、葛林、菊池宽、武者小路实笃等。

就拿鲁迅来说吧，《晨报副镌》名副其实地成了鲁迅发表文艺作品的重镇。从1919年12月1日鲁迅发表在《晨报》副刊上的《一件小事》开始算起，到1924年10月31日在《晨报副镌》第一版上译完《苦闷的象征》第二部分止，短短几年时间里鲁迅就在《晨报副镌》上发表了各类作品（包括译作）计57篇之多。这其中既有通称解剖知识分子心灵的《一件小事》，也有被称之为现代文学史上的经典作品《阿Q正传》，还有《故乡》《肥皂》《不周山》等小说。鲁迅除在《晨报副镌》上发表小说、译作外，还发表了众多评论杂感。而要说鲁迅在《晨报副镌》上参与力度最大的还是他积极参与对国外文艺的引进介绍。从数字统计看，鲁迅在《晨报副镌》上发表的译作共计12篇（部），这其中大多是大部头的连载。像芥川龙之介的《罗生门》，《晨报副镌》从1921年6月14日连载到6月17日，共分4期载完。厨川白村的《苦闷的象征》则在《晨报副镌》上整整载了一个月。而爱罗先珂的《桃色的云》更是从1922年5月15日到6月25日在《晨报副镌》上连着刊登了40天。从内容上来看，鲁迅在《晨报副镌》上所发表的12篇（部）译作大多都是对国外进步作家及作品的介绍，其中尤其对爱罗先珂更是情有独钟。除了《桃色的云》外，另有《池边》《春夜的梦》

《狭的笼》等。对上述几篇作品鲁迅还一并都作了译后记。此外，在发表《春夜的梦》同日的《晨报副镌》上，鲁迅还翻译了爱罗先珂路过哈尔滨时曾寄居的主人中根弘的文章《盲诗人最近的踪迹》，以示对这位盲诗人的关心和崇敬之情。鲁迅花很大力气翻译《苦闷的象征》则更可看出他对外国文艺理论的重视和对心理分析学说的情有独钟。①

因为孙伏园对当时那些现代文学名家作品加大刊登的力度，鲁迅、周作人、徐志摩等人的文章也就要比李大钊做主编时期更加频频见报了。鲁迅曾为此说过一段话，话中对孙伏园的感激之情溢于言表：

> 因为先前的师生——恕我僭妄，暂用这两个字——关系吧。似乎也颇受优待：一是稿子一去，刊登得快；二是每千字二元至三元的稿费，每月底大抵可以取到；三是短短的杂评，有时也送些稿费来。②

而周作人和鲁迅相比，所受的待遇则更优厚，孙伏园专门为他开设了一个专栏，起名叫"自己的园地"，专供周作人发表文章用。从1922年1月起至1922年10月12日，周作人在"自己的园地"上共发表文章18篇，这些文章均收入周作人后来出版的自编文集《自己的园地》中，而从1922年1月起至1922年10月间，在专栏之外发表在《晨报副镌》上的文章更是多达79篇之多。可见在1922年的一年里，周作人在《晨报副镌》上发表的文章将近百篇，平均不到四天即有一篇文章发表。到1924年，在《晨报副镌》上发表文章更多，据初步统计，仅2月份就发表14篇文章，分别为《还账主义》《一年的长进》《花炮的趣味》《卑劣的男子》《读〈欲海回狂〉》《打茶围》《蔼理斯的话》《复旧倾向之加甚》《冤哉达尔文》《书名的统一》《教训之无用》《停止日曜日放假》《童话与伦常》《北京的茶食》。另外各月发表文章数为：1月份8篇，3月份7篇，4月份6篇，5月份6篇，6月份5篇，7月份6篇，8月份2篇，9月份6篇。

─────────────────────────

① 崔银河：《〈晨报副刊〉与鲁迅》，《海南师范学院学报》2005年第4期。
② 《鲁迅全集》（第4卷），人民文学出版社1981年版，第165页。

孙伏园在借助名家名作来提升副刊的文艺性层次的同时，也不忘扶持新人新作，培养文学新锐。冰心、许钦文等作家就是由《晨报副镌》一手培养起来的。冰心首先在《晨报副镌》发表"问题小说"《两个家庭》《斯人独憔悴》《法国》等，引起文坛的瞩目。其后冰心立意做诗，也是因为受到了孙伏园的鼓励。当时，孙伏园把冰心一篇饶有诗趣的杂感分行放在诗栏里，使冰心受到极大鼓舞，冰心从此打开了自己心中为文与做诗的界限，专门做起了诗人，用诗的形式探索人生，以小诗《繁星》《春水》的创作名扬文坛，再后又以通讯体散文《寄小读者》而名声大振。

许钦文的首篇文章《参观女高师第十四周年纪念游艺会记》就是发表于《晨报副镌》"论坛"栏里，后来因发表小说《传染病》引起读者的注意，继之又很快引起鲁迅的关注。此后，孙伏园特意把他介绍给鲁迅，许钦文与鲁迅开始交往后情谊渐深。因为有鲁迅在文艺创作上的细致指导，许钦文在"乡土小说"创作上，把描写人物对命运的挣扎与愚昧、昏暗的乡土环境结合起来，在艺术上表现出极大的成功。

又如凌叔华，1924 年 1 月，凌叔华的小说处女作《女儿身世太凄凉》在《晨报副镌》上发表。之后，在燕大读书期间，她相继写了《资本家之圣诞》《我那件事对不起他》等小说，写了《朝雾中的哈德门大街》《我的理想及实现的泰戈尔先生》等散文，并陆续在《晨报副镌》上得以发表。这使她首先在北京的文坛上崭露头角，并开始跨入作家行列。

从孙伏园上任后的几年间里，《晨报副镌》上所发各类题材文学作品不但数量比李大钊时期要多，而且许多在现代文学史上留下极大影响力的作品都是此时在《晨报副镌》上发表的，比如鲁迅的《阿 Q 正传》《肥皂》《不周山》，周作人的《女子与文学》《评〈沉沦〉》《故乡的野菜》，徐志摩的《天下本无事》《印度洋上的秋思》《翡冷翠的一夜》，郁达夫的《给一位文学青年的公开信》《人妖》，郭沫若的《悲哀的哑者》，林语堂的《一个驴夫的故事》，许钦文的《父亲的花园》等，因为有《晨报副镌》这个平台，因为有孙伏园组织名人和新人的协同作战，新文学的发展得到了相当大的推动力作用，不但让无数读者心灵受到了极大的震撼，而且把文学的启蒙功能也发挥到了一个很高程度，[①]后人完全能从《晨报副镌》中窥见现代文学发展中的一段辉煌历史。

其二是进一步拓展《晨报副镌》的兼容性。

除了增加文艺作品在副刊中的比重，孙伏园经营这块领地另一个值得大大称道的便是他的兼容性。

孙伏园给众人提供发表意见的空间和平台，他为这些言论在这个思想文化"公共空间"里自由交流与争鸣提供极为广阔的表现舞台，他不人为地倾向于哪一方，即使作为编辑的自己有倾向性，也尽可能不让个人的倾向主宰整个刊物。这种兼容性既表现在文学、科学、思想学说等板块内容的共生与并重上，更表现在整个传播活动热点"议题"的丰富多彩上。翻阅这一时期的《晨报副镌》，可以看到，各方面内容琳琅满目，各种思想学说应有尽有，各类议题此起彼伏。透过这些多样的关涉内容，能深切地感受到"五四"之后那种理性启蒙所特有的求索、思考。这里有杜威、罗素、杜里舒、爱罗先珂、泰戈尔等的众声同唱，又有实用主义、社会主义、无政府主义、世界主义等的各领风骚。

孙伏园似乎特别会营造众声喧哗的场景。例如，对苏俄革命，他故意先抛出一个有明显误解的观点，他认为，在"各种主义之中，最容易来中国而且最足为中国人之害者，我看莫过布尔塞维克了"，他认为目前中国最切要的问题是："没有人的自觉悟"，"怎样能使中国人的脑筋中对于现状发生问题"，[②] 孙伏园这些倾向性意见引来众多"对马克思主义、苏俄十月革命"及其中国马克思主义者的观点的介绍与传播。李大钊就发表了很多此类文章，诸如《十月革命与中国人民》《国际的资本主义下的中国》等，也有瞿秋白的苏俄游记，高君宇的《赤色帝国主义么?》等文章。他们对中国的政治、经济、文化、教育，对人类的前途，中国民族自身的命运，还有人生的意义，个人的生存状态等都投入了极大的热情。他们关注的内容相当宽泛，有宏观的，有微观的，有抽象的玄思，也有具体的方案。

因为问题林林总总，人们对问题的看法也就千差万别。因而《晨报

---

① 崔银河：《〈晨报〉副刊与中国现代文学》，《辽宁师范大学学报》2007年第1期。
② 伏庐：《俄国革命纪念日杂感》，《晨报副镌》1922年11月7日。

副镌》上的争论尤其多，而且争鸣的空气相当热烈。著名的有"科玄"论战、"爱情定则"讨论、新文化与"学衡"派的争论、"国语问题中的一个大争点"讨论、关于"丑字"入诗的讨论、关于"社会主义"论争、"问题与主义"大争论、关于"翻译"问题讨论等，大大小小的论争、讨论一波接一波。每次讨论，卷入讨论的有著名的思想文化精英，也有一些初出茅庐的学界新手。讨论的主题有宏大主题，如"科学与人生观"论战，即"科玄论战"，也有细小的技术性的问题，如关于"丑字"入诗的讨论。

有意思的是，"科玄"论战并不首先在《晨报副镌》上，而是出现在《清华周刊》和《努力》上，但《晨报副镌》却非常敏锐地抓住这一已经引起争论的问题做文章，并利用报纸出版的速度和频率优势，迅速扩大了这一问题的讨论。就在有关问题争论得如火如荼之时，孙伏园又在头版头条发表《玄学科学论战杂话》一文，[①] 为讨论又添了一把火。加之及时为各方言说开辟出可观的版面空间，使得《晨报副镌》成为了这场论争的主战场。

相比较，"关于爱情定则的讨论"则完全由《晨报副镌》一手策划。以张竞生《爱情的定则与陈淑君女士事的研究》一文首先掀起讨论，并牢牢控制着讨论的进程和节奏，果真，讨论引起了读者极为热烈的反应。但也有人认为这种讨论意义不大，应该终止。但《晨报副镌》却有自己的打算和意图，[②] 对于各种良莠不齐的观点甚至是"代表旧礼教说话"的文字，并不加以特意的回避，而照样大胆刊出，这一度引起读者的不满，讨论似乎无法控制。对此，《晨报副镌》就把自己明确的意图公之于众，这样的炒作又使问题的讨论得到了进一步的深化。

特别应该指出的是孙伏园还在小问题上用力很深，让小问题发出大声音来。比如其中的"星期讲坛"，从人们日常生活中寻找话题，其中刊发的文章《科学与吃饭》《科学与常识》《星期日怎么过法?》《星期日的短旅行》《说卫生》《游戏的重要》《人生的价值》《体操的解释》《信仰》等，选题切近人们日常生活，但是又不拘泥于生活表象，用现

---

① 孙伏园：《玄学科学论战杂话》，《晨报副镌》1923 年 5 月 5 日。
② 孙伏园：《编余闲话》，《晨报副镌》1923 年 6 月 20 日。

代知识来解释、探究人们眼前的社会生活，高远的立意中蕴涵着耐心细致的启蒙策略。

总之，是孙伏园集中了知识界多种声音，在宽松兼容的氛围中探讨学理，发表对国家、社会、人生、文学的看法。在这众声喧哗的场景中，《晨报副镌》践行了它的文学启蒙、科学启蒙和思想文化启蒙。正如学者们所认为的，《晨报副镌》在"五四"之后的风雨飘摇的历史时期，在"救亡"压倒"启蒙"的时代呼声之下，它能够坚守"五四"启蒙传统，为中国现代知识分子精心守护着一块难得的思想文化领地，孙伏园和他主编的《晨报副镌》在思想文化史上的意义怎么肯定也不算过誉。①

四、西安之行

1924 年 7 月，鲁迅等十多位教授应陕西省教育厅与西北大学合作的暑期学校的邀请，赴西安讲学，孙伏园也被邀，以《晨报》记者身份与鲁迅同行赴西安。这次西安之行，孙伏园不但完成了《长安道上》这篇《伏园游记》里的主打作品，更为中国文学史留下了一段佳话、几多趣事。

1924 年 6 月，陕西省长刘镇华，托其私人驻京代表郭光麟，邀请京、津文化名人王桐龄、李干臣、林砺儒、陈定谟、李济之、蒋廷黻、陈钟凡、刘文海、王小隐、孙伏园、关颂声、李顺卿、夏元瑮等十余人，来陕西西北大学讲学，原来的被邀请者名单中没有鲁迅，当时北京大学哲学系三年级学生、陕西韩城人王捷三，平时在校常随王品青到鲁迅家中做客，对鲁迅十分熟悉，出于对鲁迅的学问和为人的敬佩，特写信给当时的西北大学校长傅铜，建议也邀请鲁迅一道来陕。② 傅铜同意，并表示歉意，说原未邀请鲁迅，是他工作中的一个疏忽，随即向鲁迅补发出邀请信函。这次西安之行大有如今文化下乡之态势。这批人中，孙伏园和王小隐以《晨报》和《京报》记者身份随队参与，其余十多位均为当时的名师名流。如王桐龄是现代著名历史学家，夏元瑮是著名物

① 张涛甫：《孙伏园时期的〈晨报副刊〉》，《江淮论坛》2004 年第 2 期。
② 段国超：《鲁迅赴陕途经渭南地区纪事》，《渭南师专学报》1986 年第 1 期。

理学家和教育家，蒋廷黻是民国时期的外交家。孙伏园能被邀入这名师名流之列，自然是凭自己当时办《晨报副镌》的出色表现，当然，能与众多名流，特别是鲁迅一起前往，对年轻的孙伏园来说又是何等荣幸。

1924 年鲁迅、孙伏园等在西安合影

出发的日期定在 7 月 7 日。出发前的几天，孙伏园、鲁迅屡次相会，做着出发前的准备工作。6 月 30 日午，鲁迅访孙伏园遇钱玄同，遂同至广和居午餐。下午同孙伏园至门匡胡同衣店，定做大衫两件，一夏布，一羽纱。7 月 1 日，孙伏园到教育部访鲁迅，同至西吉庆午餐，又同至女师附中观游艺会一小时许。7 月 4 日，孙伏园、李小峰、章矛尘访鲁迅，鲁迅从孙伏园处借钱 86 元。7 月 6 日晚，孙伏园又访鲁迅。

7 月 7 日夜，一行十余人，在王捷三的安排与陪同下，由北京地安门车站坐上火车驰向河南陕州（今三门陕市）。此西安之行费时一个多月。7 月 7 日由京汉铁路离开北京，过郑州，9 日夜间到陕州，10 日从黄河乘船泊灵宝，13 日到潼关，14 日坐汽车离潼关到华清池浴，下午到西安。路中经过七昼夜之多。8 月 4 日离西安，乘骡车出东门至草滩上船，过渭南，华阴，一路遇逆风，9 日过函谷关，到陕州乘火车，12 日半夜回到北京。来回一月有余，在西安待了 20 天左右。

7 月 9 日夜，抵河南陕州。由于当时陕州以西不通火车，遂改乘黄河西向民船。又由于一路大雨，逆风，舟不易进，13 日下午，船才航达潼关。潼关高据山巅，依巅筑城，雉堞耸峙，俯瞰河曲，高屋建瓴，形势雄胜，信称天险。一到潼关，镇守潼关的憨玉坤师长奉刘镇华之命，派骡车迎接，安排入城内汽车公司歇息。从陕州到潼关，路途不过百余里，却整整走了四天半。在潼关安顿下后，同行者步出汽车公司的大门，站在高处，观赏潼关的稀世风景。有人即兴赋诗，有人吟诵有关潼关的古诗句。也许一路感受了风寒，鲁迅当时身体颇感不适，甚至腹泻，无心观赏，只说："待归来时再看吧！"

14日晨，王捷三问安，鲁迅回答说："还好！"当车过华阴时，南见华岳群峰攒簇，刺天蔽日，三峰高插云表，尤称秀绝。鲁迅翘首南望，也发出了"啊"的赞叹声。至渭南，见街中大队衣衫整洁的人，头上戴着鲜柳叶扎成的帽圈，前面导以各种刺耳的音乐。原来，这一天，渭南县城的人，因久旱无雨，而正在举行乞神以降的古老仪式。车过渭南，临近新丰镇，众人遥望秦始皇帝陵。到临潼后，歇息的时间虽不长，却游览了华清池，观赏了骊山秀丽的风光，并且还美美地洗了一个温泉澡。驻防于此的第四路步兵第二营营长赵清海，奉刘镇华命，特设午宴招待。14日下午抵西安，寓西北大学教员宿舍。

相对于鲁迅他们有讲课任务，孙伏园此行则比较轻松，他几乎全程都是在参观采风中度过，且多数时间与鲁迅在一起。

7月14日，在西北大学教员宿舍住下后，孙伏园即和鲁迅到附近街市散步，此后的7月15日晚，7月16日午后，孙伏园又和鲁迅等人一起阅市购买古玩之类。这天，去逛古董铺，见有一个石雕的动物，辨不出是什么东西，问店主，则曰"夫"。他们因为途中听王捷三说"汽水"为"汽费"二字，已觉诧异，后来凡见陕西人几乎无不如此，大致明白盖西安人说S，有一部分代以F者，如汽水变为"汽费"，读书变为"读甫"，暑期学校变作"夫期学校"，省长公署变作"省长公府"了。这时候孙伏园看着这个被店主称为"夫"的动物石雕心中想着该写成怎样一个字：犬旁一个夫字罢，犬旁一个甫字罢，或豸旁一个付字罢，但都不像。三五秒之间，思想一转变，说他所谓Fu者也许是Su罢，于是又往豸旁一个苏字等处乱想了，不提防鲁迅忽然说出："呀，我知道了。是鼠。"如果按西安人S和F的转换，鲁迅大概是猜对了。只是他俩终究未明白该动物是什么。

7月21日至29日，鲁迅在暑期学校讲课，29日下午，上课任务一完成即同孙伏园游南院门市，鲁迅买弩机一具，小土枭一枚。8月1日上午；鲁迅同孙伏园阅古物肆，鲁迅又买小土偶人二枚，磁鸠二枚，磁猿首一枚，彩画鱼龙陶瓶一枚。

在鲁迅讲课那几天，孙伏园自己单独去卧龙寺看了藏经，考察此前报载的盗经情节属实否。他又去走访了一所美术学校，以考察陕西艺术空气之厚薄。自然，最引孙伏园注目的应该算是艺术团体"易俗社"了。流传至今的文学史上的佳话也大多源于鲁迅十几天内五次观看秦腔的趣事，而孙伏园是鲁迅五次看秦腔的全程陪同者。

西安易俗社是辛亥革命后的第二年，即1912年，由陕西同盟会成员李桐轩、孙仁玉等发起创办的新型秦腔剧团，以编演各种戏曲，辅助社会教育，移风易俗为宗旨。易俗社成立之后，在思想上、艺术上最突出的成就，就是发动一批具有进步思想的知识分子，编演了大量的旨在"补助社会教育、移风易俗"的新秦腔剧本，为资产阶级民主革命服务。在不到十年的时间内，就编演了大、小剧本二三百个，主题大都是反对封建、反对迷信、提倡婚姻自主、提倡读书识字、揭露社会黑暗等方面。编演这些剧本，使西安的戏曲舞台面貌焕然一新，引起社会上各方面的重视。1920年底，教育部通俗教育研究会给易俗社颁发了一张"金色褒状"。西安易俗社不但有戏园，为社会公演服务，还设有"学校部"注重人才的培养，戏园的建筑是半新式的，颇像北京之"广德楼"，而容量却较之为大，舞台为园口旋转式，时时能按需要转动，有楼座和池子，观众看戏很舒坦。

社长吕南仲是绍兴人，他亲自引导鲁迅一行，主动介绍、解说，使众人了解到易俗社创办的目的、宗旨、发展历史、组织机构、秦腔改革的成就以及人才的培养等情况。那几天，孙伏园和鲁迅一行到易俗社参观、看戏，捐赠款项等，留下了对易俗社的美好印象。秦腔朴实、粗犷、细腻、深刻，唱腔很有山陕一带方言的特点，说话多用去声，咬字沉重，对话跟吵架一样。离远了喊人更是特殊，前声拖十二分的长，末了才极快地道出内容，调子激昂铿锵。

7月16日，孙伏园他们由张辛南陪同访问了易俗社，并且看戏。鲁迅用刚刚学会的F、S不分的陕西方言风趣地对孙伏园说："张秘夫（指秘书张辛南）要陪我们去看易俗社的戏哉！"

当晚，鲁迅照例是那套朴素的装束，手执烟袋，孙伏园陪同着，但不知怎的，他们被安排在供女客观剧专用的楼上第三间包厢。演的是吕南仲编写的《双锦衣》前本。鲁迅观后情趣未尽，次日晚又观了后本。

　　《双锦衣》系前后本，以南宋外患入侵、国势日衰为背景，描写乡宦之女姜雪春、姜琴秋的婚姻纠葛，旨在"叙治国齐家，安危隆替，处事当出审慎，不容丝毫参差"，其中反映了某些爱国主义精神。前后两本，容量颇大，情节颇为变幻离奇，不可捉摸。此戏于 1920 年初演出时，曾"座客拥挤，屡至闭门不纳"，可见其受欢迎之程度。

　　7 月 18 日晚上，孙伏园一行又到易俗社观看了《大孝传》。《大孝传》讲述虞舜自耕稼陶渔，以至为帝王之事迹。这个戏虽取材于古史，但作者"别有怀抱"，写尧舜禅让、选举、共和等情节，皆有所寄托，感慨于民国成立十余年，实无政绩可言，以至国内混乱不堪，因而有一定现实意义。鲁迅边看边时不时地向坐在旁边的孙伏园示意，孙伏园也连连点头——尽管他对秦腔并不大看得懂。就这样，他们在西安连续三个晚上观看了戏曲演出。

　　7 月 26 日夜，天气大热，当太阳西沉时，就如同在人们的头顶上加了盖子一般，把所有的热力都关在了西安古城之内，热得人们透不过气来，街道上完全是黑压压的坐着摇扇的人们。鲁迅和孙伏园不顾酷热，第四次到易俗社，观赏了由高培友编写的《人月圆》。这是一出抨击吃喝嫖赌的"时代戏"。

　　在离开西安返回北京的前一天，即 8 月 3 日晚，他们还顶着黄风第五次到易俗社观剧。是夜，由当时最受陕西人赞美的易俗社旦角"小刘"——刘箴俗等专为鲁迅一行演出。鲁迅在当天的《日记》里也特有"设宴演剧钱行"的记载。这是一次"别开生面的宴会"。宴席摆在剧场内，观众中鲁迅、孙伏园、夏元瑮等三位是主要宾客，余者是吕南仲等十余人。"小刘"等演员未因观众之少而稍有懈怠，反更以兴奋的心情和严肃认真的态度进行表演，显示出演员们对鲁迅一行的敬重。那天晚上演出的戏，则是精选的折子戏《赶坡》《背女》。

　　在《赶坡》这出折子戏里，王宝钏寒窑苦等丈夫薛平贵 18 年。18 年的岁月，使她面容憔悴，苦不堪言，但心志更坚。两人在五典坡相遇时，薛平贵对王宝钏一再试探直至挨了骂。骂人的王宝钏很可爱，山陕方言唱到了戏文里，怎么听都有点喜剧片的感觉，台下观众止不住发出阵阵笑声。演员刘箴俗细腻地在舞台上延伸了王宝钏大家闺秀的范儿，一拧眉，一抬袖，一碎步，一侧身，均是自入情境，自得风范，自有个性的张力。唱腔高亢清亮，尤其是"军爷讲话理不端"一段，更是针锋相对，坦然处之，极有色泽。

第二出《背女》很有趣，讲的是一个新媳妇被婆婆逼着缠足，搞得脚骨折。爹爹心疼女儿，背着女儿回家住几天。演员刘箴俗一上台，很多观众还以为真有个人背着她，再细看，敢情是刘箴俗一人分饰两角，化着妆梳着发髻，身上却穿着男人的衣裤，又演爹爹又扮女儿。《背女》唱得少，演得多，这叫老生的走步正旦的唱腔，很见功力的，功底不深根本演不了。

两场之间，趁着刘箴俗换装，还加演了一出丑角戏《教学》。这段几乎全是念白的戏用陕西方言念出来非常搞笑，很有些陕西话幽默的精髓，虽是暖场的插曲，却并不比主戏逊色，颇让人过瘾。

就这样，孙伏园陪鲁迅看了五次秦腔，鲁迅离开西安返回北京的前一天，即8月3日，他收到讲学的"薪水并川资"。当天就同孙伏园各捐五十元给易俗社，另将余款赠送给西北大学照顾自己的工友，把陕西人给的钱在陕西用掉。

1924年8月4日，鲁迅和孙伏园、夏元瑮三人向东道主和听讲学员辞别，起程返京。他们乘骡车出东门至草滩上船，由水路东行。5日夜泊渭南，6日夜泊华州，7日夜泊华阴县北，8日抵潼关，9日即过函谷关，达陕州。从草滩起，东行二百五十里，抵潼关，全属渭河水道，虽在渭河下游，水流不急，竟走了四天半。

一路舟行，虽只三人同行，但因有船夫相伴，亦有不少趣事。鲁迅在船中盘腿而坐，因逆风加之疲劳，多闭目养神，偶尔与孙伏园、夏元瑮有所寒暄，漫无边际，也漫不经心。

船到渭南县，已是下午六点了，天气晴朗，但逆风不止，船夫抛锚，大声呼叫说："不撑了"。三人便从船舱中走出，伸伸胳膊，踢踢腿，见两船夫一丝不挂，皮肤晒得黝黑，即跳下船头、也坐在沙滩上休息。对这两个赤膊精身的船夫，鲁迅盯了很久，发出"美哉"的赞叹。大概是船夫的那种常年劳动留下的健康的肤色吸引了他们，他们甚至自

愧自己这种身体除了配给医生看外，已不配给谁看，孙伏园亦有同感，
连叹船夫的形体真与希腊的雕像毫无二致。

两个船夫也同他们坐在一起休息。船夫推测他们三人的年龄：说孙
伏园最小，"一十二岁，虽有胡子，不足为凭"；夏元瑮"虽无胡子，
但比孙大，总在二十以外"；鲁迅"则在三十左右"了。船夫们的推测
次序没有错，但几乎每人平均被减去了二十岁。

6日下午五时，船到华州，天气也很好，但依然还刮逆风，船夫又
说"不撑了，今晚就歇这儿"。一船夫上岸买了一包花生豆，回来说
"这是孝义特产"。另一船夫则从船上取出一大瓶老酒来，硬要同鲁迅他
们对饮，喝得他们皆有醉意。饮毕，暮色苍茫，河滩上昏鸦一片，哀鸣
不已，这一点给鲁迅印象很深，以致他后来在文章中多次写到陕西的
乌鸦。

7日下午，船抵华阴县北，那天，逆风，向晚更烈，夜泊在离三河
口处尚有十余里之地。8日中午抵潼关，鲁迅买了酱莴苣十斤。回北京
后，他把这十斤酱莴苣大多分送给一些亲戚朋友了。在潼关，他们还喝
了一种白干似的酒，气味比白干更烈，据说叫做"凤酒"，因为是凤翔
府出的。酒壶上刻着"桃林饭馆"字样，因为潼关即古"放牛于桃林
之野"的地方，所以饭馆以此命名。在潼关买了酱莴苣，又喝了酒，旅
途虽劳顿但亦尽兴不俗。

当舟经山西时，他们特别登岸参观。这是永乐县附近的一个村子，住
户只有几家，遍地都种花红树，主人请他们吃花红，随摘随吃，随吃随谈，
知道该村十几户共有人口约百人，有小学校一所，村中无失学儿童，亦无
游手好闲之辈。待回时他们以四十铜子，特买花红一大筐，在船上又大吃。
便宜而至于白吃，新鲜而至于现摘，三人同感这是生平第一次。

在船上，船工们除了用力摇船拉纤以外，有暇便在船头或船尾，研究
三人的举动。夏元瑮吃苏打水，水浇在苏打上，如化石灰一般有声，这自
然被认为魔术。但是魔术性较少的，他们也件件视为奇事。一天夏元瑮穿
汗衫，一船工便凝神注视，看夏元瑮他两手先后伸进袖子去，头再在当中
的领窝中钻将出来。夏元瑮问他"看什么"，他竟老老实实地答说"看穿衣
服"。夏元瑮问"穿衣服都没有看见过吗？"他说"没有看见过"。至于物质
生活，那自然更低陋。他们看着三人把铁罐一个一个地打开，用筷子夹出

鸡肉鱼肉来，觉得很是新鲜，吃完了把空罐给他们又是感激万分了。孙伏园吃面的碗是船夫的，碗浅浅的，米色的，有几笔疏淡的画，颇类于出土的宋磁，孙伏园一时喜欢极了，为便将来可以从它回忆起黄河船上生活的旧印象，就问他们讨要，船工豪爽地给予了。

8月12日半夜回到北京后，孙伏园即着手写作整理他的《长安道上》，在8月16日、17日、18日三天的《晨报副镌》上连载。若干年后，孙伏园还写了《杨贵妃》《鲁迅与易俗社》，孙伏园将自己与鲁迅在一起的这段朝夕相处的短暂时光裱藏于永不褪色的文字中，别有情致，清新典雅。

在9月7日和9月8日的《晨报副镌》上，孙伏园还刊发了两位读者对自己的《长安道上》的两篇批评文字，分别是《给伏园的一封信》和《〈长安道上〉的小小订正》。

五、主编《京报副刊》

在1924年10月31日出版的《晨报副镌》第259号上，孙伏园发表启事：

> 我已辞去晨报编辑职务，此后本刊稿件请直寄晨报编辑部。我个人信件请改寄南半截胡同绍兴馆。

孙伏园的辞职启事

对于这次辞职原因，大家比较熟知的便是因为鲁迅的散文诗《我的失恋》引起。那是一首打油诗，正题为《我的失恋》，副题是"拟古的新打油诗"，共四段，首尾两段是这样的：

> 我的所爱在山腰；
> 想去寻她山太高，
> 低头无法泪沾袍。
> 爱人赠我百蝶巾；
> 回她什么：猫头鹰。
> 从此翻脸不理我，
> 不知何故兮使我心惊。
> ……
> 我的所爱在豪家；
> 想去寻她兮没有汽车，
> 摇头无法泪如麻。
> 爱人赠我玫瑰花；
> 回她什么：赤练蛇。
> 从此翻脸不理我，
> 不知何故兮——由她去罢。

　　这首诗是为了讽刺当时盛行一时的失恋诗而作的。鲁迅在《我和〈语丝〉的始终》一文中说，他"看见当时'阿呀阿唷，我要死了'之类的失恋诗盛行，故意做一首用'由她去罢'收场的东西，开开玩笑的"。诗作模拟的是东汉张衡的《四愁诗》。原诗以"我所思兮在泰山，欲往从之梁甫艰"起笔，描述的是有美人于兹，日夜思之，不可得之的怅惘之情，是一首很优美的爱情诗。鲁迅的这首诗从段数、行数、句式上，完全照搬了张衡的原作，但他用猫头鹰、冰糖葫芦、发汗药、赤练蛇这些稀奇古怪的礼物，代之以原作中回报恋人的英琼瑶、双玉盘等，与爱人赠己的百蝶巾、玫瑰花等，十分不协调。诗中大量的现代文明词汇如神经衰弱、汽车等，与其副标题"拟古"也十分不协调。在极言失恋如何使自己心惊、糊涂、神经衰弱之后，又骤然来一句："由她去罢!"非常唐突。种种的不和谐,构成了一种内在的诙谐与幽默。

　　在事件发生一年后,孙伏园发表了《京副一周年》一文,在估定了《我的失恋》的价值后,追述了自己之所以离开《晨报副镌》的这件旧事:

　　　　鲁迅先生做好这诗以后,就寄给我以备登入晨报副刊。那时我的编辑时间也与现在一样,自上午九点至下午两点。两点以后,我发完稿便走了,直到晚上八点才回馆看大样。去年十月的某天,就是发出鲁迅先生《我的失恋》一诗的那天,我照例于八点到馆看大样去了。大样上没有别的特别处理,只少了一篇鲁迅先生的诗,和多了一篇什么人的评论。少登一篇稿子是常事,本已给校对者以范围内的自由,遇稿多时,有几篇本来不妨不登的。但去年十月某日的事,却不能与平日相提并论,不是因为稿多而被校对抽去的,因为校对报告我:这篇诗稿是被代理总编辑刘勉己先生抽去了。"抽去!"这是何等重大的事!但我究竟已经不是青年了,听完话只是按捺着气,依然伏在案头上看大样。我正想看他补进的是一篇什么东西,这时候刘勉己先生来了,慌慌忙忙的,连说鲁迅的那首诗实在要不得,所以由他代为抽去了。但他只是吞吞吐吐的,也说不出何以"要不得"的缘故来。这时我的少年火气,实在有些按捺不住了,一举手就要打他的嘴巴。(这是我生平未有的耻辱。如果还有一点人气,对于这种耻辱当然非昭雪不可的。)但是那时他不知怎样一躲闪,便抽身走了。我在后面紧追着,一直追到编辑部。别的同事硬把我拦住,使我不得动手,我遂只得大骂他一顿。同事把我拉出编辑部,劝进我的住室,第二天我便辞去晨报副刊的编辑了。①

　　只是人们在传谈中,人为地夸大化了鲁迅《我的失恋》所引起的原因,而忽略甚至从未提起另外细节,我们在此特别加以引用,以示事件的完整性。

　　孙伏园在《京副一周年》中还有一段话从未被提及:

———————————

　　① 孙伏园:《京副一周年》,《京报副刊》合订本第十三册。

这种事本来没有再讲的必要，但事后想起，大家因为公事而红脸，是并不夹杂一毫私见的，倒觉得可以纪念，对于个人的感情上可以无伤了。自我辞职后三五日，承刘勉己先生过访，问我可否这样就算终了，我说当然的，我们已经不做同事了，当然可以做朋友了。一直到今天，我与刘勉己先生的感情依然很好。

我今天提到这件事，并不因为这也是我的生活史上重要的一页，而是因为有了这件事才有今日的京报副刊周年纪念日。京报自然在无论什么时候都可以出它的副刊，但倘没有这件事，"京副"与"伏园"或者不发生什么关系，"十二月五日"与京报副刊周年纪念或者也不发生什么关系。不但此也，因为我的"晨副事件"为人人（姑且学说大话）感到自由发表文字的机关之不可少，于是第一个就有《语丝》周刊的出版。《语丝》第五十四期里，岂明先生已经提起这件旧事。所谓"这件旧事"者，关于上面所讲鲁迅先生《我的失恋》一诗还只能算作大半件，那小半件是关于岂明先生的《徐文长故事》，岂明先生所说一点儿也不错的。不过讨厌《我的失恋》的是刘勉己先生，讨厌《徐文长故事》的是刘崧先生罢了。①

这段中有两个信息很重要，刘勉己和孙伏园之间并无私仇，这是其一，其二是孙伏园离开《晨报副镌》除了与鲁迅那首《我的失恋》外，还有一个原因，那就是与周作人有关。上文"岂明先生所说一点儿也不错"中的"所说"便是这样说的：

孙伏园虽是"晨副"的开创功臣，可是天下无不散的筵席，他也终于有一天卷了铺盖走出了《晨报》社了。据孙伏园方面的传说是，副刊上曾登载了几则某地方的民间故事，报馆里很不以为然，以为于人心世道有关，此后不得登载。假如是蒲伯英主政，当然不会得如此，但是其时的干部是福建人，话就不大讲得通，孙伏园和他们经过一番争论，只好悄悄的跑了出来。②

────────────

① 孙伏园：《京副一周年》，《京报副刊》合订本第十三册。
② 《周作人文选》（第4卷），广州出版社1996年版，第213页。

为鲁迅也罢，为周作人也行，其实，为谁离开《晨报副镌》对孙伏园来说，都无关紧要，而且1924年的鲁迅、周作人已不愁没有地方发表文章了，正如孙伏园所说的：

> 但是流光如驶，转瞬周年，登载那抽去的《我的失恋》的《语丝》已经出到五十五期，禁止发表的《徐文长故事》也居然出到第四册了。我们只要一看本刊编辑室之参考报架一角，便知道《语丝》以后，这一年中不知出了多少小刊物。岂但如此，去年被人抽去的《我的失恋》的著者鲁迅先生，恰恰于今年今日，第一天发刊他的《国民新报副刊》。所谓"这件旧事"以后直至今日一年中发生的学术文艺小刊物，数目总不在一百以下，而恰好请去年首当其冲的鲁迅先生所编的《国民新报副刊》出来殿军，真是再巧也没有的事。①

重提往事，我们只想说明对孙伏园离开《晨报副镌》这笔账，用不着老去挂到鲁迅身上，而且还要人为地去夸大强化。道不同，不相为谋，此处不留爷，自有留爷处。孙伏园离开《晨报副镌》，恰恰是他又一辉煌人生的起步，这正应验了那句"是金子在哪儿都能发光"之名言。

1924年的《京报》已有多种副刊，但邵飘萍还很想办一两份能成为主干的副刊，只是苦于没有合适的人选。恰在此时，孙伏园辞职离开《晨报》副刊，邵飘萍得知消息，立即登门相邀，请他来主持《京报副刊》。

大约是1924年的11月间，孙伏园在荆有麟的陪同下前去《京报》馆见邵飘萍。邵飘萍热情地欢迎孙伏园到《京报》来，在商定薪俸、稿费等具体事宜之后，邵飘萍急切地说："那么，我们现在就开始筹备吧，下一星期出版。"

邵飘萍办副刊，多不以盈利为目的，而注重社会影响。因此，多数副刊经济上要依附《京报》，由《京报》负责印刷发行，随《京报》附

① 孙伏园：《京副一周年》，《京报副刊》合订本第十三册。

送，一般不另收取订阅费。因此，每月花一元大洋订阅一份《京报》者，可抵日报杂志十余份。而且，邵飘萍办副刊，采取了较彻底的放手与开明的方针，他从不干预副刊工作，即使自己为副刊撰稿，也尊重副刊主编的意见。他对孙伏园再三说明：是否登载，全由孙伏园裁定，不要因为是他的稿件而另眼看待，非登不可。这些有利条件让孙伏园如虎添翼，从此，他又开始副刊掌门的人生之路，《京报副刊》成了孙伏园理想副刊的实践之园。

在《京报副刊》第一号上，孙伏园发表了《理想中的日报附张》，他自己归纳了自己比较系统的看法，在孙伏园的心目中，理想的副刊应该具备几个方面的优势和特点：一是既要兼收并蓄，又要避免教科书、讲义的"艰深沉闷的弊病"；二是日报的副刊，其正当作用就是供人娱乐，因此文学艺术类作品应是副刊的主要部分；三是批评，对于社会、学术、思想、文学艺术、出版、书籍的批评，也应成为副刊的重要部分；四是可以多登载"不成形的小说，伸长了的短诗，不能演的短剧，描写风景人情的游记和饶有文艺趣味的散文"；五是竭诚欢迎新作家。他在这篇文章里，把当时副刊的缺陷分为两个极端，一端是"马路无线电"，具有小报化的危险，专讲马路消息和"劣等滑稽"，如栏目中经常出现"有趣一打""扫兴半打"之类庸俗的噱头，"欲滑稽而不得其旨"，甚至不知其所云。或者专门"搜罗新奇事物而发表之"，毫无思想意义。另一端是"无线电文学的乙极端"，连篇累牍地发表西洋哲学讲义和"教科书式"的科学著作，既长且难懂，"与民众常识的程度相去甚远"。后者，显然是指新副刊中的一些形式上的缺陷和不完善。那么，副刊究竟怎样去编辑更合适呢？首先，他沿用拓展了编辑《晨报副镌》时的想法，进一步提出知识性与趣味性的问题。他说："日报到底是日报，日报的附张到底替代不了讲义和教科书的""一面要兼收并蓄，一面却要避开教科书或讲义式的艰深沉闷的弊病，所以此后我们对于各项学术，除了与日常生活有关的，引人研究之兴趣的或至少艰深的学术而能用平易有趣之笔表达的，一概从少登载"。他还说："日报附张的正当作用就是供给人以娱乐，所以文学艺术这一类作品，我以为是日报附张的主要部分，比学术思想的作品尤为重要。"其次，他特别强调社会批评的文章，主要是文艺性的杂文。他说："日报附张的主要部分，就是短篇的批评。无论对于社会，对于学术，对于思想，对于文学艺术，对于出版书籍，日报附张本就负有批评的责任。这类文字最易引起人的兴味，但也最容易引起人的恶感。"他还说，综合性文艺副刊还需要有小说、"伸长了的短诗"、短剧、"描写风土人情的游记，和饶有文艺趣味的散文"，乃至各种小品的零碎"断片"。最后，在作者队伍的建设方面，特别提出处理好名家与新进作家的关系。①

　　孙伏园根据他办《晨报副镌》时积累的各方面经验，确立了将《京报副刊》办成大型的综合性副刊的办刊方针。在这一方针下，《京报副刊》虽然偏重于文学，但也兼顾经济、哲学、历史、宗教、伦理、自然科学、文艺等。《京报副刊》办成了"自由发表文字的机关"，博采众长，既大量地发表具有革命的或进步倾向的文章，如高一涵的《马克思的唯物史观》、刘侃之的《仇俄与共产者的面面观》等，也发表了一定量的宣扬"无政府主义""国家主义"思想的文章。在刊登大量文学作品的同时，《京报副刊》也重视文学评论，刊载了对于文学作品的讨论，同时刊载了文学理论与文学史著作，如杨鸿烈的《中国文学观念的进化》、郁陶白的《试验期戏剧的分化》。五四以后，介绍西学是一种倾向，《京报副刊》也很注重广泛地介绍各国文学思潮，对不同流派的文学作品，从西欧到日本，乃至对苏联的作品都作了大量介绍。

　　《京报副刊》自创刊之日起，直到1926年4月24日因《京报》被封而停刊，每日出一号，每号16开纸8个版，每月合订一册，是当时北京地区大型的日报副刊。

　　提起孙伏园主编的《京报副刊》，人们肯定得最多的自然是它具有鲜明的干预生活干预社会的色彩，尤其重视和青年有切身关系的问题。孙伏园经常抓一个问题，有意识地展开讨论，正反两个方面都发表一些文章，然后总结。这样做的结果，往往使青年在对比中深入思考，明辨是非，有所启迪和收获。例如，1925年初，《京报副刊》针对胡适所提出的"整理国故""进研究室"的口号，曾"征求青年必读书十部"，请当时学术界人士开列书单，各种答案自然都有。鲁迅写了一篇别开生面的"应征文章"，他在《青年必读书》栏中说："从来没有留心过，所以现在说不出","但我要趁这机会，略说经验……现在的青年最要紧的是'行'，不是'言'。"这就起到读者始料不及的战斗作用，表现了《京报副刊》的巧妙的讨论艺术和斗争策略。在《京报副刊》上，我们可以看到这样一种情况，即各种人包括陈西滢的文章和信经常出现，表面上是笔墨官司，其实牵涉进步文学力量与"现代评论派"的分歧和论争，对于含沙射影的来信，《京报副刊》并不拒登，发表以后，同样有目的地进行"争鸣"。①

在此，我们不想过多地引用《京报副刊》中的一场场你来我往好不热闹的争鸣，而是着重论述《京报副刊》中的文艺特色，及两个鲜为人提及的栏目策划。

孙伏园主编《京报副刊》时，强调"文艺与人生是无论如何不能脱离的"，因此，副刊上所发表的文学作品在不同程度上反映社会面貌，揭示了痛苦人生的各种心态，特别是知识分子的复杂心理，具有强烈的时代感。

青年的婚姻问题、家庭问题是《京报副刊》小说中很重要的一个关注点。在关于婚姻家庭问题的小说中，有两个方面的主题是值得我们注意的，一个是包办婚姻问题的主题，还有一个是妇女与家庭关系问题的主题。

在有关包办婚姻主题上，《京报副刊》的小说作家已经表现出了与"五四"时代作家的不同之处。"五四"时期以罗家伦《是爱情还是苦痛》为代表的爱情小说，全力抨击以家庭父权残害青年婚姻自主、扼杀人性的包办婚姻之罪恶。"五四"时代是一个破旧立新的时代，所以才会有罗家伦《是爱情还是苦痛》中对自由结合的热烈向往。可是如果"新"本身存在着内部脱序的状态，那么矛盾迟早会暴露出来的。在20年代中期婚姻自主的观念已经注入青年人思想之后，由自由恋爱相结合的婚姻关系也面临着新的挑战，那就是如果男女双方只是在婚姻结合方面是有自由的，在家庭内部关系处理上仍然摆脱不了传统思想观念的话，一旦男女双方面临家庭问题的时候，双方或一方就会对包办婚姻产生一定的幻想并进而否定自由结合的婚姻。

---

① 冯并：《中国文艺副刊史》，华文出版社 2001 年版，第 188 页。

《京报副刊》上发表的许钦文的小说《"原来就是你！"》就是一个十分典型的文本。小说中男主人公高益三在喝茶的时候偶然看到朋友志忠的姐姐，"觉得她的身材不长不矮的刚好，肥瘦也很适度，露在发簪下红润而且鲜明的皮肤实在可爱"，便由此爱上了她，并且再三托人去提亲。这个女子却认为"婚姻的事须由交际中形成，自己做主，不能由父母代订"，益三由此更加认为这个新式女子是值得自己爱戴的。后来益三去教书的时候，认识了自己现在的妻子，他们自由相恋而结婚。可是婚后不久益三就对自己的妻子产生了诸如"不要像煞有介事的太有趣，我原是把烂番薯当作何首乌玩的呀"的想法。而他的妻子在经济上也完全依赖于他，所以家庭生活中双方争吵不断。在一次争吵中他的妻子不经意地说："照现在看来，从前我实在是在做梦，以为婚姻必须自己做主，好像只要自己做主一定是美满的了。唉，如果嫁了那个姓高的，难道还会比现在更坏。唉，我实在是辜负他的热情，他已经再三的要媒人来恳求，又屡次另行托人来说好，而且爸爸妈妈也都已对了他，只是我独唱高调，我说什么婚姻须由交际中形成，自己做主，不能由父母代订，毫不知道变通。现在，好！"经过双方一番言论才发现原来他现在的妻子就是志忠的姐姐，双方不约而同地说道："原来就是你！"

这篇小说是颇有几分喜剧色彩的，同时也是十分有象征意味的。双方都是以恋爱自由、婚姻自由为准则才结合在一起的，但是家庭生活中，女方对男方在经济上依赖，男方把女方当作"玩物"。这说明，男女双方如果在家庭观念、思维模式等方面仍然是传统封建思想占统治地位，仅仅是在婚恋结合方面的自由并不能保证婚姻的幸福。这就是这篇小说意味深刻的地方，也是相比"五四"时期仅仅要求婚姻自主的一种思想进步。这篇小说的意味就在于，作者通过幻画出一个潜在的包办婚姻的同时，让现实中自由恋爱的婚姻最后与幻画出的婚姻合二为一，"原来就是你"这句深刻地表示出了两种婚姻模式的殊途同归，那种表面是新而内里仍然是旧的婚姻模式的虚假性，这样的恋爱自由导致的婚姻实在也比包办好不到什么地方去。封建思想不打破，任凭表面上的革新是没有任何作用的。益三与他妻子虽然逃避了父母的包办，却最终逃不过头脑中封建思想的"包办"。如此，许钦文的这篇小说就把罗家伦在《是爱情还是苦痛》中的思想命题发展到了新阶段。

从许钦文的小说《"原来就是你!"》中我们可以看出，绝对不是高嚷几句"自由恋爱"就能解决青年情感问题的，如果启蒙思想不是系统地影响并改造青年人的思想观念，那么单一的婚姻自由的要求往往会造成"思想脱序"的状态。

　　妇女与家庭关系的小说也是《京报副刊》中关于青年婚恋的一个重要方面。当时中国青年的家庭，婚姻问题在本质上其实就是妇女解放问题。

　　袁嘉华的《零落》也是一篇很有悲剧色彩的小说。新式女子淑荃由于新婚之后丈夫就出国留学而独身一人，在婆家她受到轻视和冷落而无人诉说，她出于寂寞给海外的丈夫写信谎称自己得病了，丈夫是回来了，但是却跟家人一起埋怨她的幼稚和无理。丈夫走后，她去一个乡村学校教书，在那里认识了同样处于孤独中的有妇之夫——男教员张先生，两人同病相怜并最终产生了感情。后来随着婆家的冷淡和丈夫的漠视，淑荃终于难以忍受下去，并最终在婆家的软硬兼施下与丈夫离了婚。可是，她的爱人张先生却受困于家庭的负累，几番努力依旧难获自由身，最后，淑荃实在看不到任何希望了，"一种苍茫凄切的情绪永远透着她的眼中淋漓的泪滴，她觉得从前砥砺不平的悲怀现在已经化成一片白茫茫的空虚了。"小说就在这样的悲剧色彩中戛然而止。淑荃就是走出了封建冷酷的家庭后却无所依托的女子形象的典型。冷酷的社会和灰色的社会生活带给她的只有创伤和仇恨，在这样的社会环境和恶劣的心态下，女子解放的任务显得更为急峻了。毫无疑问，改造社会才是妇女解放的根本道路和唯一途径，这也是《零落》这篇小说思想上的深刻所在。①

　　由此可见，孙伏园主持下的《京报副刊》十分重视对新文学运动的推动，积极投身到文学活动的建设中并取得了很大的成绩。特别是有关青年题材的小说相对于"五四"时期已经产生了很多文学异质性和多样性。当我们理解了这些历史语境中的异质性时，就会有新的启发和收获。

　　在《京报副刊》上，吴稚晖谈国学，周作人谈思想，林语堂、魏建

————————————————

　　①　陈捷：《〈京报副刊〉青年题材小说研究》，《江苏社会科学》2006 年第 3 期。

功谈音韵，马叔平谈考古，毛子震谈医学，张竞生谈"美的人生观"，洋溢着活跃的多元化的浓厚学术氛围。在此，我们引入其中两个从没被人提及过的栏目。孙伏园主持《京报副刊》时，办刊之丰富多彩由此可见一斑。

特别有意思的是"妙峰山进香专号"。"妙峰山进香专号"在1925年5月间连续刊发三期，文章作者为顾颉刚等，孙伏园自己为栏目写下了《朝山记琐》，《朝山记琐》也成了《伏园游记》的主打作品之一。

妙峰山香市代表北京一带的民族宗教活动，孙伏园等五人在得到了一点菲薄的资助后，特地"到民间去"，去调查、研究妙峰山庙会活动情况。

1925年4月30日早上六点，孙伏园便起床了，为的是准备调查参观离北京城西北八十里远的妙峰山庙会的情况。八点一刻，约定同行的容肇祖、容庚、顾颉刚，还有庄严都来了，一行人遂一齐出发。这五位都是二三十岁的小伙子，数顾颉刚最兴致勃勃，走得比谁都快。在进香的队伍里，他忽焉在前，忽而在后，忙个不停。他一下抄录沿途的进香碑记全文，一下又同进香者谈话、照相，连进香者沿途叩拜的情态，顾颉刚也不愿轻易放过，为的只是详细记录民间风俗信仰。顾颉刚说自己是"素甚害羞"的人，这回会如此活跃，敢冒众人之疑诧，则由于数年中渴望之逼迫也。只是，顾颉刚也付出了左足抽筋的代价，夜里休息的时候，不论用了多少烧酒擦脚，始终都好不了。5月2日是调查的最后一天，脚疼未愈，步履艰难的顾颉刚，只好坐轿子继续这趟活动了。

孙伏园他们一直对这样的调查活动充满兴致，他们认为自己一班读书人和民众离得太远了，自以为雅人而鄙薄民众为俗物，自居于贵族而呼斥民众为贱民。弄得自己所知道的国民的生活只有两种：一种是做官的，一种是做师的；此外满不知道，至多加上两种为了娱乐而附带知道的优伶和娼妓的生活。这几年中，"到民间去"的呼声很高，然而因为知识阶级的自尊自贵的恶习总不易除掉，所以只听得"到民间去"的呼声，看不见"到民间去"的事实。[1]

孙伏园他们在顾颉刚的建议下，脱下洋服手持桃树枝，随香客一起

① 王煦华编：《顾颉刚先生学行录》，中华书局2006年版，第20页。

念叨着"虔诚虔诚"往妙峰山进香去了。三天后，一行五人又随香客念叨着"带福还家"回到城里。

对此行，孙伏园感慨：

> 我对于香客的缺少知识觉得不满意，对于乡间物质生活的低陋也觉得不满意，但我对于许多人主张的将旧风俗一扫而空的办法也觉得不满意。如果妙峰山的天仙娘娘真有灵，我所求于她的只有一事，就是要人人都有丰富的物质生活，也都有丰富的知识生活与道德生活，──换句话说就是决不会迷信天仙娘娘是能降给我们祸福的了，──但我们依旧保存妙峰山进香的风俗。①

"妙峰山进香专号"（一）（二）（三）由此诞生了，这可谓是一次源于生活高于生活的民风民俗调查记。这次"到民间去"的机会，虽然只有短短的三天，但因为他们的全力以赴，特别是因为有孙伏园主持的《京报副刊》这个园地，这次调查的材料结果，不愁没有发表之地。

另一个有意思的栏目是1926年3月举行的"新中国柱石人物"的评选活动。评选的结果是，蔡元培得471票，汪精卫得464票，蒋介石得456票，吴稚晖得396票，冯玉祥得352票，王宠惠得246票，陈独秀得242票，李烈钧得193票，于右任得170票，徐谦得167票。蒋介石是新中国柱石人物当选的十人中最年少的一位。

孙伏园为此专门撰文《蒋介石先生》：

> 大概许多人觉得新中国的责任应该放在少年身上，而蒋介石先生是少年中已经著了有目共睹的成绩罢。张申府先生说："这可见人是容易以成败论人的，而政治上的成功尤惹人注意。"我也这样说。但是无妨，"以成败论人生"，我觉得这正是民众的特色。古人说："天视自我民视，天听自我民听。"现在呢，可以说，民视视我成败，民听听我成败。我要得民众的同情，我得做出成绩来给民众看。民众们的视听是比较的迟钝的，他们决不能像知识阶级一般，

---

① 《孙伏园散文选集》，百花文艺出版社1991年版，第78页。

知道某人十年后一定得意，现在预见佩服起来……①

　　由于《京报副刊》在文学、学术以及思想上影响较大，读者逐渐增加，发行量也随之扩大，甚至出现一天增加两千以上订户，印刷厂不得不加班赶印，同时增加送报人的情况。

　　遗憾的是，这样的畅销势头持续得并不长，当时反动派企图"改组两个机关"、"扫除三个半学校"、"扑灭四种报章"、"'逼死'两种副刊"和"妨害三种期刊"。1926年4月24日，《京报》被封，26日，《京报》经理兼总编邵飘萍被奉系军阀张宗昌枪杀。鲁迅、孙伏园以及《国民新报》的副刊编辑陈启修、张凤举被列入反动政府发出的八人通缉名单之中。孙伏园的副刊掌门在乱世中匆匆了结。

──────────

　　① 孙伏园：《蒋介石先生》，《京报副刊》1926年3月11日。

第四章

与文艺的一段姻缘

从晨报馆到京报社，孙伏园的上班时间一直是上午 9 时至下午 2 时，晚上 7 时至 9 时再看末次校样。主编副刊对他来说早已驾轻就熟。编辑之余，他写作散文杂感，参与北新书局的策划。他的人际环境也不错，他生活在一群文化人中间，他们不是有形的社团，更不是党派，完全以志同道合相凝聚。他们之间过往密切，情谊深厚，有关记载读来使人如沐春风。他们或定期例会，茶聚酒会；或相约中途碰头，三五夜谈。叙别相迎送，华诞相庆贺。通信编号，来往频繁。他们之间有和谐的切磋，激烈的争论。既相濡以沫，又相忘于江湖，很少有钩心斗角和落井下石。其间的孙伏园博识、理智、温蔼、不张狂、不随流俗。作为副刊掌门的孙伏园自然成了名副其实的"和我们的文艺有一段姻缘的人"。①

一、《语丝》"保姆"

1924 年之于孙伏园，绝对是非同寻常的一年，这一年，发生的几件事都可算是他人生中的大事。他主编《晨报副镌》已驾轻就熟，屡获成功，就在副刊渐趋辉煌时，孙伏园离开了《晨报》社，宣布辞去编辑职务，这是其一。离开《晨报》不久，即应《京报》总编辑邵飘萍之邀，任《京报副刊》主编，此其二。其三是 1924 年 11 月发起成立语丝社，创办《语丝》。如果加上七、八月间的西安之行，1924 年的孙伏园，他的经历真是丰富多彩。本小节着重叙写他与语丝社及《语丝》的关联。

语丝社的成立及出版《语丝》与孙伏园离开《晨报副镌》有直接关

---

① 《鲁迅全集》（第 7 卷），人民文学出版社 2005 年版，第 443 页。

联，对此，周作人的说法极为生动：

> 《语丝》发刊于民十三的秋天，正是孙伏园离开"晨副"之后
> 的若干日。《语丝》的发刊本来没有一定的目的，只是平常喜欢写
> 点随感录式的文章，随时在副刊上发表的人们，现在没有了发表的
> 地方，有如叫化子没蛇弄了，觉得有点无聊，所以发起自办一个刊
> 物，以便自由登载，这样看来《语丝》的产生全是偶然的，假如
> "晨副"上可以继续揭载略于世道人心有妨的民间故事，则《语
> 丝》也就出不了。《语丝》上的文章大抵还是"晨副"上写过文章
> 的人所作，就是形式也有点相像，不同的只是报纸半幅四折，成为
> 八版，每版上下两段而已。有人承认《语丝》的影响要比《每周评
> 论》为大，（其实我觉得还是《每周评论》更有力量，假如影响不
> 大，那就因为它的生命太短了。）却不知道它本是"晨副"的代用
> 品，有如买不到鸦片烟膏而用吗啡，毒虽有大小，而在吸用之人则
> 原是一种意思也。①

语丝社成立过程没有什么异议，作为当事人川岛的回忆基本可信：

> 在孙伏园辞去《晨报》副刊的编辑以后，有几个常向副刊投稿
> 的人，为便于发表自己的意见不受控制，以为不如自己来办一个刊
> 物，想说啥就说啥。于是由伏园和几个熟朋友联系，在那年的十一
> 月二日，正好是星期天，钱玄同、江绍原、顾颉刚、李小峰、孙伏
> 园和我在东安市场的开成豆食店集会，决定出一个周刊，大家写
> 稿，印刷费由鲁迅先生和到场的七人分担，每月每人八元，刊物的
> 名称大家一时都想不出来，就由顾颉刚在带来的一本《我们的七
> 月》中找到"语丝"两字，似可解也不甚可解，却还像一个名称，
> 大家便都同意了。②

---

① 《周作人文选》（第 4 卷），广州出版社 1996 年版，第 213 页。
② 川岛：《说说语丝》，《文学评论》1962 年第 4 期。

就这样，在必然和偶然间，语丝社成立，《语丝》刊物诞生了。只是"语丝"的来历经后人考证，还可作补充。《我们的七月》其中第150—151页有未署作者名的《小诗》两首：

（1）

> 伊底凝视，
> 伊底哀泣，
> 伊的长长的语丝，
> 一切，伊底；
> 我将轻轻而淡淡地放过去了。

（2）

> 白茫茫的月下，
> 扶疏的森林间，
> 黑影里，
> 有人密语；
> 欢笑而哀泣，
> 哀泣而欢笑了。

"语丝"由之得名的便是这首《小诗》，发表时未署名，其实经考证得知作者是张维祺。张维祺不是一位名声多么响亮的作家。他曾经用"张维祺""维祺"及"V. G."名字发表过作品，最初发表于《小说月报》的小说《赌博》曾被茅盾收入上海良友图书公司出版的《中国新文学大系·小说一集》，除此之外人们对他所知甚少。他的生平到现在还不为人知，谁知他竟拥有现代文学史上影响巨大的期刊和文学社团"语丝"一词的"命名权"。①

《语丝》在正式出版之前，孙伏园曾写过一份红字白纸约摸四开报纸大小的广告，这份广告后来也曾经在《语丝》第三期的中缝登过，说这个周刊将在何时出版，是由哪些人长期撰稿，他们还将广告到处张贴、发散。

───────────────

① 陈离：《在"我"与"世界之间"——语丝社研究》，东方出版中心2006年版，第9页。

1924 年 11 月 17 日,《语丝》第一期正式出版。因为《语丝》是周刊,11 月 17 日是星期一,正是周刊出刊的日子,但第一期的《语丝》实际上在上一个星期六就印好了。11 月 15 日这天,李小峰和孙伏园就将印好的杂志送到了鲁迅先生手上。看起来这确实是一份不起眼的"小报":16 开的版面,一共才 8 页。《语丝》第一期的目录是这样的:

发刊辞

开明:《生活的艺术》

伏园:《记顾仲雍》

鲁迅:《论雷峰塔的倒掉》

钱玄同:《祝爱新觉罗君迁升之喜并祝进步》

开明:《清朝的玉玺》

川岛:《夜里的荒唐》

绍原:《译自骆驼文》

衣萍:《月老和爱神》

鲁迅:《"说不出"》

其中的开明即周作人,这期一共有七位作者发表文章,鲁迅一人贡献两篇文章,如果算上发刊辞周作人提供的文章共有三篇。

《发刊辞》中明确了出版《语丝》的意图和写作要求:

《语丝》封面

　　我们几个人发起这个周刊,并没有什么野心和奢望。我们只觉得现在中国的生活太是枯燥,思想界太是沉闷,感到一种不愉快,想说几句话,所以创刊这张小报,作自由发表的地方。我们并不期望这于中国的生活或思想上会有什么影响,不过姑且发表自己所要说的话,聊以消遣罢了。

　　我们并没有什么主义要宣传,对于政治经济问题也没有什么兴趣,我们所想做的只是想冲破一点中国的生活和思想界的昏浊停滞的空气，我们个人的思想尽自不同，但对于一切专断与卑劣之反抗则没有差异。我们这个周刊的主张是提倡自由思想，独自判断，和美的生活。

我们的力量弱小，或者不能有什么着实的表现，但我们总是向着这一方面努力。

这个周刊由我们几个人担任撰稿，我们所想说的话大抵在这里发表，且国内同志的助力也极欢迎。和我们辩驳的文字，倘若关于学理方面的，我们也愿揭载，至于主张上相反的议论则只好请其别处发表，我们不能代为传布，虽然极愿加以研究和讨论。

周刊上的文字大抵以简短的感想和批评为主，但也兼采文艺创作以及关于文学美术和一般思想的介绍与研究，在得到学者的援助时也要发表学术上的重要论文。

我们唯一的奢望是，同志逐渐加多，文字和经济的供给逐渐稳固，使周刊成为三日刊，二日刊以及日刊，此外并无什么弘愿。或者力量不给，由周刊而退为两周刊或四周刊，以至于不刊，也说不定，这也是我们的预料之一。两者之中到底是哪样呢，此刻有谁能够知道。现在也大可不必管它，我们还是来发刊这第一号罢。

《语丝》杂志刚刚创办的时候，校对、印刷、发行等编务工作是孙伏园、章川岛和李小峰三人出力最多。但与此同时孙伏园已被《京报》总编辑邵飘萍请去编《京报副刊》。孙伏园主编的《京报副刊》于同年12月5日发刊。可以想见，孙伏园放在《语丝》上的精力一定是有限的。但我们绝无法抹去孙伏园在语丝社和《语丝》中的作用，这可从以下两个方面肯定他对《语丝》的呵护之功。

其一是创办《语丝》，担纲了《语丝》的众多编务工作。

正如鲁迅所说的，《语丝》的创办，"倒要归功于伏园一位的"。[1]孙伏园作为创办时期的非常重要的人物是当之无愧的。尤其在创办前期，在语丝社成员间起联络作用，正因为孙伏园一开始就起着召集人的重要作用，语丝社会员之间的互相联络自然也由他来完成了，尤其在周

———————————————

[1] 《鲁迅全集》（第4卷），人民文学出版社1981年版，第166页。

作人与鲁迅之间。

川岛曾经说过这样一段话：

> 至于《语丝》所需的印刷费，当时商定：由鲁迅先生、周作人、伏园和我，四个人来按月分担。李小峰当时没有职业，恃译书为生，就多出些劳力。可是《语丝》的一些零碎事，仅仅小峰一个人还是忙不过来的，就由伏园和我随时帮忙。每星期六、星期日，工作紧张时，即使三个人一齐动手，也忙不过。于是编辑、校对、接洽稿子、跑印刷所等事，由伏园，小峰和我三个人轮流担任。发行工作最繁重：一张一张地叠起来，包好，写上收件人的姓名地址，贴好邮票……我们三个人连着忙两天，忙得上气不接下气，……《语丝》头几期刚出版时，于星期日一早，从住处赶到真光电影院门前以及一带去兜售。三个人都穿着西装……①

我们不妨想象一下"三个蹩脚洋鬼子"年轻人兜售《语丝》时的情景。地点是北京东安门大街真光电影院，一大早，从人力车上跳下三个西装革履的知识青年，他们手上托着一大沓报纸，不声不响地立于电影院门口，待有人走近，才装出笑嘻嘻的脸，喊着"喂！喂！"便将抽出的一张报纸递过去，惹得路人莫名其妙地吃一惊……

在《语丝》上发文章是没有稿酬的，回报的方法是赠送"语丝稿纸"，后来是请吃饭。

语丝聚餐会一般是每月一次，时间可能在月底或月初，有时亦可能是月中——但不管是月底月初或月中，一般总是在周日或是周六，地点有记载的除了东安市场的开成素餐馆和森隆饭馆，尚有中山公园来今雨轩、什刹海会贤堂和太和春饭馆。开始经常参加聚会的有周作人、钱玄同、江绍原、林语堂、王品青、章衣萍、吴曙天、孙伏园、李小峰、章川岛、顾颉刚和蔡漱六，后来常常出席的有俞平伯、张定璜、徐祖正，刘半农自法国留学回来之后也经常参加。

作为当事者之一，林语堂对语丝聚餐会有过这样的回忆：

---

① 川岛：《忆鲁迅先生和〈语丝〉》，文艺报 1956 年第 16 号。

我们是每两周聚会一次，通常是在星期六下午，地点是中央公园来今雨轩的茂密的松林之下。周作人总是经常出席。他，和他的文学笔调儿一样，声音迂缓，从容不迫，激动之下，也不会把声音提高。

　　回忆语丝社常在北京中央公园茶话，平伯、伏老（孙伏园）、玄同、半农常到，有时达夫也来。或在来今雨轩，或在别处。一杯清茶，几碟白瓜子，叫面叫茶随便，意不在食而在聊天。藤椅放在古柏下，清风徐来，倒也舒适。①

　　就这样，在一次又一次的看似务虚的聚会聊天中，一个又一个话题在不经意间变成了一篇篇的丽文秀章，一期又一期《语丝》便诞生了。而聚会的张罗者必定是孙伏园。而且他还有一重任在肩，那就是不断地联系鲁迅和周作人。1924 年 10 月间，周氏兄弟早已失去"怡怡之情"，兄弟俩参商不见。每次聚会，周作人到场，鲁迅总是避开，从未光临，但他又是语丝社的核心灵魂人物，他对《语丝》的编辑、印刷、发行会有许多非常具体的意见，这些理念又必须转达到当时的实际主编周作人那儿。由谁来转达呢？孙伏园无疑是最好人选。

　　在 1924 年 10 月至 12 月的鲁迅日记里，孙伏园的名字一共出现了 44 次，几乎平均两天就出现一次，不是书信来往，就是孙伏园来访。而且孙伏园的名字好几次和李小峰或是章川岛的名字一起出现。孙伏园这样频繁地走访鲁迅，在鲁迅和周作人之间传递着他俩的文稿和对于《语丝》的编辑理念。从发表文章的数量来说，周氏兄弟的贡献在语丝社同人中也是无人可比。如果论文章在当时所产生的社会影响，比之周氏兄弟，语丝社中人更是无有能出其右者。②

　　当然，孙伏园在语丝社中，绝不仅仅是跑跑腿传传话的作用。孙伏园在《语丝》上共发表三篇文章，分别是《记顾仲雍》《亲送〈语丝〉记》《〈语丝〉的文体》。说起来是只作了三文，可恰恰是三文之一的

---

　　① 林语堂：《林语堂自传》，江苏文艺出版社 1995 年版，第 96—97 页。
　　② 陈离：《在"我"与"世界"之间——语丝社研究》，东方出版中心 2006 年版，第 38 页。

《〈语丝〉的文体》引出了一场"语丝体"散文的讨论，而正是这场讨论标志着中国现代散文批评进入自觉时代。这便是孙伏园在语丝社和《语丝》中的第二个作用。

1925年11月9日《语丝》周刊第52期上刊载了孙伏园以信代文致编者周作人的信《〈语丝〉的文体》，在文中，孙伏园首次提出"语丝的文体"这一话题，由此引起语丝社同人围绕"语丝体"展开讨论，并演变成为20世纪散文批评家第一次自觉地、有意识、有目的地围绕现代散文的"体"进行探讨的批评活动。① 尽管，参加讨论的周作人、林语堂、鲁迅等人并非严格意义上的散文批评家，但可以肯定的是这绝对是一场由创作自觉引领出的批评自觉。

在《语丝》周刊第52期上，孙伏园第一次提出的"语丝的文体"这一概念是这样的：

启明先生：

《语丝》并不是初出时有若何的规定，非怎样的文体便不登载。不过同人性质相近，四五十期来形成一种语丝的文体。昨日谈话会上，林玉堂先生主张扩大范围，连政治社会种种大小问题一概都要评论，这话初看起来似乎主张略改语丝的体例，我看实际不然。语丝同人主张对于政治问题的淡漠，只限于那种肤浅的红脸打进黑脸打出的政治问题，至于那种替政治问题做背景的思想学术言论等等问题还是比别人格外留意的。说得加重一点，倒是语丝同人最热心谈政治，那种红脸打进做一条评论，黑脸打出再做一条评论的人们才真淡漠于谈政治呢。

所以林先生所云，只是语丝内容的扩大，与语丝文体无涉；进一步说，即使连文体也一气扩大了，我还是赞成林先生的提议。因为仍是开首那句话，我们最尊重的文体的自由，并没有如何规定的。四五十期以来的渐渐形成的文体，只是一自然的趋势；既是自然的趋势，那么渐渐转移也是无碍。

我想先生的主张一定与我是一样的。先生一定说：哪一位爱谈

---

① 范培松：《中国散文批评史》，江苏教育出版社2000年版，第22页。

政治，便谈政治好了，哪一位爱谈社会，便谈社会好了；至于有些人以为某种文体才合于语丝，语丝不应登载某种文体，都是无理的误会。我是主张扩大范围的一个人，至少是内容的扩大……

周作人当时正高烧不退，没有及时回复孙伏园。隔半个月，周作人在《语丝》第 54 期上发表了《答伏园论"〈语丝〉的文体"》进行回应，突出"语丝体"散文的两个特点：一是"大胆与诚意"，二是"不说别人的话"。紧接着林语堂在《语丝》第 57 期上发表《插论〈语丝〉的文体——稳健、骂人及费厄泼赖》，对周作人概括"语丝体"散文的两大特点进一步阐发："我主张'语丝'绝对不要来做'主持公论'这种无聊的整体，'语丝'的朋友只好用此做充分表示其'私论''私见'的机关。这是第一点。第二，我们绝对要打破'学者尊严'的脸孔。"这一阐述把周作人的观点表达得更明确更形象。"不说别人的话"应该是"私论""私见"；怎样"大胆与诚意"？以"学者尊严"作为对立陪衬，虽则是以打破"学者尊严"的否定形式来表达，但意见却显示得十分清楚明白，即以"私论""私见"的真诚，和读者平等地自由地对话。林语堂对"语丝体"散文的批评是把它作为一种较为理想的中西合一的文明批评的范本，推荐给读者的。

应该说，周作人、孙伏园、林语堂一致强调了语丝文体的自主，这从某种意义体现《语丝》同人现代意识的觉醒以及这种觉醒在审美价值观念上的反映。之后，鲁迅对"语丝体"散文的特点进行了总结。他认为《语丝》"在不意中显了一种特色，是：任意而谈，无所顾忌，要催促新的产生，对于有害于新的旧物，则竭力加以排击，——但应该产生怎样的'新'，却并无明白的表示，而一到觉得有些危急之际，也还是故意隐约其词"。① 和周作人、林语堂相比，鲁迅注重的是"语丝体"的倾向色彩以及社会效应。

正是《语丝》编辑宗旨和编辑内容上的理性批判特征，确实让刊物在不经意中形成了一种独特的风格，即"语丝文体"的形成。其特点便是鲁迅所概括的：任意而谈，无所顾忌，要催促新的产生，对于有害的

_____

① 《鲁迅全集》（第 4 卷），人民文学出版社 1981 年版，第 165 页。

旧物，则竭力加以排击。由此我们也看到了这种文体所具有的现代特性：独立、理性、批判。

当《语丝》以自己独特的现代个性，在20世纪20年代绽放出最美丽的姿态时，也表明1925年的孙伏园已具备了优秀编辑家的敏锐。

二、筹划北新书局

1925年3月15日，北新书局出版的第一本书，就是鲁迅翻译的《苦闷的象征》，北新书局也把这一天作为书局对外开张营业的日子，地点设在靠近北京大学附近的翠花胡同。这里本是李小峰自己的住宅，室内挂一块牌子，置备几只装书的木箱子和一个陈列出售书籍的书架子，便成为书局办公及对外联系之所在，确乎因陋而就简。工作人员也只有李小峰一家人——他大哥李志云和他妻子蔡漱六。李志云任经理，李小峰负责组稿、编稿和出版，书局许多事务都有赖于蔡漱六这位能干的女子之手。

据李小峰说，他开办北新书局的资金来源，主要靠发行《语丝》及《新潮社丛书》的一些利润，代售别家书刊的些微回扣，以及他在新潮社出版的几种书的版税。北新书局成立之初，书稿是不用愁的，因为鲁迅不仅主动地把他的著译交给书局出版，还为书局主编了两套丛书。大多语丝社同人也把他们的书稿交给北新出版。①

在北新书局创办期间，尽管孙伏园先后担任着《晨报副镌》和《京报副刊》的编辑，他不可能全力以赴，但作为北新书局创办的积极推动者，起筹划推动作用是不成问题的。事实上，说起北新书局和孙伏园，以下三个方面是怎么也绕不过的。

第一，孙伏园为北新书局的成立起穿针引线的联络作用。

李小峰出生于1897年，比孙伏园小三岁，江苏江阴人。1918年考入北大哲学系，其间参加新潮社，担任《新潮》月刊的校对和记录工作，后任总干事。孙伏园参与编辑《晨报副镌》后，李小峰负责了新潮社的全部编印出版工作。

李小峰讷于言而敏于行，勤奋踏实，厚道可信，和孙伏园同年入北

---

① 李小峰：《鲁迅先生和北新书局》，《出版史料》1987年第2期。

大，同时加入新潮社，同为新潮社骨干，他们有着相同的经历、共同的理想，孙伏园、李小峰和川岛被时人并称为"语丝三子"。他们在共同经手《新潮》《语丝》时，渐渐产生了一个设想，即成立一个自己的书局，以推动新文艺工作。①

早在新潮社《文艺丛书》出版时，其发行工作就是由李小峰一人独自担任的。另外，他还和孙伏园一起，管理过丛书的出版工作。丛书第一种是冰心的诗集《春水》，1923 年 5 月出版；第二种是鲁迅译的爱罗先珂童话剧《桃色的云》，1923 年 7 月出版；第三种是鲁迅的短篇小说集《呐喊》，1923 年 8 月出版；第四种是川岛的散文集《月夜》；第五种是 CF 女士译的法国孟代的童话集《纺轮的故事》；第六种是孙福熙的散文集《山野掇拾》；第七种是李小峰译的丹麦爱华耳特的童话集《两条腿》；第八种是周作人译的诗歌和小品作品集《陀螺》；第九种是冯文炳的短篇小说集《竹林的故事》；第十种是李金发的诗集《微雨》，以上作品均出版于 1925 年。第十一种也是李金发的诗集《食客与凶年》，于 1927 年 5 月出版。

正是这批文艺丛书的编辑出版让李小峰和孙伏园有了一番历练，有了一定的实践经验，便有了自己创办书局出版书籍的设想。只是，此时的李小峰和孙伏园，还需要占据着文化资源的精英人物的鼎力相助，而鲁迅和周作人无疑是最合适的人选。

由于肩负"启蒙"重任，提倡"为人生"的新文学实质上是一种精英文学，它的接受与传播者必然是社会的精英阶层，尤其是知识分子精英阶层。因此，鲁迅、周作人在北京大学教书的行为本身就是占据了一定的文化资源，他们的作品总是一经问世便受到新文化运动提倡者、参与者的一致认可，这些提倡者、参与者中的大多数又是他们的北大同事。这加速了他们本人被权威化的过程，于是作品更易于为青年学生所接受，再由北京大学的接受而扩散开来，逐渐形成了全国性的推崇。

与香艳、哀情、滑稽、粗俗毫不相干的鲁迅、周作人给读者带来的不是消遣无聊的玩意儿，他们让读者进入一种思想的阅读。鲁迅的《狂人日记》便以"表现的深切与格式的特别"激动了青年的心。其后的

① 李小峰：《鲁迅先生和北新书局》，《出版史料》1987 年第 2 期。

小说与杂文对国民性、文化传统的批评与反思也异常深刻，即使有怀疑、彷徨，最终还是永远前行的"过客"。而他又将浓烈的情感寄寓于优美的文字中，从而深深影响了读者。如果说，鲁迅以其尖锐、深刻、优美获得了读者尊敬的话，那么周作人似乎平和了许多。早年也是文学革命猛将的周作人，并不一味表现自己的战士面目，更愿意以平淡示人。即使是在论战性文字里，他也会故意显出一些平和之相，更不用说闲情小品了。既有鲁迅的忧愤深广，又有周作人的平淡冲和，便是文学革命后呈现的多元色彩。①

李小峰在北京大学哲学系读书时，曾旁听过鲁迅的《中国小说史》课，不过那时他与鲁迅之间仅限于学生和老师之间的一般关系，说不上有什么个人来往。李小峰的名字第一次出现在《鲁迅日记》中是1923年4月8日。这一天鲁迅日记的记载是："晴。星期休息。上午丸山、细井二君来，摄一景而去。下午伏园携惠迪来，因并同二弟及丰一往公园，又遇李小峰、章矛尘，同饮茗良久，傍晚归。"

这只是一次偶然相遇，自然不便提及创办书局之事。此后，在4月15日晚，孙伏园、李小峰同访鲁迅，5月20日，孙伏园访鲁迅时，代李小峰转赠华盛顿牌纸烟一盒，6月29日，由孙伏园招待，鲁迅、周作人、李小峰往北大第二院食堂午餐。

就这样，通过孙伏园的介绍，李小峰与鲁迅的关系渐渐密切起来，李小峰敏于行而讷于言的个性很得鲁迅喜欢。

1925年2月，鲁迅为李小峰校对李小峰的译著《两条腿》，李小峰译丹麦作家爱华耳特的讲述人类生活变迁的科学童话时，曾用英文原本和德文原本对照，鲁迅对译文作了精细的校改，不仅改正了其中的错讹和不妥当之处，而且每当英文译本有删节之处就对照德文将删节补上。此校对稿于1925年2月8日夜，鲁迅托孙伏园转寄李小峰。可见此时，鲁迅已将李小峰视做朋友。在鲁迅流水账般的日记中，1925年2、3月份，有17次记录了与李小峰的来往，其中有许多次都是孙伏园同访。1925年2月12夜，鲁迅、王品青、章衣萍、李小峰、孙伏园还在广和居用晚餐，2月24日夜，李小峰偕妻子蔡漱六，孙伏园携长子孙惠迪同

①　陈树萍：《北新书局新文学书籍出版研究》，《南京师范大学学报》2008年第3期。

访鲁迅，能干的蔡漱六与鲁迅正式见面，更增进了鲁迅与李小峰及将要诞生的北新书局的关系。

在许多回的见面及密切的书信往来间，他们肯定商讨了许多细节，从出版理念到出版细节，从书籍装帧到编校印刷，从广告发行到资金筹措，而孙伏园自然是作为同等重要的商量对象参与其间的。北新书局成立之后，孙伏园还为北新书局设计了发展前景："南方亦在封闭书局，两湖汇兑不通，影响于经济不小。伏园兄虽有在汉设分局的计划，现亦无法进行。"① 孙伏园对北新书局的发展规划启发了李小峰等人，虽然不久之后孙伏园与北新书局脱离干系，但是他的分局设想还是逐步变成现实。北新书局后来在开封、广州、南京、武汉、成都等地设立分局与代售处，与孙伏园提出的设计构想很有关系。这种分店连锁经销的方式是一种现代企业方式，能够有效促进书局的出版事业。②

终于，在鲁迅的热情扶植和孙伏园的积极活动之下，在新文学作品出版渠道尚不顺畅之际，北新书局应运而生，取北京大学和《新潮》杂志的第一个字，叫"北新书局"。显然，北新书局有意要打着新潮社的牌子，借用新潮社在学术界、文化界的号召力，借用新潮社以前所出书刊在读者中的影响力。事实上，北新书局成立不久即迅速步入新文学运动的前台，显示出不同凡响的力量。

第二，孙伏园为北新书局提供了作者资源的支持和一定的资金支撑。

《新潮》停刊后，当时主管行政财务的干事李小峰，把《新潮丛书》摆在家门口的地摊上卖，就是这卖得的钱，成了北新书局的启动资金。为了筹集出版基金，孙伏园、李小峰、宗甄甫利用北京大学 25 周年校庆之机，将新潮社的书拿到会场设摊卖书，卖得 280 多元。这虽然不是一笔惊人的巨款，但是售书行为本身却在表明他们的勇气。文质彬彬的书生卷起长衫的举措却也在暗示着他们将来从事文化商业的可能。③如果说，社名对出版社来说是一种无形资产的话，那么，北京大学新潮社是把它的无形资产无偿地奉送给了后来的北新书局。特别是作者资源

---

① 李小峰：《致周作人》（1927 年 5 月 8 日），《鲁迅研究资料》（5），第 129 页。

② 陈树萍：《北新书局与中国现代文学》，上海三联书店 2008 年版，第 32 页。

③ 同上。

上的共享，北新书局成立以后，新潮社只管书稿的编辑，而将出版与发行的工作，全交给了北新书局。由于这层顺带关系，新潮社的一些作者，后来也自然而然地归到北新的旗下，鲁迅、周作人、冰心、潘梓年等以前在新潮社出过书的作者，继续将书稿交给北新出版。

　　除了作者资源的共享，还有出书方向上的继承。虽然从性质上说，《新潮》不是一个文学刊物，但《新潮》确实对作为工具的文学，给予了相当的关心和注视。《新潮》杂志在小说领域、诗歌园地、外国戏剧翻译等方面都进行了辛勤的垦殖，并取得一定的建树。新潮社后来所出的两套丛书中，大部分选题也是关于文艺方面的。这一出版方向，为后成立的北新书局所继承，并形成北新早期出版的主要特色。有人曾对《民国时期总书目·文学卷》作过统计，北新书局所出版的新文艺图书在 320 种以上，数量如此之大，在民国时期的出版社中，很少有可以与之比肩者。①

　　作为新潮社事务的热心参与者的孙伏园在新潮社中已积聚了一些作者资源，后来，进入《晨报副镌》《京报副刊》后，又成了相当有名气的编辑家，他的作者阵容是极为可观的。

　　根据北新书局的出版目录，北新的著作人达到了 130 余位。其中有鲁迅、周作人、郁达夫、郭沫若这样的新文学巨匠，也有刘半农、孙福熙、章衣萍、废名、王鲁彦、于赓虞、徐志摩、李金发、冯至、沈从文、钟敬文这样的新文学著名作家，还有冰心、雪林、沅君、白薇、沉樱、陈学昭等女性作家。随着革命文学的发生，蒋光慈、杨骚、欧阳山、何家槐、罗烽等人又名列其中。在这些作家中，鲁迅以 14 部位居榜首，郁达夫与许钦文各 12 部，周作人 11 部，紧随其后的有谭正璧 10 部、冰心 9 部、章衣萍 9 部、蒋光慈 6 部、郭沫若 4 部。这些作者同时又是《晨报副镌》《京报副刊》上的主要撰稿者。例如冰心，她不是语丝同人，与李小峰等人也没有同学同乡之谊，但是由于她在《晨报副镌》上发表文章，于是便被孙伏园拉进了北新书局的著作人中。

　　孙伏园将自己的作者资源与北新书局共享的同时，还在物质经济上给予了一定的实质性的支持。

———————————

　　① 吴永贵主编：《中国出版史》（近现代卷下），湖南大学出版社 2008 年版，第 185 页

北新书局创办时的资金，一部分是公开招股，每股五元，孙伏园、刘半农等都是股东。① 现在看来，五元钱的股金自然不足以提供什么经济帮助，至多也只是体现一下孙伏园支持北新书局的诚意而已。这里还有一个间接支持的因素，而这个因素的帮助对北新书局来说，赢利不小，那就是孙伏园把自己主编的《京报副刊》的合订本的总代售处设在北新书局。

北新书局是《京报副刊》合订本的总代售处。对于大部分并不以赢利为目标的《京报副刊》合订本而言，与固定的出版社合作，充分利用书局的社会关系、组织能力和专业化的营销手段，可以最大限度地减少因外在环境带来的压力和变故。虽说北新书局在经济上并不依赖合订本，但他们之间的关系，仍然可以说是互惠双赢的。关于最重要的资金来源，李小峰自己也承认，"初开办时，资金是极少的，仅靠发行《语丝》及《新潮社丛书》的一些利润和代售书刊的些微回扣以及我在新潮社出版的五六种书的一点版税"。② 可以想见，这"代售书刊"的些微回扣中，代售《京报副刊》一定占极大的比重，而这笔业务无疑是孙伏园提供的。

第三，北新书局和新文学出版的几分遗憾。

后人在谈到北新书局如何筚路蓝缕时，少有谈及孙伏园为北新书局成立所作的贡献，不仅漠视他的贡献，孙伏园还被人为地置于了不利的道德层面上。在书局成立后，孙伏园与李小峰是分享书局的净利的。分享净利本无可厚非，因为本来就是股东之一。问题是，对此，鲁迅毫不知情。而事实上，鲁迅不知情也正常，何必事无巨细地要征得鲁迅同意呢，毕竟，这是个家族式的出版机构。可偏偏由于书局利益的原因，孙伏园兄弟与李小峰之间的矛盾激化，鲁迅因不明全部细节真相，认为自己是在被别人利用赚钱。这"别人"指谁，尽管他没有明说，但后人都能猜出一定是孙伏园，至少孙伏园也在其中。置孙伏园于不仁不义的还在于鲁迅同时还对李小峰的热心于新文学出版表示相当的感激，对他表示同情：

———————————

① 李小峰：《北新书局的由来》，《上海文史资料存稿汇编》，第 10 卷，第 375—376 页。
② 李小峰：《鲁迅先生和北新书局》，《出版史料》1987 年第 2 期。

伏园和小峰的事，我一向不分明。他们除作者版税外，分用净利，也是今天才知道的。但我就从来没有收清过版税。即如《桃色的云》的第一版卖完后，只给我一部分，说因当时没钱，后来补给，然而从此不提了。我也不提。而现在却以为我"可以做证人"，岂不冤哉！叫我证什么呢？

譬如他们俩究竟何时合作，何时闹开，我就毫不知道。所以是局外人，不能开口。但我所不满足的，是合作时，将北新的缺点对我藏得太密，闹开后，将北新的坏处宣传得太多。

不过我要说一句话，我到上海后，看看各出版店，大抵是营利第一。小峰却还有点傻气。前两三年，别家不肯出版的书，我一绍介，他便付印，这事我至今记得的。虽然我所绍介的作者，现在往往翻脸在骂我，但我仍不能不感激小峰的情面。情面者，面情之谓也，我之亦要钱而亦要管情面者以此。①

我们无意议论鲁迅的言语，鲁迅是立足于道德与情面上，而不是从经济利益的应得与否做判断的。

事实上，当他自己与李小峰的版税风波燃起时，他对北新书局的言辞是十分严厉刻薄的：

以北新之懒散，而上海新书店之蜂起，照天演公例而言，是应该倒灶的。②

北新经济似甚窘，有人说，将钱都抽出去开纱厂去了，不知确否。倘确，则两面均必倒灶也。③

北新书局自云穷极，我的版税，本月一文不送，写信去问，亦不答，大约这样的交道，是打不下去的。自己弄得遍身徘子，而为他人作嫁，却作官开厂，真不知是怎么一回事矣。④

北新现在对我说穷，我是不相信的，听说他们将现钱搬出去开

---

① 《鲁迅全集》（第 11 卷），人民文学出版社 1981 年版，第 605 页。
② 同上书，第 650 页。
③ 同上书，第 655 页。
④ 同上书，第 672 页。

纱厂去了，一面又学了上海流氓书店的坏样，对作者刻薄起来。①

至少，现在我们还找不到孙伏园四处宣扬北新坏处的言辞。无论是李小峰和鲁迅、李小峰与孙伏园，还是孙伏园与鲁迅，他们之间更多的是师生、文人间的友好关系，这种关系主要建立在友谊、感情的基础上，着眼点在于互助而非互利，感情、友谊始终是相互往来的首要原则，传达的是温暖的感觉。只是当利益冲突成为常态时，日渐疏远也在所难免，也符合人之常情。对这段往事，无论是李氏家族还是孙伏园本人，都没有提及，后人实在没有必要仅仅凭鲁迅书信中的只言片语去夸大某些细节，去强化对鲁迅的维护支持，进而将孙伏园送上道德层面加以批判。鲁迅的书信怎可作为谈论众人的关系的唯一依据呢。

作为北新书局的筹划人，孙伏园由"局内人"变为"局外人"，留给我们的除了孙伏园的无奈，鲁迅的不理解，众人的不知情外，还有北新书局新文学出版的几分遗憾。毕竟，孙伏园不仅有着别人难以比拟的新文学作家的人际关系，而且很有伯乐的眼光，我们有理由相信，如果孙伏园没有与李小峰发生激烈的矛盾的话，他们一定会让北新书局在新文学出版的路上走得更好一些。②

三、杂文风调

主编《晨报副镌》《京报副刊》之余，孙伏园自己也撰写了大量的杂文、散文。他的杂文含有独特的风调。

孙伏园是一个"平常颇喜留心社会事业的人"，长期的"报人生涯"孕育了他的敏锐和勤奋，对于文学艺术、社会时事、民间风情，他都倾注着满腔热情。他撰写的杂感和随笔题材广泛，诚恳磊落，无所顾忌。主要有三类，第一类是针砭时弊，立足现实，循循善诱，开启民智。这类杂文鞭辟入里，抒发独到之见，引领世人明辨是非。他常常抓住社会的某一端，剥去表皮，见其实质，在讥笑嘲讽中，道出要害处，既从容不迫，涉笔成趣，又教导文明健康的生活方式。第二类是叙写庸

① 《鲁迅全集》（第11卷），人民文学出版社1981年版，第678页。
② 陈树萍：《北新书局与中国现代文学》，上海三联书店2008年版，第228页。

常趣事，在这类杂文中他感喟人生，讽咏自然总是那么悠闲、亲切而文雅，其诚挚谦逊犹如与密友在炉边交谈，其形散神聚犹如隐士的衣着，其笔锋犀利而笔调柔和，犹如陈年老酒。第三类是体现他编辑思想的杂文，如《理想中的日报附张》等，充分阐述他的副刊编辑方针、编辑责任、编辑理念。

这一时期，孙伏园的散文主要是游记式散文。作为一位出色的散文家，尤以撰写游记驰名文坛，代表作《伏园游记》于 1926 年 10 月由北新书局出版，内收《南行杂记》《从北京到北京》《长安道上》《朝山记琐》四篇游记，其中《长安道上》曾被选入初中国文课本。他的游记富有乡土色彩，文笔优美简练，在描述沿途风光的同时也记叙了社会习俗、人情风貌，为现代游记的写作提供了一种新的视角。对《伏园游记》后文将专门评述，故此只就他这一时期的杂文创作作一论述，以显完整独立。

孙伏园在主编副刊期间，以伏庐、柏生、松年、伏园、记者等署名发表了大量杂文。这些杂文散见于《晨报副镌》《京报副刊》及《语丝》等刊物上。因为是零星地发表在副刊上，大多没有被后人注意过，我们通过逐一翻阅《晨报副镌》《京报副刊》等刊物，阅读了这些杂文，在此作一大略的概观。

第一类，针砭时弊类杂文。

这类在他的杂文中比重最大，大致有以下一些篇目。

标题	署名	发表处	日期	有否入《选集》
《海外大学为什么不成舆论》	孙伏园	《新潮》	1920 年 4 月 1 日	否
《星期日怎样过法》	松年	《晨报副镌》	1921 年 10 月 16 日	否
《太委屈了留声机和电影》	松年	《晨报副镌》	1921 年 10 月 23 日	否
《科学与吃饭》	松年	《晨报副镌》	1921 年 10 月 30 日	否
《星期日的短旅行》	松年	《晨报副镌》	1921 年 11 月 6 日	否
《游戏的重要》	松年	《晨报副镌》	1921 年 11 月 27 日	否
《人生的价值》	松年	《晨报副镌》	1921 年 12 月 4 日	否
《留神我们的孩子》	松年	《晨报副镌》	1921 年 12 月 11 日	否
《民治与教育的关系》	松年	《晨报副镌》	1921 年 12 月 18 日	否

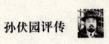

标题	署名	发表处	日期	有否入《选集》
《恭贺新禧》	松年	《晨报副镌》	1922 年 1 月 1 日	否
《文字的利用》	松年	《晨报副镌》	1922 年 1 月 15 日	否
《信仰》	松年	《晨报副镌》	1922 年 1 月 22 日	否
《宗教问题杂感》	伏园	《晨报副镌》	1922 年 4 月 14 日	否
《谈谈文哲学报》	柏生	《晨报副镌》	1922 年 4 月 26 日	否
《工人——劳动运动的基础》	柏生	《晨报副镌》	1922 年 5 月 1 日	否
《五月四日》	柏生	《晨报副镌》	1922 年 5 月 4 日	否
《关于丑的字句的杂感》	柏生	《晨报副镌》	1922 年 6 月 27 日	否
《捣乱分子与法政学生》	伏园	《晨报副镌》	1922 年 7 月 22 日	否
《俄国革命纪念日杂感》	伏庐	《晨报副镌》	1922 年 11 月 7 日	否
《看了赖婚影片以后》	柏年	《晨报副镌》	1923 年 1 月 29 日	否
《一个"人类的仆人"》	伏园	《晨报副镌》	1923 年 5 月 3 日	否
《玄学科学论战杂话》	伏园	《晨报副镌》	1923 年 5 月 25 日	否
《不屑作杂感》	柏生	《晨报副镌》	1923 年 9 月 4 日	否
《洋礼拜与土礼拜》	柏生	《晨报副镌》	1923 年 9 月 2 日	否
《日本的震灾》	柏生	《晨报副镌》	1923 年 9 月 8 日	否
《散布谣言者的心理》	柏生	《晨报副镌》	1923 年 9 月 17 日	否
《如何防止中国的内战》	伏园	《晨报副镌》	1924 年 10 月 10 日	否
《公府里面只有一个曹锟的》	柏生	《京报副刊》	1924 年 12 月 10 日	否
《李彦青枪毙了》	柏生	《京报副刊》	1924 年 12 月 19 日	否
《世界语周刊》	柏生	《京报副刊》	1924 年 12 月 17 日	否
《此后的中国》	伏园	《京报副刊》	1925 年 6 月 7 日	否
《救国谈片》	伏园	《京报副刊》	1925 年 6 月 13 日	否
《清末思想的再现》	伏园	《京报副刊》	1925 年 6 月 22 日	否
《"收回租界"》	伏园	《京报副刊》	1925 年 6 月 22 日	否
《暑假中的学生生活》	伏园	《京报副刊》	1925 年 6 月 27 日	否
《收回租界的成绩报告》	伏园	《京报副刊》	1925 年 6 月 27 日	否
《"虔诚"与"前程"》	伏园	《京报副刊》	1925 年 8 月 27 日	否
《中学生的眼光》	伏园	《京报副刊》	1925 年 9 月 24 日	否
《评美的人生观》	伏园	《京报副刊》	1925 年 9 月 24 日	否

续表

标题	署名	发表处	日期	有否入《选集》
《吃粽子》	伏园	《京报副刊》	1925 年 10 月 2 日	有
《今日》	伏园	《京报副刊》	1925 年 10 月 26 日	有
《考古与吊阴》	伏园	《京报副刊》	1925 年 11 月 17 日	有
《云南起义的意义》	伏园	《京报副刊》	1925 年 12 月 25 日	否
《空谷兰与洪深先生》	柏生	《京报副刊》	1926 年 2 月 20 日	否
《我们的言论自由》	伏园	《京报副刊》	1925 年 12 月 25 日	否
《中山主义与现在的中国》	伏园	《京报副刊》	1926 年 3 月 12 日	否
《根本取消辛丑条约》	松年	《京报副刊》	1926 年 3 月 20 日	否
《下令通缉乱党》	柏生	《京报副刊》	1926 年 3 月 20 日	否
《誓不请愿》	柏生	《京报副刊》	1926 年 3 月 20 日	否
《青年之严正的生活从此开始》	柏生	《京报副刊》	1926 年 3 月 22 日	否

　　我们之所以加以一一罗列，是因为这些文章在当时发表后仅有三篇入选《孙伏园散文选集》中，且《今日》在入选集时被改题为《重阳》，其余一直没有被人整理成文集加以保存，至于文章的价值更少人提及。我们静静地翻阅这些文章，从字里行间可感受到以下三个特点。

　　第一是生命的本真。

　　我们经常读到这样一些文章，作者不是在那里无病呻吟，就是说一些不着边际的废话假话。他们不以赤裸诚挚的心灵去感知事物、去拥抱世界，而后自自然然、老老实实地写出自己对于这个世界的真实感受，而是将"自我"包裹起来，以伪装的满身披挂代替对生命的全部理解。读孙伏园的杂文绝不会有这种感觉。

　　孙伏园耳濡目染了五四时代学人的思想和风采，自小又接受过比较正规的传统文化教育，文化的学养十分深厚，他以传统士大夫的情怀来创作杂文随笔，以科学家的理性来介绍知识，释疑世间万物万事，又以哲学家的智慧来感悟社会人生。于是，他的杂文自有一种杂博阔大，总萦绕着他的忧国忧民之思。

　　1921 年 11 月 27 日发表的《游戏的重要》是他早期的杂文创作之一，他借游戏的缺失来抒发内心深处的对国民前途的忧思：

我可以说，中国人是最不能了解游戏的意义的民族。

我不是追念以前各种旧式的游戏，以为在现社会里还有存在的价值。那种偏向心理方面于生理方面的发达上没有补益的游戏，让他们渐渐的过去，成为历史上的事迹，本来毫不足怪。所怪的是旧式的游戏已经过去了，新式的游戏却没有起来代替，使中国社会变成了一个没有游戏的社会，中国民族也变成了一个没有游戏的民族，没有游戏的民族，决不会干出充分发达的事业，因为作工与游戏是互相调节的。

我们要是预备振起精神做人，便应该于正经事业以外，分一部分出来致力于各种游戏，游戏是培养正经事业的，衬托正经事业的。我们倘不想创造新游戏，却永远把 138 块牛骨头以唯一的游戏器具，那便休想干别的正经事业。

生命的本真是一种更深层、更内在的真，因而也是一种真正贴近了主体性的真。因为生命不仅是人的本能、意志的集中体现，生命还具有无限开发的可能性，它是超个人、超主体的充满原始激情的实在。① 孙伏园就是立足于生命的本真，从人们的日常生活入手，寻找启蒙主题。做这种工作可能为那些追求高蹈热闹者所不屑，但这种启蒙可能关涉到广大民众的思想意识改造命题，因而显得十分重要，当然做起来更加艰辛。在社会中流行"根本解决"的主旋律的语境中，这种于"细微处见精神"的启蒙思想就尤其显得可贵。他即使是写一个元旦祝词也要赋予其沉重的忧民之思。例如 1922 年 1 月 1 日发表的《恭贺新禧》：

大多数人既有上述的两种重要脾气——依恋旧习惯而另找一种毫不相干的新意义解释之，那么我们可以觉悟，无论什么新的意义，都可以随时随地因了旧习惯的空隙补将进去。贺年是陈腐不堪的，但我们未始不可以引入科学的意义。

我用人类学的眼光祝贺诸君：虽然我们过一个新年，比较人类历史的三十万年，算不得什么一回事，但是我希望全世界的人类务

---

① 陈剑晖：《学者散文的文体特征与文体价值》，《江汉论坛》2010 年第 1 期。

力加鞭，走上人类进化的康庄大道，不要再走那三十万年的迂回屈折的不经济的小路。

我用社会科学的眼光来祝贺诸君：社会进步的趋势，是由单独的进到共同的，从前各人已经做就了一点成绩，不知用了多少牺牲才换来的，现在我们觉悟这是不经济了，从1922年以后，但愿全世界的人都通力合作，走向社会进步的正路，不再效那野蛮人的互相残杀，互相仇视。

我用心理学的眼光来祝贺诸君：人类的同情心应该过一年扩大一年，证之以往的历史，是一毫不错的，我希望1922年以后，全世界人类都把别人的痛苦认为自己的痛苦，造成一种泛爱人类的空气，不再像从前大家都是疯疯傻傻的，永久跳出变态的心理学，疯狂心理学的小范围以外。

第二是观点尖锐。

孙伏园具有敏锐的问题意识，善于把握现实文化语境中需要关注的问题，善于捕捉社会心理的细部感应。他既有全局眼光，又有明察秋毫的敏锐感觉。所以，他那些杂文总是言之有物，言之有思，提出的观点极为尖锐独到。如发表于1922年7月22日的《捣乱分子与法政学生》：

以下我说一说关于捣乱分子的杂感。

我以为"捣乱分子多系法政学生"这是事实，是现在全世界的事实，但中国却在例外。试闭起眼睛一想，现在全世界哪一国的捣乱分子不是法政出身？列宁，脱维斯基两个大捣乱分子就是极明显两例。中国却不然。试问中国的法政学生几时来做过捣乱分子？中国的捣乱分子哪个是法政学生？蔡元培是法政学生吗？胡适之是法政学生吗？陈独秀是法政学生吗？老实说，中国的法政学堂，如果造得出捣乱分子，法政学堂的存废早已没有人提议成为问题了。造成捣乱分子是需要图书馆的，从书籍中研究的结果，知道现社会的不满足，起来与社会捣乱。造成捣乱分子是需要外国文的，从外国文书报里得来的知识，判定本国现状的不满足，才来与本国的社会捣乱。图书馆、外国文都是王伯秋君所提改良法专原案中的主要条件，也就是全国法政专门学校的最大缺点。试问这种没有图书馆、外国文的学校怎么能够造成捣乱分子？

有学者这样认为，孙伏园的杂文深得鲁迅笔法，即抓住社会的某一端，剥去表皮，见其实质，在讥笔嘲讽中，道出要害处，且有一种从容不迫，涉笔成趣意味。① 例如1923年9月17日发表的《散布谣言者的心理》，对世人的劣根性的揭露颇似鲁迅之笔法，其观点也极其尖锐：

> 但是，这一说也不是没有法子可破的：这一类散布谣言者，究竟有没有胆量与魄力敢作抢劫的举动，实在大可疑问。推测中国人的举动，千万不要往积极，卤莽，猛烈，进取，凶恶五方面着想；如果改向消极，浮躁，懦弱，退诿，阴险一方面那就十分中有九分把握了。
>
> 有意识的而又无作用的，这是怎么说法呢？人类本有一种玩弄别人的恶癖气，普通人的心理都是幸灾乐祸，没有灾祸便想到制造灾祸，实际的灾祸制造不成，于是而预告灾祸的谣言四起，这便是幸灾乐祸的人图逞一时快意不惜将人们置于困苦艰难的地位。

第三是严谨的结构。

我们以他的《读书与求学》一文为例来分析其杂文结构之严谨。

在文章上，他首先明确指出，自己在文中所说的读书，是专指学生在校求学，接受学校的正规教育。对于学生在校求学，他认为不必只限于读书，也就是说，学生求学，除读书之外，还有很多事要学、要做。

其次，对单纯鼓励学生专心读书的观点和做法，一针见血地指出其三大恶果。第一是得不到活的知识，即有创见性的、能产生社会效益的、代表当前高科技水平的知识。凡书上所有，虽假也以为真；反之，则虽真也以为假。这就是死读书的通病。第二是因学生精神长期处于紧张状态，心理上承受着升重点，考名牌大学的压力，不能劳逸结合，所以身心一定不健康。第三是专心死读教科书的人，一定不能在团体中生

---

① 商金林编：《孙伏园散文选集·序言》，百花文艺出版社1991年版，第12页。

活，缺乏人际交往能力。

接着针对这些恶果，十分精辟地指出：学生到学校求学，绝对不是专门为读书，而是去学习做人。人是社会的动物，学做人，便是学习社会生活，改造主观和客观世界，造福于人类，造福于社会；了解团体生活的要素，诸如遵纪守法，尊重他人，学会宣传，促进社会繁荣前进。他告诫广大青年学生，也是提醒学生家长和学校老师：书上的东西不过是前人经验的账簿，读了它，可以查阅到许多东西，但也无非仅供查阅而已。何况也仅仅是前人的某一点经验，是十分浅陋的。我们要依着他们走过的途径，在实验室里，在运动场里，在博物院里，在现代高新科技的竞争中，发挥自己的聪明才智，不断去丰富和发展，创造更多的经验，留给后代参考。

最后，他大声呼吁：全社会只能积极引导青少年积极好学，千万莫强迫他们死读书、读死书。

这种一气呵成的杂文在孙伏园的创作中比比皆是。

第二类，叙写庸常趣事类杂文。

这一类文章虽然占的比重不大，但很有特色，我们也将主要篇目罗列如下。

标　题	署名	发表处	日期	有否入《选集》
《洋车、灰尘与泼水夫》	伏庐	《晨报》	1920 年 7 月 11 日	否
《别春台三弟》	伏园	《晨报》	1920 年 11 月 16 日	否
《西北行》	伏园	《晨报》	1921 年 9 月 27 日	否
《圆的东西》	伏庐	《晨报副镌》	1922 年 12 月 1 日	否
《看月》	柏生	《晨报副镌》	1923 年 2 月 4 日	否
《半年》	柏生	《晨报副镌》	1923 年 6 月 30 日	否
《秋的公园》	伏园	《晨报副镌》	1923 年 11 月 5 日	否
《记顾仲雍》	伏园	《语丝》1 期	1924 年 11 月 17 日	有
《亲送〈语丝〉记》	伏园	《语丝》12 期	1925 年 2 月 2 日	有

这一类文章夹叙夹议，情趣盎然，有以下两点鲜明的特色。

一是信手拈来的题材里透着知识者关注现实的气质。

《洋车、灰尘与泼水夫》是他早期的杂文，略显幼稚，但有情怀、有思考，显示出他对现实的忧虑：

> 喂！洋车上的老大哥，你不要笑我。你有你们的家谱：你是马车的儿子，马车是汽车的儿子，骡车是你的叔子。——但我不与你同谱。我只有一个畏友，自行车上的老大哥，他不要使用人，也不要使用马；他能控制自然；他的力量，比我步行的大得多多！
>
> 灰尘呵！你要被人骂死了——出国去的，回家去的，都要拿你做个话头儿。可是我原谅你，你毕竟差胜我们家乡点滴不断的黄梅雨。我不愿多多责你，却薄责了黄梅雨。
>
> 泼水夫！谢你向来泼水，只及警署附近的一带。但是我还常感警署一带的水太多！坐车的朋友别有心肠，骂你懒惰；我却只望你懒惰，免得糟掉我一双雪白的夏鞋。
>
> 往南一望，家乡简直是雨里的生活。唉！我为什么不愿与灰尘做伙伴，却愿去与鱼虾做朋友呢？我爱北京，如爱家乡一样；我并不畏灰尘。
>
> 我觉得地球上本来没有一块不适宜的地域，我只愧对人类管理自然的力量太小！人家不是在那里改造沙漠吗？疏通河道，栽植森林。我们若立志要驱逐灰尘，本来值得什么一回事！但我们却不惜把这管束自然的能力，用在管束人——岂止管束人，还要杀害人！
>
> 我愿魁梧壮健的兄弟：放下刀枪，转换方向，快快来管束自然！我不愿天资聪颖的兄弟，回家去闻菜畦间的香屎，却愿他掉过脸儿，快快来管束自然！天下的屎都是臭的，除了一日真有人造的香屎。

又如《半年》，由"1923年6月30日"这个日子写到自己的"懒惰"，进而写到亡友的遗作《小杂感》，不经意间流露着人生感喟：

> 明天是下半年的初一了，所谓"一九二三"这一条道路，恰恰一半已成了过去。
>
> 一九二三年的上半年只如眼睛的一瞬。是我的懒惰呢，还是时

光的迅速呢，何以我的房间里的景象并没有一点儿改变？冬天的大
氅还是如昨日穿过一般，在书架旁的衣钩上静静的挂着。或者如见
冰雪，对于我的苦热不无解救的益处罢。因了小峰兄的问及，才记
起去年的圣诞节礼一本精装的金斯利的《水孩儿》还放在大氅的衣
袋里。翻开《水孩儿》来，第一眼瞥见的是书中夹着一条亡友仲宸
兄交我的《新年的小杂感》。

朋友们都在那里讽咏自然，沉醉在什么风花雪月里，肯用力攻
击社会的朋友是死一个少一个了。我于仲宸兄的死，只对于这一层
上觉得异常的寂寞。我从 1923 年 1 月 1 日，看到明天 7 月 1 日，知
道了人们的脚步，是这样狼狈颠扑的走着。狼狈颠扑了而自己没有
觉察，还只以为半年如一瞬，冬日但知围炉，夏日但知吃冰，什么
时候是我们做人的正令呢？

从表面上看，都是一些大白话，但细加品味，却寓意深刻，有一种
特别的文调和韵味。

作为文学研究会发起人之一的孙伏园，自然是希冀通过副刊提倡以
文学来改变国人孱弱的灵魂，进而改造社会。这可从早在 1923 年 2 月 4
日《晨报副镌》第四版上发表的《看月》一文中得到印证：

我是治文学的，我以为思想界的沉默，是因为青年的血管中没
有血的缘故。现在最需要的是伟大的创作家，将现社会中一切老年
人的颓唐少年人的无望等等怪相，以及万恶的社会底下或者有着耿
耿不泯的一点希望，都用艺术的手腕描写出来，这种不过是举一个
例，文艺的世界自然是万分广漠的，尽管可以让创作家自由的描写
开去，但总之这种创作对着青年人的血管射进一种或活动的能力。
我希望的创作家，是又要伟大，又要众多。

孙伏园对文艺文学改造社会的作用是充满期待的，尤其是认为对青
年人思想的成熟来说文学的效果是巨大的，当然，孙伏园心目中理想的
文学的条件是很高的，他自己也声称"文学艺术的文字与学术思想的文
字能够打通是最好的了"，即使"只就文艺论文艺，那么，文艺与人生

是无论如何不能脱离的"。他的这些主张透着知识者对现实的关注，也指导着他这时期的散文创作。

二是平实随意的叙述中蕴涵着浓浓的情趣。

如《圆的东西》写三次虚看到"圆的东西"，一次实看到"圆的东西"，真是涉笔成趣：

今年夏天，我们的足迹又时时扩充到后海去了。前海的特色只是热闹，后海却另有他清幽的美，不是前海所能及的。但是"哎呀，圆的东西！"当我走到后海芦苇边上的时候我兴奋的喊了出来。

王二虎和川岛，是有名的长腿和大胆，不管三七二十一，本来只是往前跑，他们离我已经有三、四丈远了，听到这一叫也惊奇地跑回来。但是"圆的东西"是决不久候的，早已跑得无影无踪了。他们到芦苇中各处寻找，可也无从寻找起。二虎兄更是非常尽心，富有研究的态度，立志非在今晚找到"圆的东西"不可。

然而他们的怀疑，猜想，与懊丧，都从形容上表露出来了。"自然的，不如意事常有八九，你们有心要找圆的东西，圆的东西偏不让你们找见了。"我宽慰他们说，他们要问我这东西究竟有多大，走得有多快，是什么颜色的。以下一段便是我回答他们的话。

"圆的东西像一只小猪，小到只有一把酒壶般大，麻雀羽毛的颜色，快走而又不是飞奔的脚步。我初次见他是在城南公园。暮色苍茫的时候，我从内坛出来，他正穿过马路，从这边的芦苇到那边的芦苇去了。见了人，他并没有什么害怕，只是加紧脚步，让我们不能看清楚罢了。我今天所见的，与那天的正是一个样。"

这天晚上，我们归途中的谈话，"圆的东西"这四个字的题目便占了极重要的位置。

……

又在暮色苍茫的时候，我们从内坛出来，穿芦苇走向大门。"哎呀，圆的东西！"我们的脚跟前走过了邂逅相逢的朋友，川岛不期然而然的忆起了我在后海时所说的话喊出来了。我们对于此公本来久仰，实在有一亲芳泽的必要。但是奇怪，不但我们不敢近前，他却也停住了脚步动弹不得，我们心中也都明白的，交相说道：

"从前怎样的找不见圆的东西，现在无意中遇见了，该细细的赏鉴一下了。但是怎么下手呢！"苍茫的暮色中，我们所能看见的，只是黑沉沉的一个圆的东西在我们旁潜伏着，我们也呆呆地陪他站着。地上起了我们顿足的声音，嘴里又合着叫喊。这分明是我们没有能力，要求人类的援助。向着非我族类的圆的东西示威但是无效。这旷野当然是他们的势力范围。那里有什么人类！结果还是我们自己下场，只怕我们一动脚他就追赶，于是情愿让他先跑，我们才放下心思拨动脚步。

可真倒霉：他是什么东西，我们要怕他到如此。极而言之，我们有衣服，这么一点东西兜也要兜了回去。错了，我们如果出来时带上一支司铁克，一下打不也要被我们打死么？

这正与有些人的爱情生活一样，平时任你有千般恋慕，一到见面时只是在慌慌忙忙中错过机会，抓也抓他不住。

……

不料无意中，在大雪的第二天，从交道口到八道湾的途上，我竟又横穿了什刹海。也是暮色苍茫的时候，照例又可见圆的东西，但是不然，满地白雪上面，只盖着一片无边的寂静。圆的东西那里去了？这恐怕连他自己也不知道。

我要管领这一片旷野，不然，便让圆的东西管领去。最悲伤的是我既没有力量管领，圆的东西也独自管领不住，让美丽的什刹海每年夏日只满布着战云，冬日又只笼罩着寂静。

又如《看月》，写两次看月，几乎都是聊天式的絮语。甚至很少写所看之月，但一切都是这样无拘无束，水到渠成：

我们进门的时候，门口大时钟指的是九点二十五分，待我们游玩了三四小时出门，他指的依然是九点二十五分，如果游园是论钟点的，那么游毕出门时不是还可以问他们退回票价吗？

园内什么地方都走遍了。这里是一个老树根，四面放着几个小树根，是何等不带雕琢气的一副桌椅。八年的夏夜，孟真考取留学将要出国了，知非为他在此地设宴饯行。我清清楚楚地记得，我们许多人参差错落的，坐在这老小树根上，谈天下的大事。我提起旧闻来，王君便说，这是那时候的学生与那时候的记者！现在的记者有许多是自己的同学了，但这边也产生了王绳岩与陈坡之辈，而学生界也不如从前多锐气了。

……

这里是"容亭"了。我们这想着：在游人如此稀少的公园，开着一个照相馆，不是太靡费了吗？对了，一定有人会来照雪景，只可惜今年的北京竟没有一场好雪，正是二、三年来北方天气的变象。这样想着的时候，亭中却跑出了茶役模样的一个人来，兜揽我们去品茗。原来照相馆早就搬走，剩下这容亭只做了买茶的处所，那夏日园中摆设的茶桌，到今日已缩小在这亭中，维持他不绝如缕的生命了。

有茶可喝本来出人意料，茶桌上坐着，居然又看见一碟一碟的点心搬了出来，自然更出人意外了。一边喝茶吃花生米饼干之类，一边大家对于青年思想界发生了感慨。

……

说到这里，不提防对着亭子的东门，镜子一般的一个圆月，在那里笑我们痴妄了。我们于是整顿衣冠，步行出门，这时园中只剩下一轮明月，万点归鸦。

……

吃罢素食以后，我们一路出来，又在旧书摊翻了一会，买了一部清刻本的唐人小说六种。究竟十六的月亮不比平日，我坐在车上，用着月光翻阅唐人小说，简直不用费什么大力。转瞬间来到公园了。奇怪，爱自然的毕竟只有我们，我一眼看到了自然并没有其他亲密的知己了。我们说，我们是替别人可惜，放着这样的月色不来赏玩，别人不知将怎样说我们傻头傻脑呢。

公园的角角落落都是走遍了，除了远远的望见一对男女，疑是肥郎与俏妇以外，偌大的一个园子，只有我们五个人在月色中游来游去。章君因为新买了水仙花，所以在公园大地上捡鹅卵小石，而我也叫书肆将锁着的门特为开了，没奈何买了一本王阮亭的《分甘馀话》归来当作今日的纪念了。

孙伏园在 1923 年第 85 号《晨报副镌》上发表《杂感第一集》
指出：

> 副刊上的文字，就其入人最深一点而论，宜莫过于杂感了。即
> 再推广些说，近几年来中国青年思想界稍呈一点活动的现象，也无
> 非是杂感式一类文字的功劳。杂感优于论文，因为他比论文更简
> 洁，更明了；杂感优于文艺作品，因为文艺作品尚描写不尚批评，
> 贵有结构而不宜直接，每不为普通人所了解；……杂感虽然没有像
> 文艺作品的细腻描写与精严结构，但自有他的简洁明了和真切等的
> 文艺价值——杂感也是一种文艺。看了杂感的这种种特点，觉得几
> 年来已经影响于青年思想界的，以及那些影响还未深切著明的一切
> 作品，都有永久保存的价值。

这虽然是孙伏园给晨报丛书第十种的《杂感第一集》一书做的书
评，但是我们可以看出来，孙伏园对杂文创作是十分关注的，并且认为
它是可以影响于社会思潮的文艺作品。

第三类，体现编辑思想类杂文。

作为京城两大副刊掌门人的孙伏园，他的编辑实践中有许多值得提
炼的编辑思想理论，他的文章中自然也有一些他对自己编辑实践的理论
提升，大致有以下一些篇目。

标　题	署名	发表处	日期	有否入《选集》
《星期日的副镌》	记者	《晨报副镌》	1922 年 4 月 9 日	否
《编余闲话三则》	记者	《晨报副镌》	1922 年 11 月 11 日	否
《编余闲话》	记者	《晨报副镌》	1923 年 4 月 10 日	否
《理想中的日报附张》	伏园	《京报副刊》	1924 年 12 月 5 日	否
《〈语丝〉的文体》	伏园	《语丝》52 期	1925 年 11 月 9 日	有
《京副一周年》	伏园	《京报副刊》	1925 年 12 月 5 日	否
《一年来国内定期的出版界略述补》	伏园	《京报副刊》	1926 年 1 月连载	否

除了上述所列篇目，零星分散在各期副刊中的与读者的来信互动

中，也有不少编辑意图的阐述，在此不一一列出。

《星期日的副镌》等集中反映了孙伏园在《晨报副镌》时期的编辑理念，那就是以启蒙为旨归，在言论自由原则下注意副刊自身趣味，尊重常识，创造兼容并包的媒体批评公共空间以推动新文化运动的发展，提倡健康的文艺创作并以此来改变国人以及社会恶俗的文艺趣味。孙伏园在《编余闲话三则》中，这样谈到副刊的趣味：

> 日报的副刊，照中外报纸的通例本以趣味为先。在中国今日的特殊情形——教育不发达，一般人没有常识，没有研究学问的兴味——之下，日报的副刊如本刊及"学灯"与"觉悟"，要兼谈哲学科学自是绝不可少。但是我很希望各种专门或普通的学问，都渐渐的有人来组织杂志从事研究与传播，使我们日报的附张卸除这个重担，仍旧回复原来的地位，让人不把它当作讲义读，却把它当作高等娱乐的场所看。……为了这样一个目的，我随时打算掺入有趣的材料。

1924 年 12 月 5 日，是中国现代报刊史尤其是副刊史上值得纪念的一天，由孙伏园主编的《京报副刊》正式出版了。孙园伏长期的编辑实践，尤其是《晨报副镌》的经历让孙伏园获益良多，形成了他对《京报副刊》理想化的愿景，《理想中的日报附张》便是这愿景的展现，是孙伏园副刊编辑理念的集中提炼。

如果大家对照 1925 年 10 月 1 日出版的《晨报副镌》上徐志摩的《我为什么来办我想怎么办》的主编开场白，孙伏园的《理想中的日报附张》这篇标志着自己在副刊界再次出山的开场白实在是低调得多。他既没有像徐志摩那样开首就谈什么由自己出面来办日报副刊的苦衷，也没有像徐志摩那样国内国外、前辈后生地"点将"，开列名单，以壮行色。在《理想中的日报附张》中，孙伏园先批判了当时有些编辑缺乏常识或是为了迎合某些无知群众的心理而经常在副刊上犯的一些毛病：

> 今日中国的日报附张，概括言之，可以分作两大类，我叫它们作"无线电的两极端"。怎么讲呢？甲极端以许多日报上的"马路

无线电"等文字代表之，本意是要供人娱乐，结果却成了劣等的滑稽。例如"有趣一打""扫兴半打"，……但今人著作，不思别出心裁，只是一味模仿古人作品，便引不起阅者的兴味，而著作本身的价值也就降低了。……再如另有一种日报附张，常欲搜罗新奇的事物而发表之：雄鸡产卵或某处少妇一产得五男等类，……毛病一大半自然由于读者缺少常识，盲目欢迎此类新闻，而据我看来，也只能归于无线电文字的甲极端，编者本欲借以供人娱乐而结果却变了最劣等的滑稽罢了。

在孙伏园看来，本来让人们娱乐的副刊沦落到所谓"最劣等的滑稽"，报纸副刊的编辑显然是要负责任的。在副刊的文化品位和群众低俗的消费文化趣味之间，孙伏园显然认为报纸应该去引导群众摆脱低级趣味的思想传统，不应该一味迁就群众的阅读趣味而导致报纸自身品格的下降。接着，他又指出副刊的另外一种弊病，也就是他所谓的"无线电文字的两极端"中另外一端的表现：

无线电文字的乙极端就是简直老实不客气的讨论无线电的学问。这也是代表一个方面。有线电已经少有人懂得了，现在却越几级而讲无线电。同一类的就如西洋某某人的哲学，学院中的或是书本子上的哲学，……与日常生活的关系甚少，与读者的常识程度相差也甚远，而且大抵是长篇的，每篇往往延长到一二礼拜以上。这一种我都叫它们做"无线电文字的乙极端"。

孙伏园指出了编辑记者们不顾及读者的文化水准、思想和认识层次的现实状况，盲目地在副刊上发表一些学术性、理论性太强同时又晦涩难懂的学术论文的编辑通病，对在社会科学、自然科学和文学上面都与"日常生活关系甚少，与读者的常识程度相差也甚远"的临空蹈虚而不切实际的现象进行了批评。

孙伏园既破又立，有否认更有建构，对中国当下社会有用的就是理想的报纸附张，他认为这样的附张需要具备以下几个特点：

第一，大战终了以后，无论在世界或在中国，人们心理中都存在着一种怀疑，以为从前生活的途径大抵是瞎碰来的，此后须得另寻新知识，作为我们生活的指导。这时候日报上讨论学问的文章便增加了。不过，大多数人尽可有这样的要求，日报到底还是日报，日报的附张到底替代不了讲义与教科书的。厨川白村说的好，报章杂志只供给人以趣味，研究学问需用书籍，从报章杂志上研究学问是徒劳的。而在中国，杂志又如此之少，专门杂志更少了，日报的附张于是又须代替一部分杂志的工作。……一面要兼收并蓄，一面要避去教科书或讲义式的艰深沉闷的弊病，所以此后我们对于各项学术，除了与日常生活有关的，引人研究之趣味的，或至少艰深的学术而能用平易有趣之笔表达的，一概从少登载。

第二，日报附张的正当作用就是供给人以娱乐，所以文学艺术这一类的作品我以为是日报附张的主要部分，比学术思想的作品尤为重要。自然，文学艺术的文字与学术思想的文字能够打通是最好了；即使丢开学术思想不管，只就文艺论文艺，那么，文艺与人生是无论如何不能脱离的，我们决不能够在人生面前天天登载些否定人生的文艺。

　　……

以上所述文艺学术两项，自然不能全是短篇。如果把合订本当作杂志看，那么，一月登完的作品并不算长；只要每天自为起讫，而内容不与日常生活相离太远，虽长也不是甚觉得的，因为有许多思想学术或人情世态，决不是短篇所能尽，而在人们的心理，看厌了短篇以后，一定有对于包罗的更丰富，描写得更详尽的长篇底要求的。记者对于学术文艺二类文字大概的意见如此，以下再讲其他各种短篇文字。

第三，也是日报附张的主要部分，就是短篇的批评。无论对于社会，对于学术，对于思想，对于文学艺术，对于出版书籍，日报附张就负有批评的责任。这类文字最容易引起人的兴味，但也最容易引起人的恶感。人们不善于做文章，每易说出露筋露骨的言语，多少无谓的争端都是从此引起的。这类争端，本刊虽然不能完全避免，也不求完全避免，但今天创刊日记者不妨先在这里声明一句，凡属可以避免的争端我们总是希望避免的。

除了批评以外，还有如不成形的小说，伸长了的短评，不能演的短剧，描写风景人情的游记，和饶有文艺趣味的散文，这一类文字在作家或嫌其仅属断片而任其散失，而在日报则取其所含思想认为有登载之可能。我们此后要多多征求登载此类文字。

孙伏园认为在当时的中国出版界，对先前传统的混乱思想予以彻底的清算是需要进行思想革命的，而思想革命的利器就是学术，但是由于某种原因于当时学术界专门杂志的缺失，报刊日报不得不勉为其难担当一部分的学术责任。因此，报纸日刊就具有了专门杂志的一些学术品格。他认为"将来的本刊"是要继承其他报纸日刊副刊的长处的，也就是要"一面兼收并蓄，一面要避去教科书或讲义式的艰深沉闷的弊病"。虽然他主张注重学术，但是他显然又对副刊的读者的认识水准有清醒的体认，他认为副刊应该引导群众摆脱传统思想的束缚，因此主张副刊不应该脱离群众，要与日常生活有关，要具有"引人研究之趣味"。而文艺作品在副刊上的重要地位则是他多年的文艺思想在编辑思想上的体现，他是欢迎社会批评、文明批评方面的文章的，从他一贯的编辑实现中也可以很清楚地看到这一点。

不难看出，孙伏园通过在《晨报副镌》《京报副刊》上的编辑实践，希冀用与日常生活相关的学术思想来灌输国人常识，用新文学文艺作品来提高大众文化趣味和审美情操，同时通过社会批评和文艺批评来担负起自由主义知识分子的社会责任和使命的编辑理念是始终如一的。①学术启蒙、文艺作品和社会批评，在孙伏园看来，仿佛是理想日报附张的三驾马车，这三驾马车应并驾齐驱，才会让副刊驶向理想彼岸。

四、《伏园游记》

《伏园游记》1926年10月由北新书局出版，晨报社印行，前后共印6000册。封面书名由蔡元培题签，并盖有朱文小印。下有"伏园像"一幅，在扉页上也有相同的像，那是由三弟孙福熙所作，画像右下方题

———————

① 陈捷：《民国副刊大王孙伏园编辑思想》，《求索》2010年第1期。

"春苔"。画像一如孙福熙作品一贯的风格,线条流畅,简洁明快,清新自然。他受过专门的绘画训练,因而在人物造型上把握得准确传神,在构图上也相当讲究,虽然画面简省,但经得起细赏。哥哥出书,弟弟为他画封面,可谓珠联璧合,又是一则文坛佳话。

《伏园游记》封面

在《伏园游记》的"自序"中,孙伏园谦和地说:"如果不是李小峰先生替我收集起来,这四篇游记连我自己都也许不会再看了。"《伏园游记》共有四篇,即《南行杂记》、《从北京到北京——两星期旅行中的小杂感》、《长安道上》和《朝山记琐》。

《南行杂记》最早刊于 1920 年的《晨报》第七版,那时第七版还不曾独立成为副刊,内容是写孙伏园回绍兴省亲时的旅途见闻。

《从北京到北京——两星期旅行中的小杂感》最早刊于 1922 年 7 月 7—22 日的《晨报副镌》上。写他 1922 年赴济南和游泰山、曲阜的经过,重点是为在济南参加中华教育改进社年会的几位学人写小记。

《长安道上》最早刊于 1924 年 8 月 16 日、17 日、18 日的《晨报副镌》上。1924 年 7 月,鲁迅等应陕西省教育厅和西北大学之邀,赴西安为暑期学校讲学,孙伏园作为记者随鲁迅等同行前往西安。《长安道上》写的是他与鲁迅先生的这次西安之行。关于这次西安之行鲁迅只在日记中有简略的记载,而孙伏园这篇《长安道上》更见鲁迅的一些活动,正好作了补充。

《朝山记琐》最早刊于 1925 年 5 月 13 日的《京报副刊》上。这是一篇记叙京西妙峰山进香风俗的社会调查,当时孙伏园会同顾颉刚等人上妙峰山,这是"五四"以后民俗学家们较早的一次考察活动。

在《伏园游记》中,孙伏园为现代游记的写作提供了一种新的视角。他借旅途观感对社会存在的各种问题进行思考,显示出记游散文的认识价值和教育意义。在描述沿途风光的同时也记叙了社会习俗、人情风貌。其实，书名"伏园游记"是出版集子时临时定夺的，而孙伏园写作这四篇文章时，并不一定是定位成游记后再写作的。

《南行杂记》写的是从北京到绍兴往返四十余天中的旅途的见闻、观察和感想。残酷的压迫、后母虐待孩子、重男轻女等种种恶习令人震惊。淮河汛溢、上海遭飓风之灾的惨相令人目不忍睹。大自然凶暴地杀伐人类，以及人间同类相残的"战氛"，交织在一起，共同构成了旧中国"末世"的图景。实际上完全就是一篇时感散文。

《从北京到北京——两星期旅行中的小杂感》，写的是作者到济南参加中华教育改进社年会期间的所见所感。虽然也写到登临泰山、曲阜谒圣，但重心是记人。通篇也可当杂感来品味。①

《长安道上》则是孙伏园将沿途见闻及感想"拉杂"写成给他老师周作人的一封长信。

西安是历史名城，孙伏园随鲁迅看大小雁塔，看曲江，看灞桥，看碑林，看藏经。到古董铺买石刻、拓片、造像、陶瓶、土偶人、弩机等古物。访幽探胜，抚今追昔。完全可以当作一篇文化散文来欣赏之。例如对易俗社的文化学习、编戏、演戏、戏园、演员等方面情况的详细介绍，反映出了易俗社集戏剧学校和戏剧演出于一体的新型剧团的特点：

> 易俗社是民国初元张凤翔作督军时代设立的，到现在已经有十二年的历史。其间办事人时有更动，所以选戏的方针也时有变换，但为改良秦腔，自编剧本，是始终一贯的。现在的社长，是一个绍兴人，久官西安的吕南仲先生。承他引导我们参观，并告诉我们社内组织：学堂即在戏馆间壁，外面是两个门，里边是打通的；招来的学生，大抵是初小程度，间有一字不识的，社中即授以初高小一切普遍课程，而同时教练戏剧；待高小毕业以后，入职业特班，则戏剧功课居大半了。寝室，自修室，教室俱备，与普遍学堂一样，有花园，有草地，空气很是清洁。学膳宿费是全免的，学生都住在校中，演戏的大抵白天是高小班，晚上是职业班。所演的戏，大抵是本社编的，或由社中请人编的，虽于腔调上或有些须的改变，但

---

① 商金林编：《孙伏园散文选集》，百花文艺出版社 1991 年版，第 1—9 页。

由我们外行人看来，依然是一派秦腔的旧戏。戏馆建筑是半新式的，楼坐与池子像北京之广德楼，而容量之大过之；舞台则为园口而旋转式，并且时时应用旋转；亦有布景，惟稍简单；衣服有时亦用时装，惟演时仍加歌唱，如庆华园之演《一念差》，不过唱的是秦腔罢了。有旦角大小刘者，大刘曰刘迪民，小刘曰刘箴俗，最受陕西人赞美。易俗社去年全体赴汉演戏，汉人对于小刘尤为倾倒，有东梅西刘之目。张辛南先生尝说："你如果要说刘箴俗不好，千万不要对陕西人说，因为陕西人无一不是刘党。"其实刘箴俗演得确不坏。

这是一段较早介绍易俗社的很有史料价值的重要文字。

至于《朝山记琐》几乎都在描写民风民俗。1925 年农历四月初八至初十，受北京大学研究所国学门风俗调查会的委派，作为读书人接近劳动大众，了解他们生活的一次有意识的学术调查活动。孙伏园、顾颉刚、容肇祖、容庚、庄尚严等一行五人，"去了洋服""套上黄布袋"，扮成"香客"，"沿路一概随俗"，"跟着往妙峰山进香的人们"，去观赏妙峰山的香市，对妙峰山的信奉、庙会、幡会以及进香人的情况作详细的考察。妙峰山在京城西北八十余里，山路四十余里，共一百三十余里。山上有天仙圣母碧霞元君庙。每届旧历四月初一开庙半月，朝山进香的人非常踊跃。尤其是初六初七初八三天，每天去的有好几万人。香客来自北京、天津、保定等地，他们沿盘绕的崎岖山路，进庙烧香以求神圣福佑。作者有闻必录，写京西妙峰山"上下行人不绝于途，灯火灿烂如繁星"，见来往行人，凡上山者必互曰"虔诚！虔诚"；下山者必到花摊买"福"（"福"者"花"也），互曰"带福还家！"对此番民风民俗，作者写得惟妙惟肖。

所以，我们在分析《伏园游记》时不可囿于"游记"，更多的是将其作为散文来分析。

早在 20 世纪 40 年代，堵述初先生就曾如此评价《伏园游记》：

伏园先生的散文，看来仿佛十分平易，犹如蜻蜓点水毫不着力，其实他的平易，却是从凝练中出来的，如出水芙蓉，干净极了，但文句间又常于不知不觉渗入一点幽默的成分，便又像那散漫在空中偶尔被我们吸着的荷花的暗香，所以显得文字的活泼。①

下面三个方面是《伏园游记》独特的作品魅力所在。

一是朴实平缓、庄谐交织的叙述中透着温情隽永。

读《伏园游记》随处可见其笔调朴实平缓，庄谐交织，行文轻松，没有藻饰与妙笔，只是明明白白讲最容易听懂的话，而叙述中又时时透着作者普世的温情和隽永的随意品评。

我们先来读一读《长安道上》。孙伏园在开篇就叙写了渭南求雨的场面：

> 一到渭南，更好玩了：我们在车上，见街中走着大队衣衫整洁的人，头上戴着鲜柳叶扎成的帽圈，前面导以各种刺耳的音乐。这一大群"桂冠诗人"似的人物，就是为了苦旱向老天爷游街示威的。我们如果以科学来判断他们，这种举动自然是太幼稚。但放开这一面不提，单论他们的这般模样，却令我觉着一种美的诗趣。

作者以旁观者的视角看求雨之举，虽否定其不科学，但仍欣赏他们的"桂冠诗人"般的模样，温厚而平和。

船在黄河中行走，当看到黄河河床高出地面时，作者不但分析其原因，更是设想如何改造：

> 造成河床高出地面的危险局势，这完全是上游两岸没有森林的缘故。森林的功用，第一可以巩固河岸，其次最重要的，可以使雨水入河之势转为和缓，不致挟黄土以俱下。我们同行的人，于是在黄河船中，仿佛"上坟船里造祠堂"一般，大计划黄河两岸的森林事业。公家组织，绝无希望，故只得先借助于迷信之说，云能种树一株者增寿一纪，伐树一株者减寿如之，使河岸居民踊跃种植。从沿河种起，一直往里种去，以三里为最低限度。造林的目的，本有

① 堵述初：《重读〈伏园游记〉》，《黄河月刊》1940年第8期。

两方面：其一是养成木材，其二是造成森林。在黄河两岸造林，既是困难事业，灌溉一定不能周到的，所以选材只能取那易于长成而不需灌溉的种类，即白杨，洋槐，柳树等等是已。这不但能使黄河下游永无水患，简直能使黄河流域尽成膏腴，使古文明发源之地再长新芽，使中国顿受一个推陈出新的局面，数千年来梦想不到的"黄河清"也可以立时实现。河中行驶汽船，两岸各设码头，山上建有美丽的房屋，以石阶达到河边，那时坐在汽船中凭眺两岸景色，我想比现在装在白篷帆船中时，必将另有一副样子。古来文人大抵有治河计划。见于小说者如《老残游记》与《镜花缘》中，各有洋洋洒洒的大文。而实际上治河官吏，到现在还墨守着"抢堵"两个字。上面所说也无非是废话，看作"上坟船里造祠堂"可也。

有着悯世之情的孙伏园，连树种都给选好了，甚至还设想了造林之后黄河两岸的美景，可是，他又很清楚自己的渺小，便用"上坟船里造祠堂"来自我调侃。"上坟船里造祠堂"是绍兴俗谚，指不切实际的想法和做法，空洞地议论一番。清明时节，水乡绍兴人循俗坐船上坟，有的远祖，子孙众多，祭产丰厚，大家聚在上坟船里，似乎人人敬祖追远，个个都是孝子孝孙，总会有人提议重建祠堂，并即获一致赞同。于是乎，从论风水，择善地，定规模，筹经费，确定谁负责，好像计划都落实了。但扫墓后，大家小户各回门庭，从此再无人提起，更无行动落实。在此，孙伏园用这一绍兴俗谚权作自嘲。可见孙伏园他是科学的，合理的，可是又不似一般科学者的过于严格和急切，因为他的性格中充满了温厚平和的种种美德，而又能运用湛深的文学修养加以调剂，所以思想非常先进，行为不趋极端。

还有，如写黄河上的船工健壮的体格，写船工"看穿衣"之好奇，写自己向船工索要疑似古董的瓷碗等，无一不在由衷地赞美劳动之美，在自我检讨中充满了脉脉温情，读来让人回味无穷。

> 烈日之下，我们一晒着便要头痛，他们整天的晒着，似乎并不觉得。他们的形体真与希腊的雕像毫无二致，令我们钦佩到极点了。我们何曾没有脱去衣服的勇气，但是羞呀，我们这种身体，除

了配给医生看以外，还配再给谁看呢，还有脸面再见这样美满发达的完人吗？

……

二十五岁的一位，富于研究的性质，我们叫他为研究系（这又是我们的不是了）。他除了用力摇船拉纤以外，有暇便蹲在船头或船尾，研究我们的举动。夏先生吃苏打水，水浇在苏打上，如化石灰一般有声，这自然被认为魔术。便是魔术性较少的，他们也件件视为奇事。一天夏先生穿汗衫，他便凝神注视，看他两只手先后伸进袖子去，头再在当中的领窝里钻将出来。夏先生问他"看什么"，他答道，"看穿衣服"。可怜他不知道中国文里有两种"看什么"，一种下面加"惊叹号"的是"不准看"之意，又一种下面加"疑问号"的才是真的问看什么。他竟老老实实的答说"看穿衣服"了。夏先生问"穿衣服都没有看见过吗？"他说"没有看见过。"知识是短少，他们的精神可是健全的。

……

他们看着我们把铁罐一个一个的打开，用筷子夹出鸡肉鱼肉来，觉得很是新鲜，吃完了把空罐给他们又是感激万分了。但是我的见识，何尝不与他们一样的低陋：船上请我们吃面的碗，我的一只是浅浅的，米色的，有几笔疏淡的画的，颇类于出土的宋瓷，我一时喜欢极了，为使将来可以从它唤回黄河船上生活的旧印象起见，所以问他们要来了，而他们的豪爽竟使我惊异，比我们抛弃一个铁罐还要满不在乎。

作者就是这样以平实、冷静、温情而透彻的态度娓娓道来，升天入地，丝丝入扣，体贴入微，毫不勉强造作，并抵达一种能为平常人所理解又难以企及的境界。孙伏园以赤裸诚挚的心灵去感知事物、去拥抱世界，而后自自然然、老老实实地写出自己对于这个世界的真实感受，绝不将"自我"包裹起来，以伪装的满身披挂代替对生命的全部理解。

我们再来读两段特别幽默诙谐的叙写。一段是《朝山记琐》中的：

除了会众以外，个人的香客的进香方法，就不是这样了。我见

有一个是三步一拜，一直从山下拜到山里；又一个几乎是一步一拜，看样子已经是非常疲倦了，但仍是前进不懈。我们猜测，这一定是自己或是父母——但决不是为了妻子罢——大病痊愈以后来还愿的。

另一段是《从北京到北京——两星期旅行中的小杂感》中众人拜泥塑孔子像时的描写：

> 孔子墓前，当初大家都只是游览罢了，后来不知谁也发明了行礼。所幸我已走到旁的地方去了，没有受着西装赞礼员的指挥，一同卷入漩涡，只是远远的望着他们，好像秋熟的稻田里，被南风吹了三阵。吹完以后，又送来一阵娇滴滴的歌声。我几乎要这样想了："这许是他们正式承认自己是难养的表式罢！"但是终于没有想。

写香客跪拜之虔诚不是为了妻子，写朝拜孔子时的情景"像秋熟的稻田被南风吹了三阵"，这叙写不矫情，多了一份散文家应有的个性、人情味与隽永。表面上看都是一些大白话，但细加品味，却是寓意深刻，其间蕴涵着一种特别的文调和韵味。悠闲、亲切而文雅，笔锋犀利但笔调柔和，犹如陈年老酒，其诚挚温情又犹如与密友在炉边交谈。

二是由庸常凡俗的生活细节上升为揭示社会人生的文化思考。

有学者说："散文是与人的心性记忆力最近的一种文体。"[①] 从这个意义上说，散文不是写出来的，而是流出来的。散文作家的创作是他的人格的投影：你可以在其他体裁中掩盖自己，却无法在散文中将自己的灵魂掩藏。也就是说，散文不仅是创作主体的精神个体和人格智慧的艺术体现，同时也是作家的生命个体——个人性情、艺术感悟、审美性灵到文化素养的全貌写真。如果只有精神的独创性而没有生命电光火石的碰撞，则散文难免流于抽象和冷硬，作家唯有在散文中注进生命的热

---

① 雷达：《雷达散文·后记》，浙江文艺出版社 1999 年版。

力，使理性的思辨带着生命的体温。①

作为散文家的孙伏园，已经能够做到这一点，其丰盈饱满的主体性通过他不经意间溶入的对人生社会的品评而自然地凸显出来。

《伏园游记》中没有宏大的叙事，但是，因为孙伏园有一颗真诚无欺的心灵，他放下架子、放低调子，敬畏、淳朴、谦逊、淡然、超然，与读者心连着心、血脉相通。当他写完凡俗庸常的见闻琐事后的那些点睛之议，仿佛在跟许多读者朋友进行亲切的对话与交流，表达出来的每一个字眼，都是出自衷肠的，绝对不混杂任何刻意编造的谎话和任何虚假造作的矫情。

在《长安道上》，他对陕西的盗墓行为作了这样的评析：

> 私人掘着的，第一是目的不正当，他只想得钱，不想得知识，所以把发掘古坟看作掘藏一样，一进去先将金银珠玉抢走，其余土器石器，来不及带走的，便胡乱搬动一番，从新将坟墓盖好，现在发掘出来，见有乱放瓦器石器一堆者，大抵是已经古人盗掘的了。大多数人的意见，既不准有系统的发掘，而盗掘的事，又是自古已然，至今而有加无已。结果古墓依然尽被掘完，而知识上一无所得的。国人既如此不争气，世界学者为替人类增加学问起见，不远千里而来动手发掘，我们亦何敢妄加坚拒呢？

这段议论不乏冷峻坦诚，但绝不刻薄，他的议论总是来得自然，不露痕迹，点到即止。不似小说那样有人物、情节可以依傍，也不像诗歌那样以跳跃的节奏、奇特的意象组合来打动读者。《伏园游记》中的散文总是以自然的形态呈现生活的"片断"，以"零散"的方式对抗现实世界的集中性和完整性，以"边缘"的姿态表达对社会和历史的臧否。所体现出的精神性追求是犀利深刻和富于批判性的，如《朝山记琐》的结尾：

> 但是靠了神的名义，他们也做了许多满我们之意的事。山上修

---

① 陈剑晖：《论散文作家的人格主体性》，《文艺理论研究》2003 年第 5 期。

路，点灯，设茶棚等等不说了；就在山下，我们也遇见一件"还愿
毁陇"的新闻。将到山脚的地方，车夫不走原有的小路，却窜入人
家的田陇，陇上的麦已经被人蹭到半死的。我问为什么，车夫说这
是田主许愿，将路旁麦田毁去几陇，任香客们践蹭，所以叫做"还
愿毁陇"。这是伟大的。此外如山中溪水旁竟写有"此水烧茶，不
准洗手脸"字样，简直连都市中的文明社会见之也有愧色了。

我对于香客的缺少知识觉得不满意，对于乡间物质生活的低陋
也觉得不满意，但我对于许多人主张的将旧风俗一扫而空的办法也
觉得不满意。如果妙峰山的天仙娘娘真有灵，我所求于她的只有一
事，就是要人人都有丰富的物质生活，也都有丰富的知识生活与道
德生活，——换句话说就是决不会迷信天仙娘娘是能降给我们祸福
的了，——但我们依旧保存妙峰山进香的风俗。

孙伏园耳濡目染了"五四"时代学人的思想和风采，他总是以传统
士大夫的情怀来创作散文，以科学家的理性来介绍知识，释疑世间万物
万事，又以哲学家的智慧来感悟社会人生。他的散文虽谈不上杂博阔
大，但绝对有种古朴的历史感和使命感。他自由自在地聊天，心境放
松，袒露性灵，在本真、自然、智性的基础上，增加许多现实的关怀、
人文主义的渗透。

在《南行杂记》中，孙伏园在记述了四则故乡所见的陋习后，他作
了这番深层思考，从乡人的信奉迷信，看到了自己的无奈：

我从此知道乡人对于生命，虽也不是不知道保护，但还凭借着
习惯与成见，甘心向死路里撞去，和科学相去还很远呢。还有那等
而下之的人们，忽而送仙丹来了，忽而送神药来了，忽而有人主张
算命了，忽而有人主张念佛了，这些东西虽然不像毒药一般的就立
即会把人杀死，但只消略一服从他们的好意，也已够得我们病人和
侍病的人头昏目眩了。你拒绝他们吗？他们真真是出于好意。你也
用好意开导他们吗？那里来这许多的功夫。没奈何尽我的力量有形
的无形的破坏，打定主意无论能破坏多少都是好的。

……

所以神方，中医，西医，三个阶段，你若要考查他们对于那一个信仰最深，莫妙于反问他们那一个最容易把病人医死。他们一定说："西医没有一个医好的，中医次之，神方却是最灵验，真真药到病除的了。"看了这样的社会习俗，自然对于半道士式的中医，不免要起一点相对的同情了。

作为报界名人，对报纸自然更有资格评说，对于乡间的报纸文化，他感慨万千：

我看了这种报纸虽然寒心，但总还有一点疑惑，以为乡人纵有别处人所有的种种恶的性习，甚或格外加多，但未必没有别处人所有的一点好的性习，即使格外稀少：但报纸上何以一无所见呢？这才又想到他们的刻板文章与刻板内容了。报纸上有了刻板的文章与刻板的内容，即使实际上发现了好的新闻，访者必将因其不能铸入旧模，弃之不顾；这还是小事，最可怕的是访者不但先有刻板的文章与内容，他自己身上还长着一双刻板的眼睛，好的事情他未必看得入眼。这是知识阶级的有无知识的问题了。

面对乡人对教育的认识，他总结之后又满怀期待：

初开学堂的时候，他们看出学堂是洋字一类的东西，所以都敬而畏之。学堂的第二个时期到了，他们觉得这是官字一类的东西了，于是乎畏而轻之。后来学堂越开越多，内容越长久越明瞭，发见这并不是洋鬼子的侦探，也不是皇帝的钦差，不过设立来教育他们的"小畜生"的，这时候的教育真不值得半文烂铅钱了。
现在他们对于教育的态度，还陷在第三个阶段里。要整顿教育，此刻无论如何不能在教育的本身下手，最要紧的是使他们看重自己的孩子。待他们对于自己的孩子真是当人看待了，然后再使他们知道研究学问的重要。因为我常常听见有人用一句口头禅是"我们反正是经商的，读书做什么呢"？这已不是看不起学堂，也不是看不起孩子，只是把学堂与孩子看作两件极不相关的东西。因为他们只知道经商的人便不用读书，不知道经商的道理方法也要从书里面出来。

但这都没有什么要紧。我以为感染来的新思潮，或者远不如自己发生的格外可贵。我所唯一希望的，是父兄们自己已经腐败了，千万不可再去害子弟。他们所认为宝贝的东西，千万不要往孩子肚皮里乱塞，只要让他们自己发展，那么三四十年后的故乡，一定可以不如今日的样子了。

面对于乡人们对外界的种种误会，他认为"我想何必同他争论，还是让他自己解决就算了"。

总之，他在《南行杂记》中论中西医、迷信、新闻纸、绰号、乡人见识等，评论都非常激动，十足地反映了一个前进的青年在新文化运动的高潮中的人生观、社会观，因为那是个"开路先锋"的时代，所以抨击甚于挟持，破坏重于建设。尽管，对于故乡社会的视察与批判，是深刻而严厉的，但是他却抱一种热诚恻之心，并非以刻薄为快意的：

以上四则，真是沧海里的一粟，其余为我所没有遇见，或遇见而此刻一时想不起的，还不知有多少呢。但是只看这一点，已经为尽够可以宝贵了。照例这些东西未必能走进我的耳朵，因为怀着这些东西的人也早已自知谨慎，不大肯给他们心中的某一种人看见。但是我颇有这个本领，使他们觉得我的存在直与不存在一样，他们尽可以畅乎言之，——像第四则我同他对话是很少的。这个本领从什么地方得来，我自己也不大晓得，仿佛记起从前在什么书上见过，到蜜蜂窝里取蜜，采取的人须得小心谨慎，使蜜蜂们觉得与没有这人一样，否则便要被他们放毒刺，或者我无形中受了影响。但是，我敢深信，我不像采蜜的人一样：他是越采得多越快活，我是越采得多越心伤。

从这些对故乡的认识和思考中，我们感受到的是一种完全不同于"匕首""投枪"式的倾诉，而是一种融进了哲学、文史、政治、经济诸方面的学识，融进了情怀、趣味、智慧的生命气质，是客观的也是主

观的，是精神的也是形式的，意蕴丰厚，生动流畅，丰腴饱满。孙伏园
以个体的生命为路标，以不动声色的描写和诉说，对人类的苦难作出完
全迥异于世俗的理解。他怀着沉痛与深切的情感，不断地针砭时弊，警
醒民众，表现了强烈的现实主义精神。不论是揭露统治者的腐朽、罪恶
和现实的黑暗，还是对下层劳动人民的深切同情，控诉封建礼教和神权
统治对于人们精神和肉体的摧残，表现对儿童及教育问题的关切，他对
生命的垂询，都超越了个体的悲欢而具备了普世的价值。

　　散文对生活的表现不应仅仅停留在对现实生活的忠实临摹的层面，
而应当侧重于对人的"内宇宙"的开拓，即表现出心灵的热情和自由自
在的存在。因为散文说到底就是心灵的事业。它不仅要体现出人的精神
主体性，而且呈现出心灵的主体性。如果一篇散文作品不能表现出一个
人心灵质量的同时加深我们对心灵存在的理解，则这样的作品无疑是失
败的。由此观照孙伏园的《伏园游记》，它无疑是成功的。

　　三是随意自由、不拘一格的结构显示着别开生面的智慧写作。

　　将杂乱无章但又充满生机和色彩的生活现象凝聚起来，并使其延伸
到社会的各个层面和人生的每个角落，从而最大化地发挥作家主体感受
的审美创造力。这已被当代评论家誉为是散文的文类特征的"原生
美"。① 这样的"原生美"在《伏园游记》中不难找到。如《长安道
上》写卧龙寺藏经一段：

　　　　卧龙寺房屋甚为完整，是清慈禧太后西巡时重修的，距今不过
　　二十四年。我到卧龙寺的时候，方丈定慧和尚没有在寺，我便在寺
　　内闲逛。忽闻西屋有孩童诵书之声，知有学塾，乃进去拜访老夫
　　子。分宾主坐下以后，问知老夫子是安徽人，因为先世宦游西安，
　　所以随侍在此，前年也曾往北京候差，住在安徽会馆，但终不得志
　　而返。谈吐非常文雅，而衣服则褴褛已极：大褂是赤膊穿的，颜色
　　如用酱油煮过一般，好几颗纽扣都没有搭上；虽然拖着破鞋，但是
　　没有袜子的；嘴上两撇清秀的胡子，圆圆的脸，但不是健康
　　色，——这时候内室的鸦片气味一阵阵的从门帷缝里喷将出来，越

———————————

① 陈剑晖：《论散文作家的人格主体性》，《文艺理论研究》2003 年第 5 期。

加使我了解他的脸色何以黄瘦的原因。他只有一个儿子在身边，已没有了其他眷属。我问他，"自己教育也许比上学堂更好罢？"他连连的答说，"也不过以子代仆，以子代仆！"桌上摊着些字片画片，据他说是方丈托他补描完整的，他大概是方丈的食客一流。他不但在寺里多年，熟悉寺内一切传授系统，即与定慧方丈也是非常知己，所以他肯引导我到各处参观。藏经共有五柜，当初制柜是全带抽屉的，制就以后始知安放不下，遂把抽屉统统去掉，但去掉以后又只能放满三柜，所以两柜至今空着。柜门外描有金彩龙纹，四个大金字是"钦赐龙藏"。

这段叙述既写了寺貌，又写了寺中人物和藏经柜，特别是写人物，外貌对话看似即兴命笔，信手拈来，但娓娓道来间的议论又贴切中肯。叙事即使到此为止也没有枯涩干瘪之感了。但作者又穿插进一节六月六日晒经遇雨的小故事，引发出"经有南北藏之分，南藏纸质甚好，虽经雨打，凉几天也就好了"，因而"老夫子并将南藏缺本，郑重地交我阅看，知纸质果然坚实"。藏经写到这里，似乎也就可以带住。可是并不。作者以"藏经"的"纸质果然坚实，而字迹也甚秀丽"引出一句"怪不得圣人见之，忽然起了邪念"，从而带出"圣人盗经"这件前一年发生的逸事。

按常理，"逸事"为时人所共知，复述就嫌累赘，但作者换个角度后又信笔由缰，任意为之，当行即行，当止即止。一切都是无拘无束、水到渠成、天然成趣：

> 我此次在陕，考查盗经情节，与报载微有不同。报载追回地点云在潼关，其实刚刚装好箱箧，尚未运出西安，即被陕人扣留。但陕人之以家藏古玩请圣人品评者，圣人全以"谢谢"二字答之，就此收下带走者为数亦甚不少。有一学生投函指摘圣人行检，圣人手批"交刘督军严办"字样。圣人到陕，正在冬季，招待者问圣人说，"如缺少什么衣服，可由这边备办。"圣人就援笔直书，开列衣服单一长篇，内计各种狐皮袍子一百几十件云。陕人之反对偷经最烈者，为李宜之、杨叔吉二先生。李治水利，留德学生，现任水利

局长；杨治医学，留日学生，现任军医院军医。二人性情均极和顺，言谈举止，沉静而又委婉，可为陕西民族性之好的一方面的代表。而他们对于圣人，竟亦忍无可忍，足见圣人举动，必有太令人不堪的了。

插入这样的细节，看似节外生枝，其实否。作者是为了强调圣人之过分，陕人"性格均极和顺，言谈举止，沉静而又委婉"，"安静、沉默、和顺"，然而就是这样的陕人对圣人"亦忍无可忍，足见圣人之举动，必有太令人不堪的了"。叙事甚繁，但作者并不囿于事件的叙述。作者追求的是即事联想生发开去，旁涉博采，收奇趣横生之效。

再来看《从北京到北京——两星期旅行中的小杂感》，虽写他 1922 年赴济南和游泰山、曲阜的经过，然而作者对于泰山的印象却未置一字，重点是为在济南参加中华教育改进社年会的几位学人写了小记。乍看简直不像游记，可是游记的写法本来就不拘一格，为什么非要写景不可呢？

读《从北京到北京——两星期旅行中的小杂感》，你感到他似乎并没有十分用力去写，也极少见到抒情感叹。更没有看到他刻意用华美的词藻来装饰自己的语气，一切都是这样的平淡无奇，轻松自然，自由随意，带来的是既入世又出世，既冷峻又宽容的独特生存体验，是朋友式的会心微笑。

全文的杂感落实在五个方面，杂感之第一方面是写了四个人物，作者称之为"三位半"着笔最多，也极为生动传神凝练：

一位是陈君颂平。

从出生以至三十，差不多无时不在疾病缠绕的当中。三十以后，渐知考究西洋卫生的方法，一面探讨，一面实行，现在五十二岁，这二十年来，精神身体两方面，健康的程度只是有增无减。二十年前的老朋友，看见他几乎不认得他了：身体的孱弱与壮健，是显然不必说的；因身体而影响及于精神，于是从前萎靡者而今振作了，从前悲观者而今乐观了，从前踟蹰不前者而今希求进步了。

他虽在旅行中依旧不改变规律的生活，每晚十时许一定睡了，每早五时许一定起身，起身便即用冷水洗澡。对于会务，他也提出议案，也发抒意见；全体大会，讲演大会，也多半参与，会务以外，应该游览的几处古迹，风景，名胜，也都到了。他能把自己的身体与事业看得一样的重要。

能够操持这两方面的平衡，使不生倚轻倚重的弊病者，我从不多见，这位陈先生其庶几了罢。

……

还有一位给我印象很深的是田君中玉，他是山东的督军兼省长。

我看他头脑的清晰，简直驾好些个欧美留学生而上之。这类事常常使我怀疑，而且有时竟使我不得不减少对于教育的信仰。但这当中的问题非常复杂，决不是三言两语可以解决得了的。

这些且莫论，我只说给我印象很深的人物，田中玉君总要算作第二位。

……

一位是王君伯秋。

王君实在是一个思想很缜密，头脑很清楚的学者。

有一点应该注意，无论如何思想缜密，头脑清晰的学者，谬论是大都不能免的，我们决不能因为他发了几句谬论，便承认这个人的全部议论都是谬论；也决不能因为在好几件事实上观察出他是思想缜密头脑清楚，便担保这个人万不至于偶然发一二句谬论。

……

半位是张君士一。

老发这种谬论的张君，我以为其态度一定更是谬不可当的了。但据国语组里的多数先生们告我，他的态度却是非常之好。陈颂平君给他四个字的批语叫做有论无争。他提出的议案，经大家讨论之后，他自己愿意把原案撤回。他是陈颂平君的学生，陈君在散会后非常称许他，以为除了他的主张以外，他的态度是万分难得的。

可惜我实在为编辑日刊的事务忙得要死，没有功夫去托陈君介绍与他见面畅谈一回，所以张君给我的印象只能算作半位。

杂感之第二方面写途中服务的听差车夫：

招待最辛苦的，我想莫过于室中的听差和街上的车夫了，他们也是山东人。我们对于这种人竟没有主客的关系，他们也是我们的主人吗？我们也是他们的客人吗？再说，我们带去的听差，对于山东人的名分是怎样呢？山东人欢迎我们的时候，他们是不得参与的，那么他们对于山东人是不算客人了。我从此明白，人类中有这样一种永远不作客人也永远不作主人的人。

我们室中的听差，恐怕还是新从乡间来的，他们的举动也永远不能使我忘记的了。整天在楼板上泼水，楼上的灰尘本来不泼也未必飞扬的，但楼下的灰尘恐不久就要往下掉了。临走给他一块钱，他几乎无所措手足，待往伙伴那里商量以后才收受的。

杂感之第三方面是劝柳君打消逛窑子之念头：

同学柳忠介君要想逛山东的窑子了，我这个精神恍惚的人于是又发生了问题。山东人刚刚欢迎我们过的，难道我们就要嫖他们吗？山东妓女对于我们的关系怎样？嫖山东妓女算不算是嫖山东人？山东妓女是山东的女人，这个说法虽有小错，但改为侮辱山东女人之一部分，大概也是不错的。山东人这样周到的欢迎我们，我们就侮辱他们女人的一部分吗？再说，嫖妓一面固然是侮辱他人，一面同时也侮辱自己，我们为什么要做侮辱他人同时也侮辱自己的事呢？经这一番谬论而柳君嫖妓之念也冷下去了。

杂感之第四方面是坐轿登泰山之感：

泰安人是再也想不到我们会有一百七八十人去逛的。统共只有八十乘轿子，还是托县署代办的结果，所以我们分作两队上山，每天一队。坐在轿子中我又痴想了：我真对你不起呵！逛了你们的泰山，还要你们抬着逛，希望将来你们来北京，我也抬了你们逛西山去，此外没有法子报答的了。

杂感之第五方面是写行礼拜孔子时的感慨：

> 人谁不读孔子书，入孔子之庙，谒孔子墓而腰骨不酥酥的往软者，想来是很少的吧。但自己要软，一个人软也就算了，却偏要叫别人也跟着他们去软，我几乎要笑出来了。幸而周建侯君用极圆到的语调答复他们："大家不妨自由行礼罢！你们行完以后，我们再来行。"其实对于孔子的一大部分学说，我们也未始不折我们的腰的，不过他们是对着烂泥的孔子，折他们皮肉的腰，我们是对着精神的孔子，折我们精神的腰就是了。

早在 1927 年，鲁迅就提出："散文的体裁，其实是大可以随便的，有破绽也无妨。"[1] 梁实秋也有类似的看法，他说："散文是没有一定格式的，是最自由的。"[2] 很显然，在散文的话语表述中，没有规矩地"散"得自由，正是散文的特点和魅力之所在。从散文本体的角度看，一篇散文要获得成功，重要的是要能够对读者的心灵造成震撼并在读者的审美经验中造成"陌生"化的艺术效果。[3]《伏园游记》在这点上无疑是一个范本。《伏园游记》有一种别开生面的智慧写作，既传达了真理，激发起读者的理性认识活动，又带给他们阅读的轻松与愉悦；一点也不干巴枯燥、呆板滞重，更没有思想的苍白和艺术上的平庸。

散文的格调一般总是与散文作家的气质、趣味和才情结缘，是作家的真实自我无保留地渗透进散文之中而后形成的一种情调和文化氛围，它是散文家的个性、气质、修养、趣味和才情的自然而然的流露。有什么样的胸襟、什么样的趣味和什么样的才情，就有什么样的散文的格调。今天，我们重读《伏园游记》，这种感觉尤其强烈。《伏园游记》体现的是孙伏园的一种生活态度，一种精神境界。我们通过他那种平实亲切、自由随意的语体，不但感受到了一种隽永的情致，一种性灵，一种甘醇的文调，而且还看到了文调背后站立着的那个人。他"不事张

① 《鲁迅全集》（第 4 卷），人民文学出版社 1981 年版，第 24—25 页。
② 梁实秋：《论散文》，《新月》1928 年第 1 卷第 8 期。
③ 陈剑晖：《论散文作家的人格主体性》，《文艺理论研究》2003 年第 5 期。

扬"，具有"缄默的智慧"，既有质疑、批判、自我忏悔，也有冥想冷观，有大智若愚、大巧若拙的含蓄，他崇尚古朴简洁，一方面蕴涵着古典的遗风余韵，另一方面又充满着科学的精神和现代的意识。看似平淡，不温不火，从容不迫，内心里却有独特的生命体察，他拒绝飞扬躁厉，远离空洞的抒情感伤，亦与急功近利无缘。

第五章

南 下 辗 转

应该说，在北京，孙伏园已经有了一定的社会地位和经济地位。然而，1926 年 4 月，风波突起，祸之来临，疾如迅雷，北京这个人文荟萃的古都，在当时看来已是不可久留之地。孙伏园不得不几经周折，开始他辗转南下的人生。

一、离京南下

1926 年 3 月 18 日，发生了震惊中外的"三·一八"惨案。惨案以后，从 3 月 19 日起，《京报》在 3 月下旬的 12 天内，登载各种消息、评论、通电、文章 120 篇，平均每天 10 篇以上，最多的 3 月 22 日达 18 篇。《京报副刊》从 439 号到 475 号内刊登相关文章 103 篇。从 4 月初到邵飘萍被捕，《京报》刊登各类讨伐文章四十余篇，4 月 6 日、7 日，每天仍有 6 篇之多。这些报道涉及面广，影响深远，却也把邵飘萍送入险境。邵飘萍不但名列黑名单，而且他主办的报纸、出版的副刊，甚至与他有关系的刊物，统统成为北洋当局的眼中钉、肉中刺。

1926 年 3 月底，背靠帝国主义的直奉联军占领天津，张作霖、吴佩孚立即召开军事会议，决定攻进北京之后，要镇压革命，逮捕进步人士，尤其是对邵飘萍，一定要杀掉。孙伏园主编的《京报副刊》自然都被归入"扑灭""逼死"之列，难逃被赶尽杀绝之厄运。

北京已是一片白色恐怖。军阀混战，似无止境，北京竟为战场，整日处于恐怖的空气之中，上午看飞机投弹，晚上则饱听炮声。每天飞机一来的时候，大家只觉得死神就在自己头上，老是盘旋不去。百姓的日常生活已经给飞机、炸弹骚动得几无安宁，有时从天而降的炮弹，落点离住处最近者，竟不到百步之遥，惊恐之余，连开阖水缸盖和门户的声音，也变成了弹声、炮声的幻觉。

1926 年 4 月 23 日下午 2 点，编辑完 24 日出版的副刊，孙伏园离开报馆，与往常一样，他准备晚饭后 7 点再回报馆看末次校样并签字付印。尽管对动荡的局势可能给自己带来什么后果，孙伏园应该有所预感。但是，他怎么也不会想到这天离开京报社后，他再也没有返回，而且此后的人生之路也因此而平添了许多的不定数。而更令他无法预料的是他必须得离开自己生活了九年的北京，当他再回北京时，已是二十三年后，自己也年过半百了。

这天下午，孙伏园外出办事，而后途经孔德学校，接上儿子惠迪，父子乘人力车返回报馆。近报馆时，发现报馆门前有一些形迹诡秘的人在游荡，还有武装士兵看守，还看见一些便衣在贴封条，孙伏园知道事情不妙，便马上告诉车夫报馆前不要停了，直接回家。好在孙伏园是坐在黄包车里，又离报馆还有一段距离，没有被敌人发现。孙伏园当晚匆匆收拾好行装，离家去绍兴会馆过夜，次日一早便乘火车直奔天津，逃离北京，事后得知那天被抓走的有《京报》经理兼总编辑邵飘萍，报馆被封。

邵飘萍在 1926 年 4 月 26 日被杀害。邵飘萍饮弹身亡后，他的遗体被收殓在一口薄棺材里，浮埋于崇文门外义冢墓地上，墓前插着一块长条木牌作标志，上书"邵飘萍墓"。4 月 27 日，邵飘萍的亲属、同事同乡和好友，一起来到崇文门外二郎庙，找到了邵飘萍的浮厝。从起穴到从殓，京剧名家马连良冒着生命危险为邵飘萍留影。整个丧期，邵飘萍的两个儿子——邵贵生、邵祥生一直住在东交民巷的德国医院，以防军阀斩草除根，由侄儿邵逸轩披麻戴孝。邵飘萍的棺木被安置于北京近郊的天宁寺，他的灵柩在这座北京城南的荒寺中，听凭风雨销蚀，直到 1985 年才入土为安。这是自民国成立以来，首例新闻记者被处死刑。株连的网罗自然越来越广，据传，在抓捕者名单中，也有孙伏园，只因他躲避及时，才得以幸免于难。

1926 年 5 月 8 日，北京中央公园长美轩里，《语丝》社部分成员为林语堂饯行，林语堂以北京站不住为由，将前往厦门大学就任文科学长。因为林语堂在北京穿梭于名流之间，有人力资源，厦门大学校长林文庆在延聘林语堂时又把招纳学界名流的任务委托给他。尽管，这次饯行席间没有孙伏园，但林语堂不会不想到孙伏园。果不其然，厦门大学公布的国学院首批新聘教职员中，孙伏园名列其中。林语堂、沈兼士分别担任总秘书和主任，研究教授为周树人、顾颉刚、张星烺，考古学导师是林万里，陈列部干事是黄坚，孙伏园任编辑部干事，出版部干事是章廷谦，图书部干事是陈乃乾，英文编辑是潘家洵，容肇祖、丁山、林景良、王肇鼎等任编辑。[①]

厦门风景秀丽，厦门大学坐落在厦门岛上的海滨，背山面海，风景佳绝。厦门大学前那碧玉一般的海面，卷着一束束白色的浪花。每天清晨，不远处的大担、二担、南太武山等岛屿，蒙着一层薄薄的晨曦。海面上有一艘艘小船，吃水很深，张着风帆，向鼓浪屿驶去。

1921 年 4 月 6 日，厦门大学开学。5 月，曾任南京临时政府卫生部部长的新加坡华人林文庆出任校长并掌校十六年至厦大改国立为止。1926 年，厦大以重金在全国延聘名师：教授月薪四百大洋，讲师两百大洋，助教一百五十大洋。其时，复旦大学的校长及专任教授最高也不过两百大洋。

1926 年 8 月，孙伏园抵达厦门，任厦大国学研究院编辑部干事兼管风俗调查事项，同时兼任厦门南普陀寺附设闽南佛学院教职。孙伏园作为国学研究院编辑部的骨干，当时承担着三项重要工作，其一，编辑"厦门大学国学研究院季刊"；其二，共同编辑"中国图书志"；其三，组织风俗调查会，起草会章。这些工作，对已主编过京城两大副刊的孙伏园来说，既能胜任又有了大展拳脚的机会。

然而，人生难料，孙伏园在厦门大学只是个匆匆的过客。四个月后，他于 1926 年 12 月 18 日离开厦门大学。白云苍狗，物换星移，环抱着厦门大学的那片海水在潮起潮落间悄悄卷走了八十多个春秋。如今的厦门大学已不是昔日模样，孙伏园的名字也鲜有人提起，他当年在厦大校园里留下的足迹更是被历史的潮水冲刷得几乎了无踪影。尽管，他的身影甚至连厦门大学成长的初期记忆都承载不起，但是相当长的时期内，人们循着以鲁迅为中轴线解释历史的框架，一方的说辞不仅是历史

① 《新聘教职员略历》，《厦门大学周刊》第 156、157 期，1926 年 9 月 25 日，10 月 2 日。

的证言，还几乎成了定案的判决。① 特别是《两地书》出版后，孙伏园被置于了不仁不义之地。朱自清读完《两地书》后，"觉无多意义"，"鲁骂人甚多，朱老夫子、朱山根（顾颉刚）、田千顷（陈万里）、白果皆被骂及，连伏老也不免被损了若干次"②。

二、与鲁迅共事

　　如今厦门大学的集美楼曾经是学校的图书馆，楼下左边是藏书库，右边是阅览室，这是一座宽大的两层楼房。当年，鲁迅就住在楼上靠西边第二间的房子里。推开北窗，是五老峰和峰下的南普陀寺，楼前是一片广场，相传为郑成功的演武场。楼上右手第一间是大屋，隔开两间，由孙伏园和张颐住。

　　这里是绿色的世界。在山坡和平原上，有成片成片的龙眼树、甘蔗园；路旁的各种果树青翠欲滴；枝叶繁茂、根须发达的老榕树散布在宅前院后，以及祠堂边、古庙前；绿油油的稻田同小桥流水错落有致地交织在一起。在暮秋初冬时节，大楼前面有一种黄色的无名花，还一个劲儿地盛开着。这种被鲁迅称为"秋葵似的黄花"，从鲁迅9月到厦门时就在开着，一直开到12月，而且花丛中还有未开的蓓蕾。

　　在厦门大学期间，从某种程度上说，孙伏园像是鲁迅的"跟班"，③鲁迅的主要活动，孙伏园大多在场。查鲁迅的日记，鲁迅在厦门参加的宴请，几乎孙伏园都在场。鲁迅还经常委托孙伏园做一些杂事，比如买书买生活用品等。有时候鲁迅和孙伏园一起在海滨闲步，在沙滩捡贝壳；有时候和孙伏园一起逛街，吃饭；有时候一起看傀儡戏、看电影。南普陀寺、日光岩顶、郑成功的水操台旁，都留有他们结伴而游的身影。在厦门期间，鲁迅曾收到商务印书馆所寄英译《阿Q正传》三本，一本送林语堂，一本便送与孙伏园。

　　除为鲁迅代劳一些生活琐事外，孙伏园还经常为鲁迅做一些具体工作。如国学研究院成立当天，要举办古物收藏展览，其中一室展出鲁迅

　　① 桑兵：《厦门大学国学院风波》，《近代史研究》2000年第5期。
　　② 朱乔森编：《朱自清全集》第9卷，江苏教育出版社1997年版，第220页。
　　③ 房向东：《孤岛过客——鲁迅在厦门的135天》，崇文书局2009年版，第208页。

收藏的汉唐石刻拓片，准备期间无人帮忙，只有孙伏园自告奋勇与鲁迅一起布置。鲁迅支持厦大学生办杂志《波艇》，孙伏园也鼎力相助。当时不少名家、学者认为《波艇》只是一份微不足道的小刊物，不屑于投稿，鲁迅为了支持青年，将自己的《厦门通信》交给《波艇》发表。而在《波艇》第一、二期的目录上也赫然印着孙伏园的大名，他特地为《波艇》写就了介绍厦门大学周围环境和闽南海岛自然景物的《厦门景物记》以示支持。

作为学生，陪鲁迅散散步，聚聚餐，替鲁迅买买日用品，跑跑腿，孙伏园是理应承担的；作为同事，在鲁迅到厦门时，去码头接站，在鲁迅办展览时，为他搬搬凳子，递递物品，孙伏园也是责无旁贷的；至于与鲁迅一起，写篇小文支持一下学生的自办刊物，更不值一提。最值得记取的是孙伏园往来在厦门和广州之间，办了两件与鲁迅有关的事。一是把鲁迅的挚友许寿裳和恋人许广平安插进中山大学任教；二是帮助筹办"北新书屋"，在广州芳草街四十四号租赁几间房子，准备开书店。可以说，这两件事都与鲁迅休戚与共，许广平找工作一事甚至一度还是鲁迅的后顾之忧。

1926 年 10 月 23 日，孙伏园赴广州，11 月 5 日回厦门，回来时，许广平托他带杨桃给鲁迅，鲁迅吃了，还给许广平写了这样几句值得玩味的话：

> 伏园带了杨桃回来，昨晚吃过了，我以为味道并不十分好，而汁多可取，最好是那香气，出于各种水果之上。①

1926 年 12 月 18 日，孙伏园再赴广州，孙伏园先鲁迅而去广州，客观上有了为鲁迅"打前站"的意思。临行前，鲁迅与魏兆淇、朱斐、王方仁、崔真吾于镇南关一福州小饭店为孙伏园饯行。鲁迅委托孙伏园为许广平在中山大学谋一个"女生指导员"之类的"缺额"，孙伏园也尽力促成。鲁迅未到广州之前，孙伏园也为他做了一些与中山大学的沟

---

① 《鲁迅全集》（第 11 卷），人民文学出版社 2005 年版，第 194 页。

通。如果说当年的鲁迅有点像"堂吉诃德"的话，孙伏园也有点像
"桑丘"。①

早在 1926 年 9 月 30 日，孙伏园就接到顾兆熊自广州的电报，邀他
去粤办报。顾兆熊于 1925 年 12 月任广东大学校长，1926 年 10 月任中
山大学委员会副委员长。后任国民党中央执行委员会常务委员等职。可
以说，这份邀请电是极有分量的，也可见孙伏园当时在文化界教育界的
地位是很高的。

孙伏园之所以没有马上动身赴粤，并非他留恋厦门大学。在厦门大
学国学院里，林语堂是国学院的主任，沈兼士是国学院文学系的主任，
除了鲁迅、沈兼士和顾颉刚，其他人都没有发聘书。林语堂费了很大的
力气才给孙伏园、黄坚等人要来了聘书。尽管孙伏园没有留下对当时厦
门大学的评说，我们完全可以通过鲁迅书信言辞中感知孙伏园当时的心
境，鲁迅写信告诉章廷谦：

> 伏园"叫苦连天"，我不知其何故也。"叫苦"还是情有可原，
> "连天"则大可不必。②

孙伏园实在是脱不了身，他还有几件事要处理。一件是 10 月 10
日，国学院成立当天，鲁迅收藏的汉唐石刻拓片展出，他要帮助布置。
那天，也幸亏有孙伏园前去帮忙，否则，鲁迅会更孤立无援，更多吃点
苦头。

大约是为了活跃学校死气沉沉的气氛吧，学校突然决定搞一个文物
展览，听说鲁迅有一些古老的拓片，便硬是拉他拿出来陈列，没有办
法，鲁迅只好去了。到了现场才发现，并没有人帮忙。孙伏园给鲁迅搬
来一张桌子，鲁迅便将两张拓片展开，压在桌子上，另外的几张呢，鲁
迅用手展开了一下，结果，惹得众人观望。那组织者便要求鲁迅站到桌
子上去，好举得高一些，让更多的人看到。有一个条幅很长，鲁迅的个
头实在不够高大，便由鲁迅站到桌子上，将那幅拓片陈列出去。风吹过

① 房向东：《孤岛过客——鲁迅在厦门的 135 天》，崇文书局 2009 年版，第 208 页。
② 《鲁迅全集》（第 11 卷），人民文学出版社 2005 年版，第 83 页。

去，鲁迅便狼狈异常，好在下面有孙伏园扯着边遮挡着风。此情此景，与其说在陈列古文物不如说仿佛在陈列一个著名的作家，实在是好笑得很。不久，孙伏园被校长秘书叫走。孙伏园走了以后，鲁迅更难顾及，现场乱作一团，有一张价值颇为不菲的拓片被吹破了边，鲁迅只好收拾起来。沈兼士看到鲁迅忙碌不堪的样子，便跑过来帮忙。然而，沈兼士因为中午喝多了酒，这会儿又是跳上桌子，又是从桌子上跳下来，所以，不一会儿便晕了头，躺在展览会的角落里不动弹了，忙没帮成，自己还吐得一塌糊涂。

另一件事是 10 月 21 日晚公宴太虚和尚一事。一则孙伏园在南普陀寺有一个每月五十元钱的兼职，二则能见见名人在当时的厦门也可算几年一遇吧。于是，孙伏园推迟了赴广州的日期。

1926 年 10 月 21 日晚，南普陀寺及闽南佛学院公宴太虚和尚。太虚和尚本姓吕，浙江崇德人，曾任世界佛教联合会会长，中国佛教总会会长，厦门南普陀寺住持等职。这年 10 月从美国讲佛学回国，在厦门逗留。

南普陀寺和闽南佛学院公宴太虚，亦以柬来邀请鲁迅作陪。起先，他决计不去，但校里的职员硬要他去，说否则他们将以为本校看不起他们。鲁迅不得已赴之。孙伏园在《鲁迅先生眼中之太虚法师》一文中对此事有记录。鲁迅对太虚和尚倒没有多说什么，在鲁迅眼里，太虚似乎还比较随和、随俗，说的也多是"世俗事情"，总之，有平常心。

两件事结束后，孙伏园于 1926 年 10 月 23 日赴广州，此行目的很明确，他除了为自己的事与相关人员商谈外，还为鲁迅赴广州打打前站，顺便见见许广平。

1926 年 10 月 29 日下午，即将吃晚饭的时候，许广平正在宿舍里看刚刚收到的鲁迅寄来的《域外小说集》。这个时候，孙伏园和毛子震敲门。毛子震是个医生，和北京女师大颇有些渊源，当年刘和珍受伤的时候，他曾经去诊过脉，当时自然也是见到过许广平的。孙伏园是鲁迅家的常客，他和许广平也应该见过面的。

大石街旧校不远的地方有一家叫做玉醪春的饭店，许广平便和孙伏园、毛子震到这里吃饭。许广平讲白话讲习惯了，见到他们也照例说了一大通热情的话，结果，发现两个人愣在那里，一脸的未知，才想起他们是"外江佬"，听不懂广东话，便又改为普通话，把刚才的话重复了一遍，三个人大笑。

广东菜偏淡，孙伏园自然吃不惯，一直不停地往菜肴里加酱油，孙伏园喜欢喝酒，每一次总是见底，这让许广平十分吃惊。但是他吃饭却拘谨得很，像个文绉绉的小姐一样。一餐饭吃完了，花费六元六角钱。

在广州期间，孙伏园先后写了两封致鲁迅信。1926 年 11 月 5 日下午，孙伏园回到厦门。顺便替鲁迅带回代买的广雅书局书十八种三十四本，带回许广平送的杨桃一筐给鲁迅。

因为孙伏园的沟通转达，11 月 11 日，鲁迅即收到了中山大学的聘书。

孙伏园回厦门时，已确定要离开了，原先在南普陀寺每月五十元的兼职也因为去了趟广州被人替代了。所以接下来的一段时间，他过得比较清闲。许多时候，他可以说是在陪鲁迅。

11 月 10 日，与鲁迅往厦门市区买药、鞋、书籍之类，并在南轩酒楼午餐。13 日，和鲁迅往南普陀看闽南民间艺术木偶戏之一牵丝傀儡戏。11 月 28 日晚，魏兆淇等人合饯孙伏园于镇南关的福州小饭店，鲁迅同往，饮馔颇佳，席间欢声笑语。12 月 4 日，与鲁迅、魏兆淇等四人喝酒，这是对 11 月 28 日同饮的回请。12 月 10 日，又和鲁迅去厦门市区逛逛，在别有天午餐后，晚上还一起看了场电影。12 月 11 日，与鲁迅同游鼓浪屿、日光岩及观海别墅。12 月 14 日，与鲁迅同访林语堂，应林语堂之邀，在林家用晚餐，这次是林语堂单独为孙伏园饯行，席间只有鲁迅一人作陪。

喝了多回酒，饯行了一次又一次，孙伏园真的要离开厦门了。1926 年 12 月 18 日下午，他起程了。当天，鲁迅的日记中没有写其他话，只记录"午后伏园南去"。

此次赴广州，孙伏园任中山大学史学系主任和《民国日报》副刊主编。可事实上，他赴广州后，几乎又在为鲁迅和许广平的事奔忙着。

鲁迅在厦门的 135 天是他生命历程中的一个重要驿站。在这段日子里，他第一次体验了全职大学教师的生活，正是有了这种在学院文化内部的人生体验，有了在学院文化内部所感到的无可排遣的孤独和寂寞，才将他当时的文学创作推向了一个更加诗意化的高度。不难看出，不论是他的小说、散文、散文诗，还是杂文，厦门时期的创作都带有较之此前更加浓郁的诗味，这与他同许广平的爱情关系有关，更与他在厦门大学这个文化环境中的具体感受有关。然而，我们又不难领悟到，教书生涯不能使鲁迅满足。在与学生的关系方面，他虽然恪尽职守地协助了两份学生杂志的编辑，但不可否认的是他并没有担当起导师的角色。他也继续写作，主要是回忆往昔生活，即后来编成的散文集《朝花夕拾》，自然文章与当时学术生活的宁静氛围颇为和谐。他还写了几篇杂文，对有人攻击他在北京时期的行为作一回击。对鲁迅而言，在厦门期间，尽管没有虚度年华，可是让他苦恼的绝不仅仅是一个人事关系的问题，也不仅仅是和许广平"两地分居"的问题，而是他的文化追求与当时学院文化的差异和矛盾问题。鲁迅到厦门大学是为了能相对静下心来更多地从事一些学术研究活动，但当时的学院文化却无法满足他这样的一种要求。他在这种文化中所感到的不是更大的自由，而是更大的不自由，这一切不是因为鲁迅没有融进当时的学院文化，而是学院文化还没有更大的气度来容纳中国现代最伟大的思想家。①

几个月来，与鲁迅朝夕相处的孙伏园一定充分理解将社会批判、文化判断当作自己神圣不可推卸的文化责任的鲁迅在学院文化中进行的突围之艰难。

刚到广州的12月22日，孙伏园即致信鲁迅，告知他自己已为他落实好了来中山大学任职一事：

> 后来在他（朱家骅，字骝先，时任中山大学校长）家午餐，他与戴季陶君住在一起，所以戴君也一同吃饭，谈得甚快。骝先极力希望您能快来，他说他因为接到我的信，知道我要去武汉了，所以已单独写信给您，但没有提起薪水数目，其实您的薪水已决定五百毫洋，且定名为正教授，现在全校只有您一人。学生知道先生要来，希望得极恳切。②

① 王富仁：《厦门时期的鲁迅：穿越学院文化》，《厦门大学学报》2006年第4期。
② 《鲁迅全集》（第11卷），人民文学出版社2005年版，第670页。

对鲁迅来说,这封信仿佛是一颗定心丸,鲁迅将孙伏园给他的信件转给了许广平看,并努力地和林语堂商量,想早一些走。1926 年 12 月 30 日,鲁迅向厦门大学正式提交了辞职书,辞去了一切职务。

鲁迅自己的事落实后,还有一件让他牵肠挂肚之事,那便是许广平的工作问题。自然,又得托付孙伏园去办了,这一点,鲁迅对孙伏园很信任,他早在 11 月 18 日,孙伏园还未离开厦门时就写信给许广平,告诉她让孙伏园去办这件事:

> 至于你此后去的地方,却教我很难下断语。你初出来办事,到各处看看,历练历练,本来也很好的,但到太不熟悉的地方去,或兼任的事情太多,或在一个小地方拜帅,却并无益处,甚至会变成浅薄的政客之流。我不知道你自己是否仍旧愿在广州,抑非走开不可,倘非决欲离开,则伏园下月中旬当赴粤,我可以托他问一问,看中大女生指导员之类有无缺额,他一定肯绍介的。上遂的事,我也要托他办。①

这里的"上遂的事"指让孙伏园出面办许寿裳也去中山大学任教一事。而且,这已是鲁迅给许广平信中第二次提到了,早在 10 月 23 日的信中是这样说的:

> 上遂的事,除嘱那该打的伏园面达外,昨天又同兼士合写了一封信给孟余他们,可做的事已做,且听下回分解罢。②

这些事到了鲁迅就职中山大学教务处主任时,鲁迅都安排了。而且还安排学生章川岛以及诸多旧友的工作。

这回到广州,孙伏园去找许广平时没有见到她,便给她留了一张名片。

许广平在广州女师大工作,从一开始的训育主任,再到后来的兼做

① 《鲁迅全集》(第 11 卷),人民文学出版社 2005 年版,第 207 页。
② 同上书,第 172 页。

宿舍管理员（即舍监），总之，成为了学校里的三大主任之一。甚至到后来，学校校长辞职跑掉了，其他两个主任都跑掉了，只剩下许广平一个人苦苦支撑。1926 年 11 月底的时候，许广平一个人在苦苦支撑学校，汕头的一所学校想聘请她前去，但因为鲁迅在信中委婉劝阻她前去汕头，她便断了念头。

到了 12 月 6 日，因为经费不足，学校停课放假了，学生们开始闹事，在省政府教育厅等单位聚会，提出要求，要让宋庆龄出任校长才能结束集会。然而，事情还没有结束，当时在任的广东省教育厅的厅长竟然是许广平的一个远房的亲戚，他们经过商议想让许广平出任学校的校长。这一下可把许广平吓坏了，因为禁止学生聚会闹事，许广平已经和学生闹得翻了脸，如今若是许广平当上了校长，则学校一定会更加热闹的。看到事情有些危机，许广平连忙收拾东西回家。

正在许广平去无定所之际，孙伏园为她解决了生计工作问题。孙伏园再次去找许广平，发现她已经搬出了学校，遂留了一封信给她，告知她，已经代她谋得了中山大学助教一职，不用再奔波于求职了，等鲁迅一到广州，便将聘书给她，许广平很开心，有些不信，以为孙伏园和自己开玩笑呢。但孙伏园又说得正经，说是中山大学的校长朱家骅已经同意了的。实际上，在 12 月 29 日，孙伏园在留信给许广平时也给鲁迅寄了一信：

豫才先生：

许广平君已搬出学校，表示辞职决心，我乃催问骝先，据他说校中职员大概几十块钱，是不适宜的。我便问他："你从前说李遇安君可作鲁迅之助教，现在遇安不在，鲁迅助教可请广平了。"他说助教也不过百元，平常只有八十。那么我说百元就百元罢。（好在从下月起，因为财政略微充裕，可以不搭公债。）骝先说，"鲁迅一到，即送聘书可也。"许君处尚未同她说过，一二天内我当写信给她，以免她再去弄别的事。先生能早来最好。[1]

---

① 《鲁迅全集》（第 12 卷），人民文学出版社 2005 年版，第 5 页。

至此，孙伏园在鲁迅到达广州之前，已为他解除了后顾之忧。从厦门到广州，鲁迅深情而委婉的爱情表白即将在广州开花结果。许广平叩开了鲁迅尘封已久的爱情之门，唤起他对爱情的追求，为过了大半辈子苦行僧生活的鲁迅送去爱情的甘露。人非草木，孰能无情？每个人的内心深处都有一块不可触摸的柔软领地，一经碰撞，钩沉而出的定是那剪不断、理还乱的不尽柔肠。鲁迅心中那块柔软领地，因为有了许广平的闯入而变得孤独不再，爱意无限；鲁迅心中那根柔软的弦，因为有了许广平的弹奏而响起了更趋完美的人生乐章。从某种程度上说，鲁迅与许广平之间因生计造成的情爱障碍，是由孙伏园出面为他们消解的。试想，哪一对情侣能逃得开现实中的生计问题，鲁迅和许广平自然也不例外。

　　鲁迅到广州后的次日，即1927年1月19日的《鲁迅日记》记载，"晨伏园、广平来访，助为移入中山大学。"此后几天，他们也经常一起活动，而且这活动安排得比鲁迅刚到厦门时更为密集。1927年1月20日，"下午广平来访，并邀伏园赴荟芳园夜餐。"1927年1月21日，"上午广平来邀午饭，伏园同往。"1927年1月22日，"同伏园、广平至别有春夜饭，又往陆园饮茗。"1927年1月23日，"夜同伏园观电影《一朵蔷薇》。"1927年1月24日，"广平来并赠土鲮鱼四尾，同至妙香阁夜饭，并同伏园。"1927年1月29日，"晚同伏园至大兴公司浴，在国民饭店夜餐。"1927年1月31日，"夜同伏园、广平观市上。"

　　记得当年在北京时，每每逢到假日，或是在鲁迅兴致甚好的时候，孙伏园便邀请鲁迅去公园茶室会面，诸如中山公园的四宜轩茶室，北海公园琼华岛的漪澜堂茶室，皆是他俩常常涉足之处。鲁迅平素不喜欢喝花茶，也不喜欢喝那些全发酵或半发酵之茶，只嗜啜纯粹的绿茶，尤其是绍兴老家所产的"圆炒青"，即平水珠茶，还有杭州所产的西湖龙井。鲁迅这种喝茶习惯，孙伏园是非常熟悉的。因此，每当购得一些上好的绿茶，他便随身带点到茶室并亲手沏上。如适巧有人从绍兴捎来两盒平水珠茶，孙伏园便即装了一盒在手提包里，待与鲁迅相约在茶室茗憩时，他事先并不做声，只是亲自去倒了两杯滚水，稍稍冷却一会儿之后，即撮上平水珠茶投进杯中。鲁迅见状一定是惊喜不已。对于故乡的圆炒青茶，鲁迅一直怀有深挚的眷念之情。

这次孙伏园和鲁迅在羊城重聚，又有许广平做伴，他们一起浏览市容，漫步公园，攀登越秀山，放舟荔枝湾。游憩之时，自然要像北京时那样茗谈以续茶侣之谊。只是在广州，他们品啜的是潮汕功夫茶。鲁迅初啜功夫茶，则嫌它过于酽苦，即使兑上白开水把它冲淡再冲淡，仍觉苦涩之味难耐。然而接连吃了几顿下来，便觉得在酽苦之中也带有浓烈的回甘之味，弥沦舌本而不已。在他们初聚的五天之中，几乎天天在一起浏览和喝茶。

终年伏案执笔，不堪劳苦的鲁迅，因着珍惜这次羊城重聚，竟生平第一次如此慷慨地偕友浏览，看戏，吃饭，喝茶，确乎是一次大解脱。孙伏园于1927年2月10日，离开广州赴汉口，屈指算来，他在广州只待了一个多月。这一个多月与鲁迅朝夕相处对孙伏园来说，也是莫大的幸运。

除此，孙伏园有过两次与鲁迅同台演说的机会。

第一次是在1927年1月25日。那天下午2时半，鲁迅与孙伏园同往广州市桂香庙环球学会接受世界语学者的欢迎，并发表演讲，鲁迅演说其到粤之感思，孙伏园演说提倡世界语之必要。

孙伏园的演说运用了生动形象的比喻，很是传神：

> 世界语运动包含两个意义，一是世界语的知识，二是世界语的主义。这两个意义是不可分解的，否则即使一国人民全通了世界语，尽可以用世界语草奏章，降论旨，或对他们递战书，与世界语的主义依然相离万里。倒是不通世界语而鼓吹世界语的主义，即使是用别种文字吹鼓的，与提倡世界语者原本的宗旨相去还不甚远。
>
> ……
>
> 可惜，人们的脑筋到底是否像豆腐一般我还没有实验过，但据我所推测的大抵上只有两种，不是像水一般，便是像石头一般。
>
> 有的人在石头的脑子外面包上一层石头的壳，再在石头的壳外面，种上一条乌油油的辫子，如辜鸿铭、王国维、罗振玉之流，这条辫子即使有"挟泰山以超北海"的本领也是拔他不下的。有的人虽然牛"头"濯濯，并不长有什么铁苗，但里面依然是花岗石岩，对于有几件事无论如何没有了可能的。——例如世界语。

也有的人是水一般的脑筋，决诸东方则东流，决诸西方则西流。例如，满清的大臣是他，革命后的官僚也是他，赞成复辟是他，再造共和也有他，赞成帝制是他，推翻帝制也有他，结果是奉系、直系，过缓党，过激党，有政府党，无政府党无一没有他。他们是无论什么新奇事物都会赞成的，——例如世界语。

有了这两种人，一种是水一般会变的，一种是石头一般开不通的脑筋，天下纠纷便出来了。天下的新事物也被他们糟完了。水一般的脑筋所形成的是假新党，石头一般脑筋所形成的是真旧党，介乎二者之间而真能像豆腐一般的脑筋，即使像我这样广交游的人，所见也不多呵！

第二次是在 1927 年 2 月 18 日，在香港。此次演说因孙伏园已离开广州赴汉口，未能成行。鲁迅在 1927 年 4 月 26 日致孙伏园的信中提到了这件事：

> 寄给我的报，收到了五六张，零落不全。我的《无声的中国》，已看见了，这是只可在香港说说的，浅薄的很。我似乎还没有告诉你我到香港的情形。讲演原定是两天，第二天是你。你没有到，便由我代替了，题目是《老调子已经唱完》。①

能与鲁迅同台演说，这实乃孙伏园之殊荣，亦可见他当时在文化界的地位，在世人眼中他与鲁迅俨然是一对共同前行的战友。

在广州的一个多月里，孙伏园陪鲁迅阅市喝茶吃饭看戏，一起同台演说。除此，他还提议鲁迅开设"北新书屋"，由此，给鲁迅增添了一段鲜为人知的有趣的个人经历——鲁迅做了五个半月的书店老板。

在 1975 年出版的《鲁迅研究资料》第三辑中，广东人何春才写了一篇《回忆鲁迅在广州的一些事迹和谈话》，他在文章里回忆了北新书屋的始末：

---

① 《鲁迅全集》（第 12 卷），人民文学出版社 2005 年版，第 31 页。

鲁迅先生到广州感到广州文艺园地非常寂寞。为了使南方爱好文艺的青年活跃起来，他同意孙伏园的提议，与北新书局联系，在惠爱路芳草街开设了一间北新书屋。三月底，许广平写了一篇题为《北新书屋》的短文登在《国民新闻》的副刊《新时代》上，起了广告作用，广州爱好文艺书籍的青年纷纷去买书，一时门庭若市。书是从上海北新书局邮寄来的，实际上是代北新书局销售该局出版的新文艺书籍，目的在于起到传播新思想的作用。这间书屋是承顶别人租下来的房子开设的，实在简陋得很，只是一栋小楼房的二楼，前厅用一块长条柜隔开，约三分之一的位置给买书的人站立选购书籍，三分之二的地方放了几张插满了新书的架子。经常由一个小姑娘许月平在那里卖书，有时她的姐姐许广平也来帮忙，就是鲁迅先生偶然也来看看。他们做的是亏本生意。

我爱好文艺书籍，尤为爱好鲁迅先生的作品。每次北新书屋的新书一到，不管是创作还是翻译，我都应有尽有的买来看。我在北新书屋碰见过鲁迅先生一次，碰见许广平三次。鲁迅先生离开广州之前要结束北新书屋的业务，便于八月十五日约定与他接近的许广平、陈延进、廖立峨和我协助将所存的书籍廉价卖给永汉路共和书局。那天陈延进、廖立峨和我去到北新书屋时，鲁迅先生、许广平、许月平已先在那里包扎书籍，我们一到就帮忙，把所存的书很快包好。除许月平留在屋里收拾零星东西外，我们五个人一齐动手把包好的书提到马路，乘五部人力车，一次运完，把书点交给共和书局。

广州北新书屋的主要店员就是许月平，书屋是 3 月底开张，而 8 月 15 日关闭，一共持续了五个半月。书店关闭的第二天，即 8 月 17 日，鲁迅给章川岛写信：

> 这几天我是专办了收束伏翁所办的书店一案，昨天弄完了，除自己出汗生痱子外，还请帮忙人吃了一回饭，计花去小洋六元，别人做生意而我折本，岂不怪哉。①

---

① 《鲁迅全集》（第 12 卷），人民文学出版社 2005 年版，第 64 页。

信中称孙伏园为"伏翁"，说此书店是伏翁开的，可是，事实上，关门与否都鲁迅自己说了算的，而根本不需要和孙伏园商议的。再加上店员是许广平的小妹许月平，代售的又都是北新书局和未名社的图书，所以，应该是这么理解：书店是孙伏园提议的，资金却是鲁迅出的。

鲁迅做了一回书店老板，这可能是他做过时间最短的一个职业。

从厦门到广州，孙伏园与鲁迅共事半年多，可以说，这是孙伏园与鲁迅密切相处的最后一个时期。我们在此，也不想避说鲁迅在书信中对孙伏园的一些不满之词，亦可称之为"微词"和"腹诽"。主要集中在《两地书》和给章廷谦的几封信中。

1932 年 8 月，鲁迅开始编辑《两地书》，由许广平抄录后于 1933 年 3 月由上海青光书局出版。《两地书》编好以后，鲁迅又将逾十万字的 135 封信用工笔楷书抄录了一份。可以想象，在整理自己的情爱之旅时，这位时已 53 岁的爱情幸运儿，他胸中荡漾着的是几多温情几多爱意呵！

可是，鲁迅哪里想到，他在袒露了自己与许广平的情爱之旅时，也向世人公示了自己对孙伏园等友人的编派之词。在今天，我们谈论这段往事时，我们是真的认为鲁迅是无意的，但造成的伤害却是真切的，无疑的，甚至让当事人永世都百口难辩的。

《两地书》涉及孙伏园的主要有以下四封。

　　1925 年 6 月 13 日——

　　口口的态度我近来颇怀疑，因为似乎已与西滢大有联络。其登载几篇反杨之稿，盖出于不得已。今天在《京副》上，至于指《猛进》，《现代》，《语丝》为"兄弟周刊"，大有卖《语丝》以与《现代》拉拢之观。或者《京副》之专载沪事，不登他文，也还有别种隐情（但这也许是我的妄猜），《晨副》即不如此。[①]

　　1926 年 9 月 20 日——

　　在国学院里，朱山根是胡适之的信徒，另外还有两三个，好像都是朱荐的，和他大同小异，而更浅薄，一到这里，孙伏园便要算

① 《鲁迅全集》（第 11 卷），人民文学出版社 2005 年版，第 92 页。

可以谈谈的了。①

1926 年 9 月 30 日——

伏园今天接孟余一电，招他往粤办报，他去否似尚未定。这电报是廿三发的，走了七天，同信一样慢，真奇。至于他所宣传的，大略是说：他家不但有男学生，也常有女学生，但他是爱长的那一个的，因为她最有才气云云。平凡得很，正如伏园之人，不足多论也。②

1926 年 10 月 23 日——

伏园却已走了，打听陈惺农，该可以知道他的住址。但我以为他是用不着翻译的，他似认真非认真，似油滑非油滑，模模胡胡的走来走去，永远不会遇到所谓"为难"。然而行旌所过，却往往会留一点长远的小麻烦来给别人打扫。我不是雇了一个工人么？他却给这工人的朋友绍介，去包什么"陈源之徒"的饭，我教他不要多事，也不听。现在是"陈源之徒"常常对我骂饭茶坏，好像我是厨子头，工人则因为帮他朋友，我的事不大来做了。我总算出了十二块钱给他们雇了一个厨子的帮工，还要听埋怨。今天听说他们要不包了，真是感激之至。③

四封信中的话题可分为三个方面，一是表达自己对孙伏园的器重，如第二封。二是表达自己对孙伏园的反感，如第一封和第四封。三是认为是孙伏园传播了自己与许广平交往的信息，如第三封。

对第二封信，我们不展开讨论，下面主要讨论其他三封。第一封里的"□□"，原信作伏园。《两地书》正式出版时，才代之以"□□"。当然，鲁迅在写下这几句话的时候就留有余地，故称"这也许是我的妄猜"。实际上，在此后两年多中，鲁迅与孙伏园的关系还是颇为密切的。

尽管从第二封信中可知，鲁迅也很认可孙伏园，认为在厦门大学里，他是自己可以谈谈的倾听对象，但不难看出，鲁迅对孙伏园不满定

---

① 《鲁迅全集》（第 11 卷），人民文学出版社 2005 年版，第 121 页。
② 同上书，第 137 页。
③ 同上书，第 172 页。

是有的。但鲁迅也只是在给许广平的私信中说说，其他场合他还是闭口不谈的。当鲁迅为"女师大事件"与陈西滢论战正酣时，孙伏园在1925年6月13日《京报副刊》发表的《救国谈片》中说："《语丝》《现代评论》《猛进》三家是兄弟周刊。"并说《现代评论》在五卅运动中"也有许多时事短评，社员做实际活动的更不少"。读了这样的文字，鲁迅有想法也是很正常的。此举也是鲁迅的脾气所致。他总认为自己以十分的真诚对待别人的，也要求别人以同等的真诚回报于他，一旦发现别人对他未必就有那样的真诚，心中便有不满。尤其像孙伏园这样与自己关系密切的人。还有，当他与甲为友，与乙为敌，便希望甲以他之敌为敌，一旦发现甲与乙有来往，心中也有老大的不快。更麻烦的是，他与别人有隔阂之后，他不善于主动地去弥补这种隔阂，也不轻易谅解别人的过错。

倒是许广平6月17日的回信更客观实际：

> 《京报副刊》有它的不得已的苦衷，也实在可惜。从它所没收和所发表的文章看起来，蛛丝马迹，固然大有可寻，但也不必因此愤激。其实这也是人情（即面子）之常，何必多责呢。吾师以为"发现纯粹的利用"，对□□有点不满（不知是否误猜），但是，屡次的"碰壁"，是不是为激于义愤所利用呢？横竖是一个利用，请付之一笑，再浮一大白可也。①

在这段回信里，许广平既没有正面为孙伏园辩解，却又十分委婉地劝解了鲁迅的愤激，在这短短的几十字里，让人感觉到孙伏园也处在"人之常情"的无奈中。许广平这合情合理的表达应该会对愤激中的鲁迅有些许安抚作用的。

我们不可以孤立静止地研究人物，更不可用程式化、概念化和简单化的方法来代替对复杂文学现象作深入的思想剖析和美学评析，首先要把问题放到一定的历史范围内，从广阔的时代背景和中国社会实际出发来分析。试想，一个现代刊物，登所谓"反杨"文章的同时，也可以登

---

① 《鲁迅全集》（第11卷），人民文学出版社2005年版，第96页。

"捧杨"的文章，这可为论战双方提供相应的版面，孙伏园既登了鲁迅的文章，又登了鲁迅论敌的文章，这种行为应该可以接受。

至于孙伏园说的，《现代评论》在五卅运动中"也有许多时事短评，社员做实际活动的更不少"的判断，还是有客观根据的。过去，我们总是简单化地斥"现代评论派"为"帝国主义及买办资产阶级的代言人"。事实是，其成员和主要撰稿人有中间偏左或中间人物。他们中，不少人后来逐渐成为无产阶级革命的拥护者、支持者和战士，比如原创造社的部分成员和李四光、丁西林、陈翰笙等。有的人当时就是共产党人，或革命的或倾向进步的文人，他们经常在《现代评论》上撰稿。比如，陈启修、田汉、胡也频等，也有当时确实是偏右的人，如胡适、陈源，甚至后来成为敌人的王世杰、唐有壬等。"现代评论派"支持拥护五四新文化运动和文学革命，热情肯定新文化运动中出现的作家作品，批判反封建复古派和国粹派，甚至连陈西滢也极力推荐过鲁迅的《呐喊》等新文学作品。他们在刊发文章时，没有宗派门户之见，注重发现和培养青年作家，如对胡也频、沈从文、凌叔华、李健吾、吴伯箫、施蛰存等人的培植。

正如前所述，鲁迅是有爱憎太过分明的特点，他讨厌谁，似乎他的朋友也应该讨厌谁。比如说，鲁迅讨厌顾颉刚，老朋友钱玄同与顾走得太近了，鲁迅就不爽，便与钱渐离渐远。鲁迅讨厌甚至痛恨陈源，作为鲁迅学生的孙伏园，却为了自我的所谓"公正"而牺牲与鲁迅的友谊，在二者之间骑墙。对此，鲁迅自然是反感的。

这种反感在第四封信中表露得更为强烈，可以说正是这封信让后人一断章取义，一夸张渲染，足可以置孙伏园于不仁不义之境了。如有学者就指出：

> 尤其令鲁迅不满的是，在厦门，现代评论派的信徒顾颉刚、陈万里、黄坚等人拉帮结伙，排挤中伤鲁迅，孙伏园却同他们打得火热，即使鲁迅公开提醒他，他也不听，这不能不进一步加深鲁迅和他友情的裂痕。[①]

————————————————

① 张永泉：《真情与寡义的碰撞——鲁迅与孙伏园》，《鲁迅研究月刊》1995 年第 7 期。

在此，孙伏园简直就成了一个没有骨气的骑墙派人物了，仿佛鲁迅是"真情"的，而孙伏园则用"寡义"来回报鲁迅的"真情"。

我们不能断章取义地理解这封信，我们先来看看当年鲁迅写此信时的状态。1926年10月23日晚上，在这一天晚上，他喝了酒，大约喝得猛了些，头昏昏的，他坐在灯下，给许广平和章廷谦各写了一封信。俗话说，酒后吐真言，鲁迅这天晚上写信给许广平和章廷谦的信中之言，更像是醉话，写信的鲁迅更像是在扮演"卑劣的告密者"角色，① 他压低声音向自己值得托付的朋友和自己爱着的女人说着别人的坏话。

不妨也来看看他写给章廷谦的信，在信的开头说：

> 十五日信收到了，知道斐君太太出版延期，为这怃然。其实出版与否，与我无干，用"怃然"殊属不合，不过此外一时也想不出恰当的字。

信里的这个"出版"，是指生育。彼时，章廷谦的太太已经临近生产了，可是到了医院时，医生却说要延期。孩子出生的延期被鲁迅先生说成了"延期出版"，还表示自己为此很失望，实在是酒后即兴之语，何其妙哉。

在信中，被他编派得最厉害的自然是顾颉刚：

> 我实在熬不住了，你给我的第一信，不是说某君首先报告你事已弄妥了吗？这实在使我很吃惊于某君之手段，据我所知，他是竭力反对玉堂邀你到这里来的，你瞧！陈源之徒！②

这里的某君便是指顾颉刚。在信的末尾，他承认自己："喝了一瓶啤酒，遂不免说酒话，幸祈恕之。"

当他说着这些酒后之言时，孙伏园正急急地赶往广州，而广州之行的事，主要目的就是为鲁迅去中山大学打前站，找机会为许广平落实工作。

---

① 赵瑜：《小闲事——恋爱中的鲁迅》，武汉出版社2009年版，第84页。
② 《鲁迅全集》（第11卷），人民文学出版社2005年版，第582页。

孙伏园与鲁迅等在上海合影

鲁迅给许广平信中所言孙伏园总喜欢留下一些小麻烦是指孙伏园的多管闲事，其实，这些事真算不上是"小麻烦"。原来，鲁迅请了一个叫做春来的做饭工人，孙伏园呢，也因为和鲁迅亲近的关系，常常来搭伙吃饭，后来，为了表示他和工人亲近，他还介绍这位春来的朋友给顾颉刚等人做饭。顾颉刚在北京时，在《京报副刊》上发表文章很多，和孙伏园相熟，所以，孙伏园给他介绍一个做饭的工人，实在是正常不过的事情。鲁迅自然很讨厌这一帮"陈源之徒"的，意欲阻止，但没有成功。那工人一听还可以帮着朋友挣些零用钱，欣喜异常，一番感谢孙伏园之后，便一阵风似的去转告了。然而，因为春来的朋友，菜肴煮得实在是不大好，于是顾颉刚等人便埋怨工人做的饭菜难吃。鲁迅是把别人的埋怨揽到自己身上，又转给孙伏园，认为是孙伏园留了麻烦给自己，还上纲上线地认为："他似认真非认真，似油滑非油滑，模模胡胡地走来走去，永远不会遇到所谓'为难'。然而行旌所过，却往往会留一点长远的小麻烦来给别人打扫。"

腹诽也好，微词也罢，往往均出于一时的不满，这种不满，既可以由日后出现的新的事实加深，也可以由日后出现的新的事实淡化以至于消失。遗憾的是鲁迅对孙伏园的这种腹诽、微词并没有淡化消失。

作为和鲁迅较为亲近的学生，孙伏园应该对鲁迅的怪脾气和善良的本性早就领教了，所以，他没有和自己的师长计较，似乎并没有在意这些误解和猜疑。孙伏园到了中山大学之后，依然为鲁迅打探广州的情形，以自己在中山大学的人际脉络，帮助鲁迅将许广平调往中山大学任助教。这正是孙伏园的可贵之处。时过境迁，作为后人，对此，除了表示理解，也应该为孙伏园做一些"开脱"，正如有些学者所认为的：

> 孙伏园的"笑嘻嘻"，我以为客观上还包含着他的性情。我的印象，孙伏园是比较"圆"的人，这边也应付得来，那边也应付得来。我想，编辑是需要这样的素质的，我可以不同意你的观点，但你的观点能自圆其说且社会有需要，这样的文章就应该被接纳，试想，如果孙伏园只和鲁迅打交道，不和鲁迅之外的人打交道，他的副刊也难以为继。以我而言，站在文人的立场，接触过许多文人；同时，也站在编辑的立场接触过很多作者。立场不同，感觉是不一样的。孙伏园一生，主要的业绩是在编辑上，我把他看作是"做事"的人，鲁迅则主要是"作文"的人。做事的人是需要圆通一些的，有的甚至要八面玲珑，四方应付，不圆通，估计难以办成事。如果只是用"作文"者的要求来衡量"做事"的人，那经常会有说不清楚之叹。以"做事"的人的标准，从编辑的角度看孙伏园，显然他有不少可圈可点之处，我多少还是给予一定的理解的。①

回头再来看第三封信中所提之事。这事也是事出有因，绝不可认为孙伏园"八卦"，认为是孙伏园在宣扬鲁迅与许广平的恋爱关系。

事情应该这样的。在1926年9月23日，许广平给鲁迅信中要求："伏园宣传的话，其详可得闻欤？"②许广平一定听到过别人谈论自己与鲁迅的传言，她也许未听够，要求鲁迅在信中再说一次，这种话也算是一种"甜蜜的食物"，作为恋爱中的许广平自然愿意多听几回，况且，自己与恋人又相距遥远，且不知相见在何日。

鲁迅的回信在《两地书》的原信中，字句要稍多一些：

> L家不但常有男学生，也常有女学生，有二人最熟，但L是爱

① 房向东：《孤岛过客——鲁迅在厦门的135天》，崇文书局2009年版，第208页。
② 《鲁迅全集》（第11卷），人民文学出版社2005年版，第133页。

长的那个的。他是爱才的，而她最有才气，所以他爱她。

众所周知，当年鲁迅北京冷寂的家中，不乏年轻女性的身影，常有女师大学生青春的笑声传出，在这群女学生中，勇敢地向鲁迅放出"爱之箭"的是许广平，而与鲁迅联系接触最早，相处最熟最密切的应该是许羡苏。

许羡苏是鲁迅的学生许钦文的四妹，她比许广平小三岁，但比许广平早结识鲁迅三年。严格地说来，鲁迅没有直接教过她书，她到鲁迅家寄宿，是周建人的关系，她是周建人在绍兴明道女校教书时的学生。1920年，许羡苏从绍兴来北京准备投考北京大学，在投考之前，原准备住在北大附近的公寓里，但因公寓不收未入学的女生，没有住处，就找到周建人，并寄住在八道湾鲁迅家里。1921年9月，周建人南下去上海商务印书馆工作，鲁迅成了许羡苏的"监护人"，许羡苏有事就找鲁迅帮助解决。1921年，许羡苏转学到男高师生物学系的时候，鲁迅亲自带领着她办好转学手续，并为作保人。后来许羡苏在男高师求学课程跟不上，想转到女师大来，鲁迅又为她作保，并亲自出面办理手续，把她转到女高师数理系。

许羡苏能说一口流利的普通话，所以，鲁迅家里在外面采购的一些事情，有时也交由她来处理。她给鲁老太太和朱安女士买布料、洗衣肥皂、头油、牙粉、袜子，给鲁迅买火腿、酱菜。在鲁迅日记中许羡苏的名字频频出现，从1912年至1923年的短短12年间，有关她的记载多达250多次。鲁迅多次记载收到过许羡苏织的毛背心及毛衣等物，两人书信往返的次数也相当多。

在周建人看来，或许以为鲁迅和许羡苏之间有可能发展成恋人关系，所以周建人对于鲁迅到底喜欢许羡苏还是许广平有些疑惑。他便问孙伏园，孙伏园告诉他：鲁迅最爱"长的那个"。"长的那个"这语言活脱是一句绍兴话，孙伏园和周建人对话用绍兴方言更合常理，绍兴人称高个子的人为"长的"，民间称高个女人为"长婆"，"长"读"chang"。相比较之下，许广平的确比许羡苏长得长（chang）一些。

孙伏园对这封信的内容在1935年时有过回应，估计鲁迅是没有看到。那时孙伏园已在定县参加平民教育，有一次，记者采访他，提到信中之事，他不无幽默地回答了记者，也算是为自己作了辩解，这是唯一的一次孙伏园对自己与鲁迅之间的误会作辩解。

> 对于鲁迅和他的爱人，所谓"小鬼许广平"的事，我知道孙伏园会知道一些的，所以我向他谈《两地书》书中两主人和一切，我以为"小鬼"还很年轻，他说"三十多岁了，并不年轻"，言下大有以"小鬼"与"徐娘"之慨。
>
> 他说鲁迅的恋爱曾以他为工具，《两地书》也有关于他的地方。鲁迅给"小鬼"写信，说孙伏园给他造谣。"小鬼"回信就追问，鲁迅在追问之下，说孙伏园造他和女才子恋爱的谣。因为这么一来他对女才子的爱是表明了。但是孙伏园却始终是"冤哉枉也"的。哪里是孙伏园造谣，是鲁迅自己造谣，不是孙伏园给鲁迅造谣，是鲁迅给孙伏园造谣，所以鲁迅把孙伏园当作恋爱过程中的工具了。孙老头笑嘻嘻地说鲁迅把他当作工具的经过，教我们觉得鲁迅是有绍兴师爷的刀笔吏气味的人，实在厉害。①

就这样，不知情的人总是自然地以为孙伏园喋喋不休地宣扬过鲁迅的逸闻，甚至有卖弄之嫌，无非想告诉人们自己与鲁迅走得多么近，自己知道许多不为人知的鲁迅的私事。事实上是鲁迅利用孙伏园向许广平示爱。

尽管要追问历史人物当时的思想状态是非常困难的，比较并判断这些历史人物思想状态的高下就更是难上加难了，但是把一个常态社会中正常的人与人之间交往的矛盾，上升为思想文化的冲突并明确分出正负甚至敌我的判断，这与真实的历史并不相合。与鲁迅间的一些恩恩怨怨，很难用几句话说清楚，孙伏园索性不再提起，这绝不是他不够磊落。譬如某一天，你无意中听到了一些诽谤和中伤你的话语，那也许是别人对你某一个不经意的行为、某一句不经意的话产生了误解。已过而立之年的孙伏园不是不明白这一人生道理。所以在广州，与鲁迅短暂相处近一个月后，他还是与鲁迅愉快告别，于 1927 年 2 月 10 日，奔向汉

---

① 杨令德：《记孙伏园先生》，《绥远民国日报》1935 年 3 月 25 日。

口，开始新的旅程。

三、主编《中央日报》副刊

当时的广州，在政治上可以说是一个复杂的地方，尽管国共两党合作仍然有效进行，但与共产党有关联还是一件危险的事。例如，在鲁迅到来之前，许广平因参与了女子师范学校驱逐两个"右翼"学生的行动，被人指为"共产党的走狗"。在中山大学，鲁迅本人也陷入两难境地。激进的学生批评他"躲起来了"，而国民党的支持者怀疑他是亲共分子。

1926 年 11 月底，在北伐战争的高潮中，国民政府作出了迁都武汉的决定。1927 年 2 月，顾孟余出任国民党中央机关报《中央日报》社长，1927 年 3 月，任中央执行委员会常务委员、宣传部长。孙伏园应邀赴汉口，出任《中央日报》副刊总编。

当时的《中央日报》是五页四开报纸，第一页是电讯，全是上海特派员的消息，第二页是党政要闻，第三页是武汉新闻，第四页是国际消息，第五页是副刊。另有英文版，由林语堂、沈雁冰、杨贤江等人编辑。每逢星期日出一次星期日特刊号，定名为《上游》，讨论和介绍一些比较专门的问题。参加的人员有沈雁冰、吴文祺、郭绍虞、梅思平、陶希圣、陈石孚、樊仲云、傅东华、顾仲起、孙伏园。

1927 年 3 月 22 日《中央日报》副刊在汉口创刊。从 1927 年 3 月 22 日至同年 9 月 1 日，共出版 159 期。这一时期，在武汉政府执政的国民党经历了一条由"联共反蒋"到"反共反蒋"再到"联蒋反共"的道路。孙伏园副刊坚持的是"批评的，进取的，为民众的，为少年的"编辑方针。

在当时的形势下，在短短的三五个月时间，孙伏园要建立起一支属于自己的"招之即来，来之能战"的作者队伍，显然是不可能的，但他凭着自己的岗位意识，还是做了几件了不起的事情。

这里所说的岗位意识包括敬业精神，又不等同于敬业，还有知识分子对人文传统的寻求和继承。编辑工作既是一个具体的岗位，也是一个文化岗位，面对这个岗位，在坚持认真负责的敬业态度的同时，自然也还包括更抽象而重要的知识传统，如对待知识的态度、编辑选稿的标准，也包括人文传统，如对待文化、对待没有关系的稿件的取舍等。如果缺少了这种人文精神，任何报纸都不可能赢得读者、作者的普遍欢迎。

创办副刊，孙伏园自然又要向鲁迅约稿，以期得到鲁迅的鼎力支持。鲁迅将两篇讲演稿寄给了《中央日报》副刊。在3月23日，即创刊后的第二天得以发表，刊载时《无声之中国》题目改为《无声的中国》，同年4月11日副刊又刊载了鲁迅的另一讲演稿《老调子已经唱完》。

《无声的中国》是鲁迅1927年2月18日抵港后的当晚9时，在香港中华基督教青年会总部四楼"影画场"的演讲。由于鲁迅讲的是绍兴普通话，许多香港青年听不懂，所以每讲一段，就请陪同前往的许广平用粤语复述一篇，形同翻译。鲁迅来港演讲的消息不胫而走，许多青年冒着大雨从四面八方涌向会场，很快就将拥有500个座位的"影画场"挤得满满当当，这使鲁迅大为感动，因此他在演讲一开始就说："在这样大雨的时候，竟还有这许多来听的诸君，我首先应当声明我的郑重的感谢。"鲁迅在演讲中一针见血地指出，由于历代统治者提倡封建文化，推行愚民政策，结果"将文章当作古墓"，使中国变成了"无声的中国"，"弄得像一盘散沙，痛痒不相关了。"有鉴于此，他呼吁当代青年一定要摒弃封建文化的糟粕，关注社会现实的生活，"青年们先可以将中国变成一个有声的中国。大胆地说话，勇敢地进行，忘掉了一切利害，推开了古人，将自己的真心的话发表出来。因为只有真的声音，才能感动中国的人和世界的人；必须有了真的声音，才能和世界的人同在世界上生活。"

《老调子已经唱完》是1927年2月19日在同一地点所作的第二次演讲，仍请许广平翻译。鲁迅在这次演讲时进一步指出："中国的文化，都是侍奉主子的文化，是用很多的人的痛苦换来的。""现在听说又很有别国人在尊重中国的旧文化了，哪里是真在尊重呢，不过是利用！"而我们的许多同胞却并不觉得封建旧文化"于中国怎样有害"，这正好说明它"就是一把软刀子"。鲁迅认为："保存旧文化，是要中国人永远做侍奉主子的材料，苦下去，苦下去。"因此，"惟一的方法，首先是抛弃了老调子。"由于鲁迅演讲的观点鲜明而深刻，他所发出的是振兴中华民族的呐喊，所以使港英当局十分恐慌，明确指示这篇讲稿"在香港不准登出来"。

正当鲁迅为两篇在香港的演讲稿寻找全文发表的园地时，孙伏园的约稿信适时寄到。于是犹如当年在北京时一般，两人再度合作，鲁迅论析中国文化的这两篇重要讲稿也因此得以在武汉出版的报刊上完整地保存了下来，并流传至今。

在短暂的主编《中央日报》副刊期间，孙伏园慧眼识文的本领还是得到了施展。最好的明证便是在 1927 年 3 月 28 日的副刊上，孙伏园刊发了毛泽东的《湖南农民运动考察报告》。

毛泽东 1927 年春到达武汉，被选为全国农民协会主席，并在武汉继续办理农民运动讲习所，所址在今武昌北城角。此间，1 月 4 日至 2 月 5 日，毛泽东以国民党中央候补执委的身份，在国民党湖南省党部监察委员戴述人的陪同下，到湖南农村考察农民运动。第一阶段，毛泽东 4 日从长沙出发，考察了湘潭、湘乡、衡山三县，24 日回长沙，向中共湖南区委报告考察情况。第二阶段，毛泽东 27 日从长沙出发，考察了醴陵、长沙两县，2 月 5 日返回长沙，又将考察情况向湖南区委作了详细报告。在 32 天里，毛泽东行程 1400 多里，广泛接触了农、工、青、妇组织的积极分子和负责干部，召开各种类型调查会，获得了关于农运的极其丰富的第一手材料。

2 月 12 日，毛泽东离长沙回武汉，就考察湖南农运问题的情况和自己的基本观点向中央写了一个简要报告，要求立即实行土地革命。紧接着，毛泽东用数天时间，撰写出《湖南农民运动考察报告》。在这篇重要文献中，毛泽东用马列主义阶级分析方法，有力地驳斥了农民运动"糟得很"的谬说，并列举出了农民运动"好得很"的实证。以大量事实热情歌颂了农运的奇勋伟绩，坚决批驳了党内外对农运的种种责难和攻击，科学地总结了湖南农运的经验，明确提出了领导农运的正确理论和路线，创造性地解决了中国民主革命的中心问题——农民问题。3 月 7 日根据原定农运计划，毛泽东在武昌创办了中央农民运动讲习所。4 月 4 日正式举行开学典礼，学员来自 17 个省、共 800 多人。邓演达、毛泽东等组成常委会，领导全所工作，实际上是由毛泽东主持全所工作。毛泽东亲自制定教学方针和教学计划、聘请教员和选拔学员，并讲授《农民问题》《农村教育》等主要课程，为农运造就了一大批骨干。4 月 11 日，中共中央宣传工作负责人瞿秋白将《湖南农民运动考察报告》交长江书局，以《湖南农民革命》书名出版单行本发行，并写序言，热情赞扬湖南农运和毛泽东的壮举。

《湖南农民运动考察报告》发表后，共产国际对《报告》反映强烈，5 月 27 日共产国际执委会机关刊物《共产国际》（俄文版）转载了《报告》前七部分，英文版的《共产国际》也于 6 月 12 日刊载。

如果说刊登鲁迅的演讲、毛泽东的考察报告是为了体现《中央日报》是国民党的政府机关报，而作为副刊主编的孙伏园并没有放弃他依凭个人眼光来集结文学情趣相近者进行文学创作的初衷，只是无奈为形势所左右，已不可能打造《晨报副镌》《京报副刊》时期的作者群了。他只得另辟蹊径，物色新的作者。虽然谈不上是以有预谋的文坛登龙术，连环炒作，推出新人新作，但确实培养了一位独一无二的女兵作家——谢冰莹。

1927 年 5 月 14 日至 6 月 22 日，《中央日报》副刊上刊发了谢冰莹的《从军日记》，谢冰莹因此轰动文坛，红极一时。由此，孙伏园又扶植了一位文坛新将，也写就了一段文坛佳话。

1919 年，谢冰莹读高小时，她三哥从武昌替她寄来胡适翻译的《短篇集》。读后，她对小说产生了浓厚的兴趣，开始练习写作。15 岁时，就以"闲事"为笔名，在长沙《大公报》副刊发表了《刹那的印象》。从这一篇与社会见面的处女作中，可以看出她文思敏捷，构思新颖，笔锋犀利，语句惊人。1926 年，年仅 20 岁的谢冰莹为逃避封建包办婚姻而离家出走，在她二哥的帮助下，到武汉参军，进入武昌中央军事政治学校第六期女生队训练。

孙伏园第一次见到谢冰莹时，林语堂也在场。谢冰莹的活泼聪颖、率真纯情，以及她女兵的身份很得两位文坛前辈的欣赏。那是一个周日的下午，谢冰莹和她的两位同学走进孙伏园和林语堂的编辑室，经介绍后，孙伏园将手伸给谢冰莹自我介绍："我叫孙伏园。"孙伏园穿西装打领带，矮矮胖胖的，一口黑黑的长胡须，两只稍为突出的大眼睛，很像个法国神父。这是孙伏园第一次留给谢冰莹的印象。

谢冰莹也介绍自己和身边的两位同学说："我叫谢冰莹，中央军事政治学校第六期女生队学员，冰川和小海的同学。"

孙伏园微笑着把他们介绍给同屋的含着雪茄的那位先生时，对他们说："这位是林语堂先生。"

林语堂这个名字如雷贯耳，谢冰莹没有想到在这儿一下见到两位文坛大名人，她吐了下舌头，极其可爱纯真。

林语堂走过来，他中等个子，面庞清秀，严肃的表情中透着热情和微笑，边吸雪茄边说："坐吧，坐吧。"他伸手指着椅子，又把另一方凳从角落里端出来，招呼他们坐下。

孙伏园见到这位稚气未脱又英姿展露的女兵，似乎很新奇，他喜形于色地说："我长这么大，还是第一次看见女兵呢！"

"我也是第一次看到哪！"林语堂说话慢条斯理，态度亲切，"女兵和男兵一样威武神气！"

他们先聊了一会儿军校的生活，后来话题就慢慢转到文学和写作上去了，两位文坛前辈问起他们读书和写作的事。问谢冰莹喜欢读些什么书，写过些什么文章。谢冰莹没有丝毫扭捏做作之态，大胆地把她读过的书、写过的文章以及写这些文章的发端和动机，毫无保留地说了出来。

林语堂微笑着点点头，对她和她的两位同学说："你们可写些自己熟悉的题材，民众积极拥护消灭军阀，很想了解军队的生活，你们可以写些身边事，多练习就有进步。"

孙伏园接上说："是呀，现在民众都很关注北伐，反映军队生活的文章读者肯定爱看。"

那天，孙伏园同时还有别的客人在座，他没来得及买糖招待女兵。谢冰莹后来很顽皮地写了一封信向他"发牢骚"。孙伏园立即回了一信，保证"将来修一条糖马路，由武昌的汉阳门起，到汉口的一号码头止"。① 这真是一次有趣的初次相见。

谢冰莹怎么也想不到的是，因为有了这次见面，她马上就要一举成名了。

那时，军校决定由叶挺率军迎击叛军的进攻，并把军校全体同学编为中央独立师，军校女生队编为政治连，分为救护队和宣传队，开赴前线。213 名娘子军全副武装，沿途张贴标语，自编歌谣，向群众宣传，调查情况。在炮火连天的火线上，女学员投入紧张的抢救伤员的工作。从出征到返校共 34 天，女生队学员历尽艰难困苦，经受了血与火的考验。

———————————————

① 《谢冰莹文集》（中），安徽文艺出版社 1999 年版，第 190 页。

谢冰莹随国民革命军北伐，驰骋沙场，从事政治宣传工作。在紧张的军旅生活中，谢冰莹利用行军、作战的间隙，废寝忘食地完成了随笔式的从军日记，并将这些日记陆续寄给孙伏园。据谢冰莹回忆：

　　　　当初，写这些日记和书信，寄给《中央日报》的副刊编者孙伏园先生的时候，我绝对没有想到会拿来发表的。我因为有了遗失包袱的经验，害怕写的日记再丢了，所以就陆续地寄给孙先生，请他代我保存；不料他居然把每一篇都发表出来。①

　　这些日记文字不多，以随笔日记体形式写下行军中的所见所闻。但内容却非常丰富，尤其是作者站在女性的角度来观察社会，深刻而独特，又极富生活气息。有人曾说，《从军日记》的成功不是因文学的价值，而是因政治机缘，是有一定道理的。后来，谢冰莹自己也意识到所写日记的价值。她说：

　　　　一直到现在，我还不了解当时的谜：为什么没有战地记者？对于前线的生活和当时的民众，那种如火如荼的革命热情，很少有报道的，除了我十几篇短短的文字而外，很难找到当时的材料，这究竟是怎么一回事呢？②
　　　　我只有一个希望，那就是把我所见所闻的事实，忠实地写出来，寄给孙伏园，让他知道，前方的士气，和民众的革命热情，是怎样地如火如荼。那时候，我要写的材料实在太多了，即使我整天笔不停挥，也写不完。③

　　谢冰莹可以说是中国历史上第一位真正意义上的女兵作家。在现代文学史上，还没有一位像她这样从战场上走出来的作家，也很少有人有她这样血与火的战争经历，这种不寻常的经历使她的作品充满新奇和豪

　　① 《谢冰莹文集》（中），安徽文艺出版社 1999 年版，第 261 页。
　　② 同上书，第 248 页。
　　③ 《谢冰莹作品选》，湖南人民出版社 1985 年版，第 718 页。

气。如 1927 年 6 月 17 日写就的日记《从新峰口至新堤》中的一段：

　　在这一路中（其实无论到什么时候都一样），我们——我和慧——得了两个笑话。一个笑话是我和慧上岸去找 WC，在一家铺里我扯了一位小姑娘的手，要求她引我到 WC 去。她回头望我，吓得魂飞魄散拼命逃走。她的父亲连忙告诉她："这是女兵，你不要怕，带她们去吧！"哈哈！伏园先生，她们为什么不怕"女兵"只怕"男兵"呢？

　　还有，就是我们的"老板"的问题了。无论到哪里，老婆婆们见了我们问了年龄之后，就是问："你们的老板在哪里？（或先生在那里？）你们嫁了吗？"当我们摇头答"没有"时，她们中间也有"特别天才"的说："她'你家'们，因为怕嫁了麻烦，不能出去打仗，所以都是闺女。""是的，我们这大了还是闺女，只可怜你们的女儿七八岁就做了人家的奴隶呵。唉！"我这样默想着。

　　有时我们被她们问"出嫁"，问"老板"问得不耐烦了，很不客气地回答她们说："我们现在只知道革命，不要什么'老板'。"有时我们无聊，想了一条妙计出来，就是：假如问光慧的先生，她就指我说"是他"。假如问我，我就指着光慧说"是他"。好了，聪明的孩子计已设了，但还没有实行呢。

　　昨天，我跑到政治部，她们告诉我一个笑话：说有个宣传队八个人（四男四女），在一个乡村里宣传，当他们坐在一桌吃饭时，有位老婆婆问一位女同志："谁是你的丈夫？"糟糕，害得他们饭都笑出来了。伏园先生，你想她们为什么脑子里总是记挂着这些问题，总是这样担心我们，担心我们的"老板"？

　　新堤街上有武昌城里的热闹，可是洋车我仅仅看见几辆，电灯也只有大铺和洋房有。这里买东西之方便，比我们走到的任何地方都方便，但是有一件使我不满意的地方，就是环绕新堤关住着的人家，十分之九是"窑子"。那些打扮得妖精般的青年妓女，见到了有人自娘娘庙那条路来，于是都跑出来"欢迎"，前天下午我穿着一身很漂亮的西装（因为没有衣换洗，所以在宋参谋处，借了一身浅灰色小格布的西装），和次予同志到政治部去，她们也争先恐后地跑出来，也许以为我是"男家"吧？唉，我伤心极了！我愤恨极了！我想一个个活泼的少女都跑到堕落的路上来，都进到黑暗的坟墓中去。唉！这是谁的罪呢？她们不是为了被万恶的金钱压迫而来的么？不是万恶的金钱使她们流为娼妓的吗？亲爱的同志们，革命的同志们，我们不要责备她们无廉耻，无人格，我们要将她们的罪恶归咎于社会的经济制度，我们要想援救她们，要想洗尽她们的羞耻与罪恶，就只有根本推翻现社会经济组织，取消不平等的经济制度。要想解放她们，使她们回转来过"人"的生活，那就只有用我们百折不回的精神，勇敢的精神，大无畏的精神，与旧社会奋斗，奋斗，努力奋斗！永久奋斗！

　　如此斗志昂扬、意气风发的革命女子，在谢冰莹同时期的女作家们笔下很少有过。那时候，一批先进的知识女性虽然跳出了封建藩篱，却只醉心于讴歌幸福爱情、自由婚姻，她们生活、创作的重心多还是围绕着学校、家庭，她们笔下的女主人公多是为个人情感所困扰而徘徊挣扎的女子。而在《从军日记》里，我们也许会发现一些充满孩子气的话，但绝对找不到柔媚、忧郁等充满女性阴柔美的语句，作品多的是"兵"的英气与豪爽。面对这独特的身份，独特的经历，独特的视角，独特的叙写，孙伏园看到的是能够代表那个时代的青年人的真情流露，是没有经过雕琢的最自然的作品，他没有理由拒绝这样清新的作品。

　　《从军日记》在《中央日报》副刊上连载后，林语堂又把《从军日记》译成英文，也在《中央日报》英文版上连载。

　　孙伏园对这位文坛新人的爱护和栽培在以后几年里仍继续着。

　　大约在1928年的下半年，孙伏园告诉谢冰莹，春潮书店有意出版她的《从军日记》，并约她星期天到他家商谈出书的事。孙伏园翻阅着谢冰莹修改整理成集的《从军日记》文稿，给她指点说："这是你的第一本书，以后你还会有很多很多的书出版，这第一本书的影响大小对你未来很重要。我建议你请个名家写篇序言推荐推荐，再找位你喜欢的名画家给你设计个封面，你看如何？"

　　"我就请林语堂先生来写序言！"谢冰莹脱口而出，"林先生会给我写吗？"

"《从军日记》是他推出来的，"孙伏园鼓励她道，"他义不容辞。"

　　几天后，谢冰莹收到了林语堂为《从军日记》写的序言，序言的字里行间尽是对谢冰莹呵护怜爱赞赏：

　　　　冰莹女士的《从军日记》，是我怂恿她去刊单行本的，所以有说几句话的义务，其实怂恿她发刊专书的，不仅我一人；据我所知，还有孙伏园先生。但要不是我坚持力争，冰莹的书也就不致于此时与读者相见了。

　　　　冰莹以为她的文章，无出单行本的价值，因为她"那些东西不成文学"。这是冰莹的信中语。自然，这些《从军日记》里头找不出"起承转合"的文章体例，也没有吮笔濡墨，惨淡经营的痕迹。我们读这些文章时，只看见一位年青女子，身穿军装，足着草鞋，在晨光熹微的沙场上，拿一根自来水笔靠着膝上振笔直书，不暇改窜，戎马倥偬，束装待发的情景，或是听见在洞庭湖上，笑声与河流相和应，在远地军歌及近旁鼾睡声中，一位蓬头垢面的女子军人，手不停笔，写叙她的感触。这种少不更事，气概轩昂，抱着一手改造宇宙决心的女子所写的，自然也值得一读。冰莹说她的东西不成文章，伏园先生与我私谈时就生怕她专做文章。一位武装的女子，看来不成闺淑，我们也捏着一把汗等着看她在卸装归里后变成一位闺淑。但是这些已属题外闲话了……

　　　　这些文章，虽然寥寥几篇，也有个历史，这可以解明我想把它们集成一书的理由。①

　　几天后，孙伏园又陪谢冰莹去与春潮书店的老板夏康农和方抚华先生见面。

　　1929 年 3 月，上海春潮书局出版《从军日记》，封面由丰子恺的女儿设计。丰子恺先生似乎也非常喜欢这本《从军日记》。他在"事务纷忙，酬酢烦杂"的 1929 年新年中画好了封面和扉画。扉画呈竖长条形，一个持旗的士兵骑在马上慢行，旗帜是卷起来的，马蹄没有飞奔，骑者

──────────

① 《林语堂文集》（第十卷），作家出版社 1996 年版，第 419 页。

弯着腰，不是进军的雄姿，倒像偃旗收兵的败相。扉画不过是书中的小装饰，然而丰子恺审时度势，巧妙地为当时的社会氛围写照，画了一幅耐人寻味的小品。封面画却表现出欢乐的气氛。画中的人物是由丰子恺的次女阿仙执笔，自然朴拙，是天真的儿童画。画中人物持着木枪、木棍、旗帜，那个骑马的，更像骑在狗或猫身上的小革命家，他冲锋杀敌的热情似乎已经冲开了他那顶扁小的草帽。书名是ADA写的，也是小孩子的毛笔书法，别有一种童趣。

《从军日记》出版不到一个月，一万本即卖光，于是再版、三版，一直到十九版，销路还是那么好。1930年8月，《从军日记》法文版由法国巴黎的瓦罗瓦书局出版，翻译者是中国留学生汪德耀，而推荐者则是1915年的诺贝尔文学奖得主罗曼·罗兰。

以《从军日记》一举成名的谢冰莹，得到许多人的赞赏，如柳亚子在《杂咏》中写道：

> 谢家弱女胜奇男，一记从军胆气憨。
> 谁遣寰中棋局换，哀时庾信满江南。[1]

表达了对谢冰莹的赞扬和鼓励。

一个人成才，个人的天赋才华固然重要，但别人的关怀帮助亦必不可少。谢冰莹的成功自然是离不开孙伏园的，对此，谢冰莹自己也说："没有他们的提携与鼓励，我绝对不会有今天，饮水思源，我没齿难忘他们的恩情。"[2]

四、《贡献》之贡献

1927年的武汉曾经成为短暂的革命中心，知识分子一度聚集其中，随着"七·一五"事变，武汉和南京从对峙到合流，知识分子很快四散，先后出现的政治变局已使武汉不适合知识分子居住。

1927年9月1日，《中央日报》"中央副刊"停刊，孙伏园在主编

---

① 中国革命博物馆编：《磨剑室诗词选集》（上），上海人民出版社1985年版，第670页。
② 《谢冰莹文集》（中），安徽文艺出版社1999年版，第254页。

出版了 159 期"中央副刊"后奔赴上海。

在此前后，鲁迅和许广平经过将近一个星期的海上颠簸从广州来到上海。郭沫若、阳翰笙、李一氓等人参加南昌起义之后辗转来到上海。茅盾、蒋光慈、钱杏邨、孟超、杨邨人、宋云彬、汪原放、林语堂等从武汉赴沪。夏衍、冯乃超、李初犁、朱镜我、彭康、王学文、傅克兴、李铁声、沈起予、许幸之等从日本留学归来。徐霞村、巴金等从法国留学归来。洪灵菲从南洋流亡归来。柔石在家乡参加农民暴动失败后来到上海。刘呐鸥从台湾返回上海，李璜从重庆来到上海。李小峰等从北京到上海。除了这些不期而至的客人，当时的上海已经居住着大批知识分子：张元济、蔡元培、朱经农、王云五、高梦旦、徐新六、汪孟邹、周建人、叶圣陶、夏丏尊、赵景深、郁达夫、张东荪、施蛰存、戴望舒等。一时之间，上海成为现代中国的文化中心，聚集着来自四面八方的各个专业和各种思想倾向的知识

首期《贡献》的封面

分子：其中一部分已经名满天下，另一部分虽然当时尚未为人所知，但在日后的中国文化进程中将扮演极重要的角色。[①]

在上海福煦路民厚里 632 号，孙伏园和三弟孙福熙联手创办了嘤嘤书屋。

在 1926 年至 1927 年间，孙福熙任上海北新书局编辑，1928 年后，孙福熙又任西湖国立艺术学校和国立杭州艺术专科学校教授，以及上海新华艺术专科学校理论讲师等职。这些繁重的教学任务牵制了孙福熙的主要精力，这也致使嘤嘤书屋的出版物不多。在 1928 年，嘤嘤书屋出版曾仲鸣的《法国短篇小说集》，该集精选了左拉等人的短篇名作 10 篇。另有《当代》月刊于 1928 年 2 月创刊，由嘤嘤书屋出版，樊仲云主编，共出版 4 期。

孙伏园的主要精力集中在出版刊物《贡献》上。

———————————————

① 许红霖等：《近代中国知识分子的公共空间》，上海人民出版社 2008 年版，第 199 页。

吴稚晖的题词

1927 年的孙伏园，已过而立之年，回首他三十几年的人生历程，我们不禁要感慨，也许是命运之神的刻意安排，他似乎总与 12 月特别有缘：他出生在 1894 年 12 月；他在 1921 年 12 月发表了鲁迅的《阿 Q 正传》，从此，在《晨报副镌》编辑史上留下了他的浓彩重墨；他于 1924 年 12 月开始编辑《京报副刊》，奏响了他副刊编辑的又一新乐章。

也许，孙伏园是有意选择了这个日子：1927 年 12 月 5 日，同样是 12 月，甚至与三年前的 1924 年 12 月 5 日，《京报副刊》的发刊日同一天，《贡献》诞生了。

《贡献》创刊之始为旬刊，共出版五卷，第五卷起改为月刊，于 1929 年 3 月出至第五卷第三期时终刊。每卷九册，每册五十多页，十六开本印刷，显得大气典雅。每册的封面各不相同，均设计得新颖独特，极富审美价值。部分封面由陶元庆设计，风格夸张鲜艳抽象。吴稚晖专门为《贡献》题词："大疋阔达，于兹为群。"

《贡献》曾发表了汪精卫、陈公博的一系列反映他们政治观点的文章。在发表分析时局的政论文的同时，大量刊登了随笔、散文小品，撰稿人主要有江绍原、许钦文、丰子恺、孙福熙、白丁、傅雷、曾仲鸣、陈醉云、查士骥、徐慰南、李励之、招勉之、赵铭彝、饴冰、九芝、开因等。

陶元庆设计的《贡献》封面

《贡献》生存的时间虽然不长，但在 20 世纪 20 年代末，这个特殊的乱世环境中，在上海这个特殊的文化空间中，《贡献》犹如一朵奇葩。可以说，孙伏园对《贡献》苦心经营，精心呵护，以《贡献》贡献着自己对中国文化发展的满腔热情。

为了更直观全面评析《贡献》，我们先将《贡献》的全部目次罗列如下。

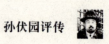

期号、出版日期	主要作品	作 者
第一卷 第一期 （十六年十二月 五日出版）	贡献（发刊词）	伏园
	武汉分共之经过	汪精卫
	最近英意两国之东方外交	从予
	养成"科学的心"	周建人
	近作	谭延闿
	春日郊行	汪精卫
	纵舟尚父湖边	于右任
	银包（上）	法国美尔博著 曾仲鸣译
	婚姻的一长二短	青青
第一卷 第二期 （十六年十二月 十五日出版）	西汉方言区域考（上）	林语堂
	红叶	伏园
	读书与求学	伏园
	银包（下）	法国美尔博著 曾仲鸣译
	夜	醉云
	趁未残时（附菊图五）	春苔
	覆七弟	钦文
第一卷 第三期 （十六年十二月 二十五日出版）	新年的馈赠	孙福熙
	古埃及的内外科医学	江绍原译
	法国女诗家狄希洛夫人	曾仲鸣
	西汉方音区域考（下）	林语堂
	给人服役的动物	周建人
	自然界	伏园
	希望（五幕剧之前三幕）	曾醒
第一卷 第四期 （十七年一月五 日出版）	我们的一九二八年	伏园
	时节	白丁
	谜样的中国问题	山川菊荣作 从予译
	医术、法术、宗教（读书录）	江绍原
	卖唱者	醉云
	唐宋传奇上集出书	伏园
	亚达丽的葬仪	曾仲鸣
	希望（五幕剧之后二幕）	曾醒
	法兰西独立画派	孙福熙
	先进与新进	白丁
	零零碎碎	荆有麟等
第一卷 第五期 （十七年一月十 五日出版）	致全国艺术界书	林风眠
	东欧的防俄新联合战线	从予
	胡须爪甲又来了（小品一七二）	江绍原
	姊妹辩论	钦文
	文艺与人生	菊池宽作 周伯棣译
	未来的丈夫（异邦风俗之一）	春苔
	创办国立艺术大学计划书	王代之
	孙中山先生铜像雕成上中央政府书	王静远

续表

期号、出版日期	主要作品	作　者
第一卷　第六期（十七年一月二十五日出版）	中国近三百年的四个思想家（上）	胡适
	助猎的动物（附图四幅）	周建人
	孩子们的音乐	伏园
	我所觉到过去的新文艺	君亮
	天涯海角（法行通信之一）	傅雷
	与吴稚晖先生商榷党务书	谢国馨
第一卷　第七期（十七年二月五日出版）	首都的美展	王子云
	麦西林毕铁洛像铜版	
	中国近三百年的四个思想家（中）	胡适
	吃上帝的讨论	英国勃雷斯福作　林语堂译
	乱世的中国（大阪朝日新闻社说）	从予译
	群星	法国都德作　曾仲鸣译
	旅途杂掇	陈醉云
	天哪！面包！	英国苏德罗作　李朴园译
	求爱的法术和祈祷（小品一六二）	江绍原
第一卷　第八期（十七年二月十五日出版）	女革命跳戏	九芝
	格拉齐亚德列达	失之译
	列比时风	前人作　失之译
	中国近三百年的四个思想家（下）	胡适
	人物鬼神的名	江绍原
	中德文化上的好消息	
	唐琼杂笔	查士骥
	云天怅望（法行通信第二）	傅雷
	故乡的六月旧梦（又第三）	前人
	印度洋	曾仲鸣
	灵峰梅讯	阮贻炳
第一卷　第九期（十七年二月二十五日出版）	夜雨	曾仲鸣
	文艺的罪过问题	陈醉云
	闽粤方言之来源	林语堂
	波兰和立陶宛的纠纷	彭自相
	独臂将军苏顿	郁伽
	田舍风味中的一幕	凝如
	法行通信两篇	傅雷
	哭薛修	君禄
	小品三则	江少原
	《当代》出版宣言	

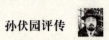

续表

期号、出版日期	主要作品	作　者
第二卷　第一期 （十七年三月五 日出版）	一九二七年的李四	徐蔚南
	纸的艺术	方乘
	伊本纳兹	沈余
	岛	捷克卡贝克兄弟著　汪倜然译
	晚霞的日记	一青
	布拉提阿诺死后罗马尼亚政治之出路	彭自相
	羊城风景片题记	钟敬文
	小品	江绍原
	"贡献"与"新评论"	章乃器
	苦闷枯燥的西安	刘更生
第二卷　第二期 （十七年三月十 五日出版）	忆总理	何香凝
	国民革命的危机和我们的错误（上）	陈公博
	日本第一次普选的战绩观察	沈端先
	文艺的主观与客观及其争端	陈醉云
	漂泊	小鹿
	小品三则	江绍原
	罗希福哥尔德格言二十五则	失之译
	离愁别梦（法行通信第六）	傅雷
	林风眠个人展览会	荆有麟
	介绍"新生命"	云章
	四川生活底一斑	蒲伯英
	我觉醒时	龚珏
	吃上帝的与吃耶稣的	李建新、林语堂
第二卷　第三期 （十七年三月二 十五日出版）	黄鸟研究	贾祖璋
	国民革命的危机和我们的错误（下之 一）	陈公博
	马克思主义的谬误	克洛开尔著　卢剑波译
	乔治桑与缪塞的爱	东生
	恋人（独幕滑稽剧）	美尔博著　曾仲鸣译
	放血，啐，叫喜（小品五则）	江绍原等
	林风眠个人展览会一瞥	俞剑华
	以西湖奉献林风眠先生	孙福熙
	荷香别墅	一青
	保姆之歌	伯莱克作　岩野译

续表

期号、出版日期	主要作品	作 者
第二卷 第四期 （十七年四月五 日出版）	中国人对于西洋医药及医药学的反应（一）	江绍原
	美舟	法国波德莱尔著 林文铮译
	国民革命的危机和我们的错误（下之二）	陈公博
	某犬子的一生	芥川龙之介著 查士骥译
	同情	一青
	我们在半途（法行通信第七）	傅雷
第二卷 第五期 （十七年四月十 五日出版）	何谓艺术	林文铮
	我对于第三党的态度	陈公博
	国民革命的危机和我们的错误（下之三）	陈公博
	中国人对于西洋医药及医药学的反应（二）	江绍原
	旅伴（一）	傅雷
	最后的一封信	彬彬
	译名人恋爱书信	东生
	作家与人生	王任叔
	译随感二则	士骥
	介绍南国小剧场	赵铭彝
	"给我们言论的自由！"	梁君度
第二卷 第六期 （十七年四月二 十五日出版）	法国浪漫文学运动中的女英雄	觉非述
	中国人对于西洋医药和医药学的反应（三）	江绍原
	祷玫瑰词	法国古蒙作 林文铮译
	我所谓革命的立场	陈公博
	旅伴（二）	傅雷
	一个问题	招勉之
	心泉的卷头语	葛又华
第二卷 第七期 （十七年五月五 日出版）	玫瑰	陈醉云
	血与天癸导言	江绍原
	提穆尼	伊本纳兹著 戴望舒译
	旅伴（三）	傅雷
	阿富汗恋歌	汪倜然
	梦见妈妈	盛炯
	俄罗斯之夜	布施胜治作 陶秉珍译
	所思	申府
	代数学历史之一瞥	范会国

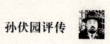

续表

期号、出版日期	主要作品	作　者
第二卷　第八期 （十七年五月十 五日出版）	佛尔论电影	夏剑子
	关于红楼梦的一封短信	平伯
	慰丧子	莫里哀
	介绍一部未出版的伟大辞书	宋云彬
	一些关于医药、儿童、胎孕的中外迷信	江绍原
	牺牲（独幕剧）	曾醒
	日本语	高明
	挪威民间故事研究	赵景深
	海上生涯零拾	傅雷
	拜伦的浪漫主义	华林
第二卷　第九期 （十七年五月二 十五日出版）	百年前的法国浪漫主义	曾仲鸣
	创作与人生	陈醉云
	中国人对于西洋医药和医药学的反应 （四）	江绍原
	二少女	田独步作　涓涓译
	谈咸与蛋	招勉之
	是人间世吗（法行通信第十）	傅雷
	春的忙碌　春的甜蜜	春苔
	五分钟速写	符拔雄
	附录两则	
	一、对于山东事件的意见	王法勤等
	二、覆驻法总支部函	汪精卫
第三卷　第一期 （十七年六月五 日出版）	全国药院建立中几个应补充的意见	卢学咏
	所思	申府
	德漠克拉西之研究	周宪文
	拉斯金艺术鉴赏论	丰子恺译
	北京剧场的一席话	法国 Loevet 作　吴毅译
	心灵电报	汪倜然译
	苏彝士——波赛特（法行通信第十一）	傅雷
	印花被下的三颗星宿	墨卿
	我所认识的冯玉祥及西北军	简又文
第三卷　第二期 （十七年六月十 五日出版）	谭奈的生日百年纪念	曾仲鸣
	男性的赞美者	乔琪
	最近的戈里基	升曙梦著　书宝译
	哀阿伦	君度
	中国人对于西洋药及医药学的反应 （五）	江绍原
	结婚照片	慵子
	拉斯金艺术鉴赏论（下）	丰子恺译
	红楼梦里的西洋物质文明	贺昌群
	迎送	慵子
	湖畔印象记	陈醉云
	律师	席珍
	一路平安抵法	傅雷
	夏多布里昂的浪漫主义	华林
	发起简字运动的临时宣言	陈光垚

续表

期号、出版日期	主要作品	作 者
第三卷　第三期（十七年六月二十五日出版）	近代革命的艺术运动中的新舞蹈	士元
	冥器店	慵子
	二郎姑娘之笑	孙福熙
	栀子花	乔琪
	血与天葵第一章绪论	江绍原
	"北京乎"的序言	陈醉云
	苏州	胡儿
	汉游识徽	蠢生
	病了的玫瑰	布勒克诗　李惟建译
	广州的抽、喝、吃	招勉之
	湖上征鸿（寄周开庆君）	赵铭彝
	作家与人生	王任叔
	歌	罗塞蒂作　岩野译
第三卷　第四期（十七年七月五日出版）	舞蹈杂论	查士元
	现代的文学（上）	日本上田敏著　婴行译
	行为论的起源	张申府
	济南事件之前因后果	努向
	廉耻心	法国美尔博著　曾仲鸣译
	决裂	法国亨利德雷尼埃著　叶塵译
	美国的影戏	醉云
	单纯化的艺术	俞剑华
	大题小做	
	我哭着	孙福熙
	南京苦旱时	退维
	美的死	贻冰
	理智	剑波
	中国国民性一何麻木	李宗武
	个人的能力实在太弱小了	孙福熙
	善颂	康农
第三卷　第五期（十七年七月十五日出版）	易卜生的"白兰"	一非
	中国革命与国际现势	从予
	现代的文学（中）	日本上田敏著　婴行译
	国人对于西洋方药及医学之反应（六）	江绍原
	英国农民的政治运动概观	周宪文
	时代与超时代	陈醉云
	大题小做	
	波格达诺夫去世	陈雪舫
	应时小品	江绍原
	立正——别忙走	开因
	旋风	康农
	往事	礼智

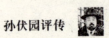

续表

期号、出版日期	主要作品	作　者
第三卷　第六期（十七年七月二十五日出版）	水面上的圆痕向着无穷扩大	孙福熙
	所望于刘先生	林文铮
	初识刘既漂先生	夏康农
	美术建筑	刘开渠
	美化社会的重担由你去担负	李朴园
	建筑原理	刘既漂
	色彩与情调	刘既漂
	雷峰与闭沙	刘既漂
	南京改造	刘既漂
第三卷　第七期（十七年八月五日出版）	奇异的来客	龚珏
	梦想者与政治家　佛朗西的谈话	失之译
	医生与政治	德国布门著　王季甫译
	国人对于西洋方药及医学之反应（七）	江绍原
	现代的文学（下）	日本上田敏　著婴行译
	海上通信	查士骥
	我爱我的故乡	王佐才
	大题小做	
	慈禧太后的见解	九芝
	道士画符忙	毛世馨
	苔薇士先生的真理	铭彝
	美人风景与自杀	少云
	马来人的馄饨担	春苔
	应时小品	江绍原
	后半夜的标语	山查
第三卷　第八期（十七年八月十五日出版）	黑的微笑	张天翼
	苹果树	英国高尔斯华绥著　汪倜然译
	国人对于西洋方药及医学之反应（七）	江绍原
	文学（剧本）	法国美尔博著　曾仲鸣译
	泪	陈醉云
	嘤嘤之爱	饴冰
	里加特约通信	俞越
	大题小做	
	暑假	春苔
	仁丹如意论之类	梁得所
	一个根本观念	汪精卫

期号、出版日期	主要作品	作者
	纪念湖滨的小住	开因
	美尔博略传	曾仲鸣
	国人对于西洋方药及医学之反应（八）	江绍原
	苹果树（二）	英国高尔斯华绥著　汪倜然译
	法行通信（十三、十四）	傅雷
第三卷　第九期（十七年八月二十五日出版）	一个关于乐院教学的重要参考	唐学泳
	心瓶	王佐才
	大题小做	
	不到其境不知道	春苔
	广州也炎热	春苔
	"北京胡大人"与"北京胡进士"	江绍原
	梳头婆从后门送进的胡大人传单	招勉之
	尼姑与怪传单的事	方足止
	法兰西现代音乐	李树化
	烟	仲云
	哥白尼克斯与太阳	意国雷呵巴尔地著　子恺译
	国人对于西洋方药及医学之反应（十）	江绍原
	露茜啊	白波
第四卷　第一期（十七年九月五日出版）	苹果树（三）	（英国高尔斯华绥著）汪倜然译
	在卢森堡公园里怅惘（法行通信十五）	傅雷
	大题小做	
	民众对于孙陵的恐惧心	江绍原　叶德均
	重庆"近世瘟皇降灾诸善请看"的传单	徐匀　江绍原
	旅行的趣味	春苔
	小气的上海	春苔
	社会事业	春苔
	桌台衙门前之准共标语	九芝
	大革命期间的文学（上下篇）	曾仲鸣
	月光	陈醉云
	谈毁身主义	陈光垚
	朝鲜厌胜解禳风俗	天行
	翰林墓前	季叔
第四卷　第二期（十七年九月十五日出版）	来到这静寂的乡间（法行通信第十六终篇）	傅雷
	谈咸与蛋书店	招勉之
	大题小做	
	天天做梦	谷已
	春梦已醒	谷已
	无团结由于无兴趣	谷已
	现实与理想之冲突	谷已
	看罢紫罗兰的粤曲	九芝
	马来人与中国人	杨之森

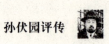

续表

期号、出版日期	主要作品	作 者
	太阳底下的绿树红花	孙福熙
	在广东尝到的滋味	田开
	国人对于西洋方药及医学之反应（十一）	汪绍原
	近代瑞典文学及其作家	查士骥
	神圣的童年	法国美尔博著　曾仲鸣译
	岛原心中	日本菊池宽著　章克标译
第四卷　第三期 （十七年九月二 十五日出版）	六老堂	季叔
	大题小做	
	画家的模特儿问题	九芝
	运用思想的时间	九芝
	怪传单送卫生大会陈列	江绍原
	药铺老板与怪传单	华泽之　江绍原
	制造罐子与制造谣言	方乘
	一行作吏万念俱灰	胡儿
	由"三"字起头	刘既漂
	文学理论家的左拉	展模
	国人对于西洋方药及医学之反应（十二）	江绍原
	关于思想及教育	陈醉云
	苹果树（四）	英国高尔斯华绥著　汪倜然译
	寄鸦片酒	李惟建
第四卷　第四期 （十七年十月五 日出版）	大题小做	
	异乡风味	刘既漂
	新式婚礼	米佳
	由B而A	米佳
	广州也出现过"北京胡大人"	江绍原
	与伏老谈恋爱	某女士
	汪精卫先生最近复留欧同志书	
	日本民政党倒阁运动又高涨	从予
	革命与占有冲动	展模
	告知识阶级的朋友们	朱文叔
	母性的伟大	陈醉云
	聋子外婆	季叔
	苹果树（五）	英国高尔斯绥著　汪倜然译
第四卷　第五期 （十七年十月十 五日出版）	殉情	法国莫泊桑著　曾仲鸣译
	自己的苦酒	晶清
	大题小做	
	同情的吝惜	九芝
	一个巴黎的模特儿	米佳
	佳话	米佳
	骆驼尿	米佳
	谐和不谐和	春苔
	统一思想如统一面貌	九芝

续表

期号、出版日期	主要作品	作 者
第四卷 第六期（十七年十月二十五日出版）	希腊雕刻与东方佛像	觉非
	辛克来评美国报纸	秋士
	国人对于西洋方药及医学之反应（十三）	江绍原
	赠湖畔少女	晶清
	苹果树（六）	高尔斯华绥著 汪倜然译
	我又在旅行的当儿了	无华
	此行殊乐	仲鸣
	大题小做	
	势所必然的党的右倾	九芝
	理智主义者	某某
	米佳又来说闲话了	孟统
	总理主义之俘虏	老尧
	忠实党员之出路	老尧
	蛋家考	许予一
第四卷 第七期（十七年十一月五日出版）	宝甫（附像四幅）	孙福熙
	燕子研究	贾祖璋
	春天的鸟	日本国木田独步作 涓涓译
	西湖之秋	阮贻炳
	关于痘疮的迷信言行	叶德均、朱玉珂、江绍原
	西湖零拾（关于绿树红花及其余）	钟敬文
	大题小做	
	裹脚与包脚	丰明
	造谣与治蓝	江绍原
	静脉血误解为打鬼箭	江绍原
	北京胡大人说话——江浙老太婆念佛	江绍原
	强者的榜样	文叔
	愁与病	李建新
	一群小孩	春苔
	好心的次数	春苔
第四卷 第八期（十七年十一月十五日出版）	托尔斯泰及其夫人	补拙
	最后的枪声	曾仲鸣
	国人对西洋方药及医学之反应（十四）	江绍原
	眠欢	陈醉云
	秋夜	王佐才
	大题小做	
	把政府与人民当作赌品吗	醉云
	大大题小小做	宝柏
	金钱厌者的大题小做	春苔

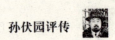

续表

期号、出版日期	主要作品	作　者
第四卷　第九期（十七年十一月二十五日出版）	西湖北伐难亡将士纪念墓	刘既漂
	西湖博览会大门夜景	刘既漂　李宗侃
	初次和贫苦晤面	翁得天
	著作家的亨利柏格森	狄博推
	国人对于西洋方药及医学之反应（十五）	江绍原
	最近日本的无产文坛	查士元
	关于觉非君的佛与译名	江绍原
	有所怀念	某某
	恋爱问题	生蒂
第五卷　第一期（十八年一月二十五日出版）	二十世纪的新艺术	丰子恺
	诗人叶绥宁的死	藏原惟人作　画室译
	万西的格言	刘既漂
	送王静远姐姐回国	素心
	呆天王	季叔
	电影院的老婆子	伊巴涅兹作　李青崖译
	金咨甫先生不受我的花朵	孙福熙
	小品	江绍原
	到处老鸦一般黑	招勉之
	海上的一块乐土	之清
	尽这几天底精力	龚珏
第五卷　第二期（十八年二月二十五日出版）	今日之希腊	Sir Herbert Samuel 著　秋士译
	阿斯德洛夫斯基论	P. Kropotkin 著　丽尼译
	莎士比亚	小泉八云讲　采石译
	京游心影	陈醉云
	去国恨	孙福熙
	归魂	龚珏
	鸤鸠	陈醉云
	吕修与其木乃伊的对话	G. Leopardi 著　子恺译
	小镜子	西雪柯夫著　适夷译
	姊姊	霞史
	姓荷尔拉的	莫泊桑著　青崖译
	最后几行	编者
第五卷　第三期（十八年三月二十五日出版）	科学与文学	曾仲鸣
	托尔斯泰前后的俄罗斯	Leon - L - Tolstoi　展模译
	病	陈醉云
	乌江渡头的哀歌	程天厚
	伦敦零掇	李宗武
	湖山通信	傅雷
	平凡的海上重游	孙福熙
	锁着的箱子	John Masefield 著　李朴园译
	小伙伴	陈醉云
	昙花一般的夜	孙伏园
	强盗	曾仲鸣译
	法蒂玛	鞑粗枯都 G. Kutu　适夷译
	老鸦尖	葛又华
	慧星的一个噩梦	霞史

孙伏园在发刊词中宣称：

中国，无论当它是民族或国家看，总之现在是到了一个严重的时期了。年长的主张未免稳健，年少的主张未免激烈，这是人类的普遍现象，本来不会成为民族或国家扰攘的原因。只要精神是健全的，态度是正当的，知识是充分的；那么，无论是稳健的主张也好，激烈的主张也好，在表现的时候，一以和平讨论的方式出之，必可共同找到一条光明的途径。可惜这个幸福不是凡属民族或国家都可得到的，最怕精神不健全，态度不正当，知识不充分，结果只形成一种惨酷的残杀。残杀是会有完结的么？当然只在无形的簿子上写着一笔一笔的彼来此往的血债。

精神如何使它健全，态度如何使它正当，知识如何使它充分，国人在这些上面致力的一定很多，我们这个小刊物也自愿在这些上面来尽一分儿的贡献，《贡献》的方面是很多的，因为记者个人的交游也不限于一个方面。政治的，学术的，文艺的，美术的，新新旧旧的各项朋友都有。于是记者先以《贡献》的篇幅贡献给各界著作人；著作人再以他们的意见，他们的学识，他们的艺术，贡献给《贡献》：这样的热闹局面，形成贡献的杂志，对于中华民族乃至世界人类的大贡献。

……

至少《贡献》记者要代表年长者的阶级向全国的少年请求，我们的意见即使稳健些，但决不愿自侪于昏庸之列的，你们须给我们言论的自由；也要代表年少者的阶级向全国的前辈请求，我们的意见即使激烈些，但决不愿自沦于荒唐之列的，你们须给我们言论的自由。

在这里，孙伏园用明确的、有力的语调，显现出《贡献》的性质倾向、对作者的期望以及对《贡献》未来的出版展望等。很显然，孙伏园给《贡献》的定位是要办成一本综合性的文化刊物，即《贡献》并不预备造成任何一种文学上的文化上的思潮主义或流派，所以《贡献》给予作者的公共空间是自由的。而《贡献》之贡献之一也在于此：孙伏园构建了一个允许众声喧哗的公共领域的同时，也以自身深厚的文化素养引领着中国文化发展的新方向。

我们还可以从1928年3月成立的文艺通讯社的倡议书中看出这个空间的广阔度：

> 我们希望各社员将所在地的文艺学术消息报告我们，我们就会集各处通讯，印刷后分赠各社员。这种消息，在当地视为平常，在他处者却觉得很是珍贵的。
>
> 将来通讯，分量多了，我们当出一种刊物，定期或不定期，周刊或月刊。不过在通讯尚少的时节，印刷只可简单些，或者暂送国内各种杂志登载，但一样的分送各社员。
>
> 通讯材料，不限性质，只要关于文艺学术者均可。文字体例亦可不拘，不论几万字的记载论文或几个字的消息，均所欢迎。
>
> ……
>
> 社员不限资格，除由发起人介绍有专门研究者外，凡以通讯等投本社者，或来函声明愿意入社，不久即可供给文字者，均为社员。
>
> 通讯请寄杭州西湖国立艺术院，或上海福煦路民厚里632号嘤嘤书屋转交。
>
> 发起人：林风眠、王代之、李树化、克罗多、李朴园、吴大羽、孙福熙、林文铮、刘既漂、樊仲云、孙伏园、胡愈之。①

《贡献》的作者队伍可分为三个层次。第一个层次由汪精卫、陈公博、曾仲鸣等政界人物组成；第二个层次是以孙伏园、孙福熙、汪倜然、傅雷、江绍原、林风眠、林文铮等文化界人物组成；第三个层次是米佳、九芝等新锐作家组成的新人队伍。第一层次和第二层次中的人物在当时几乎都是名人。

在《贡献》第一卷第三期上就有蔡元培的为《贡献》所录的近作：

---

① 林风眠：《文艺通讯社》，《贡献》第2卷第1期，1928年3月5日。

复孙伏园函（1927 年 12 月 20 日）

伏园吾兄：

承赐《贡献》，已得两册，谢谢。属写数字，录近作《文人》塞责。率此，并祝

著祺。弟蔡元培敬启

文人（七律）

文人自昔善相轻，国手围棋抵死争。
大地知难逃坏劫，灵魂无计索真评。
即留万古名何用，宁似刹那心太平。
邓析惠施世多有，孰齐物论托庄生。

在《贡献》的作者群中，汪精卫、孙伏园兄弟的知名度自不必说，我们来看以下这几位当时的政治地位和文化层次。

陈公博，广东南海人，国民党政要。早年就读于北京大学。1920 年毕业后回广州和谭平同创办《群报》，任总编辑。1921 年春参与组织广州共产主义小组，同年 7 月参加中国共产党第一次全国代表大会。1923 年 2 月去美国哥伦比亚大学读书。1925 年回国任广东大学教授，代理校长，加入国民党。曾任国民政府军事委员会政治训练部主任、广东省农工厅厅长、国民党中央农民部部长、国民党政府实业部长等职。当选为国民党第二届中央执行委员、国民革命军总司令部政务局长，1927 年被选为国民党中央常务委员，并任工人部部长。1927 年与汪精卫发动"七·一五"政变。后任广州军事委员会分会委员兼政治部主任。1928 年底在上海与汪精卫、顾孟余等组织"中国国民党改组同志会"，主编《革命评论》。

曾仲鸣，民国时期政要。早年留学法国，获文学博士学位。1925 年回国后，历任国民政府秘书、汪精卫秘书、国民党中央候补执行委员、中央政治会议副秘书长、铁道部次长兼交通部次长等职。

江绍原，著名的民俗学家和比较宗教学家。他聪颖好学，博闻强记。1920 年去美国芝加哥大学攻读比较宗教学，1922 年在该校毕业后又在意林诺大学研究院哲学专业学习一年。1923 年回国任北京大学文

学院教授。1927 年到广州中山大学任文学院英吉利语言文学系主任、教授，兼任国文系课程。

汪倜然，现代作家、著名文学翻译家、教授。1922 年开始在郑振铎主编的《儿童世界》上发表童话。次年考入上海大同大学英文专修科，在《小说月报》上发表译文。1926 年大学毕业后，历任上海私立泉漳中学国文、英文教师，中国公学大学部国文教授，中华艺术大学英文及西洋文学教授，世界书局编辑。

林文铮，著名美术理论家和美术评论家。中学毕业以后，到上海去补习英文。响应蔡元培先生提倡青年学生留法勤工俭学的号召，1919 年 12 月赴法。一年后，林文铮入巴黎大学学习西方美术史。1924 年 5 月 21 日，当时，旅居在法国的蔡元培先生应邀前来主持一个中国美术展览会的开幕典礼。在这个展览会上，林文铮出众的文才给蔡元培留下了深刻的印象。蔡元培先生赏识其才华，将女儿蔡威廉许配给他。1927 年，林文铮毕业，接到中华民国大学院（教育部）的聘书，任命他为全国艺术委员会委员，他旋即回国任职。1928 年春，杭州国立艺术院（后改为杭州国立艺术专科学校）成立，林文铮为教务处长兼西洋美术史教授。

陈醉云，现代小说家、诗人，曾任国立中央大学教授。

丰子恺，现代画家、散文家、美术教育家、音乐教育家、漫画家和翻译家。

还有当时刚二十出头的年轻的傅雷，他的《法行通信》连载也是《贡献》的一大亮点。

这个作者群在政界是要员，在文化界是精英，他们几乎个个都学贯中西，博通古今，多才多艺，他们既有浸淫于四书五经传统典籍的深厚功底，又八面来风地接受了欧风美雨的洗礼，他们是系统接受传统文化的最后一代，又是吸收西方现代文明的最新一代。他们在私塾中熟读了古典文化遗产；他们在留学中拥有了开阔的世界性大眼光。他们本身所秉有的深厚文化素养，再加上现代西方思潮的沐浴，已为他们在文艺园地开出绚丽的奇葩做好了充分的支撑。只要给他们一个公共空间，他们便可肆意挥洒自己的才情，将对现实社会的审视融进热情的喷发中。深刻挖掘更好，老调重弹亦可，过度阐释也无妨。总之，他们都在《贡献》中享受着言论的自由，贡献着对中国文化发展的贡献。

1927 年的上海是开放的，也是包容的。上海接纳所有愿意前来的人，也为其提供了诸多拼搏、冒险和施展才华的机会，但上海却不保证每个人都在这里获得成功，甚至生存。上海有上海的规则，它充满了文化气息，但商业气息与文化气息一样浓厚。各种各样的文化出版机构对所有人敞开，但利润是铁的法则，这是一道所有渴望进入文化圈的知识分子都必须跨过的门槛。特别是一些年轻的知识分子来到上海后，他们都成了无根的异乡人。在上海这座充满商业和现代气息的城市里，他们没有现成的社会关系可资利用。无论是渴望在这里谋生、成名，还是实现自己的政治追求，他们都必须通过各种渠道去重新构建交往的人际关系，以此来寻找亲情、安全感和赖以生存的经济来源。①

在 20 世纪 30 年代，杂志有三种基本出版模式：代理发行；合作出版；自办杂志。相应的，出版发行机构，如书店、书局、图书公司、报馆等，和编辑人之间的关系也不尽相同。第一种代理发行最宽松：你编你的，我发我的，互不干预"内政"，到时按实际销售量结算，并抽取一定比例的代理费用。第二种合作出版方式，主编与书店老板之间，更像今天所说的"带项目加盟"，因此大多都能相处得客客气气。第三种自办杂志方式就是纠集一批志同道合之人共同创办团体和刊物，开拓自己的一片天地，施展自己的才华，在得到社会认可后再走向公共媒体。

《贡献》封面

应该说，孙伏园毕竟是文化名人，比起一些年轻的后辈，他有许多自己的人脉资源。所以，他用上述第三种方式办《贡献》就有了基本的保障。

当时在文学上有所成就的知识分子受惠于上海文化产业的商业化，

———————————

① 许红霖等：《近代中国知识分子的公共空间》，上海人民出版社 2008 年版，第 233 页。

大多能够过着令一般民众羡慕的生活。例如鲁迅，据陈明远先生的研究，鲁迅从 1927 年到 1936 年作为自由撰稿人的身份所得收入每年在 6000 元左右，其间收入最少的一年是 1927 年的 3770 元，最多的 1929 年、1930 年都高达 15000 元以上，这样的收入远远超过生活收入令人羡慕的一般大学教授。其他不如鲁迅有名气的作家，如沈从文、茅盾、田汉等每月也有 200 元以上的收入，相当于一般的大学教授。名气更小一些的文人如柔石、丁玲等，每月的收入也超过或接近 100 元，相当于上海当时比较有名的演员的收入。①

1927 年"大革命"失败后，一批原来投身于政治斗争的文化人也陆续来到上海，再加上大批留学归国的人士，以及上海本地培养的都市文人，他们形成了一个庞大的文学文化生产群体。1928 年的中国社会，正走在一个困顿的十字街头。一年来的国共对决，在中国大地上留下数万具青年的尸体，这一切深刻震撼了那些手无寸铁的知识分子。

孙伏园就是在这样的历史语境中以《贡献》为园地，开始一场以文艺为中心的政治实践。他通过对艺术的独立性与"使命感"的双重坚持，重新诠释了艺术与社会、与政治的关系，反映了目睹历史残酷与暴力之后的知识分子，对于自由和"人性"的真诚诉求。这种诉求并不是流于空洞的情欲化个体的"反政治"和简单的"去政治"，而是积极的以文艺介入社会改造，对现实进行批判，用文艺阐发自己的社会政治理想。《贡献》之贡献之二就在于此。

《贡献》的作品由三部分组成。一是文艺作品，以散文随笔和外国文学作品译介为主。二是时事政论文。三是颂扬艺术，介绍艺术家的作品的系列文章。

就第一部分的文艺作品而言，孙伏园等人对文艺作品赋予了独立而崇高的价值，认为文艺最大的使命，是润泽"人类的心灵，宇宙的哲理，文化的光彩"，而不是作为一时的宣传工具。② 在这个人类的生命和尊严惨遭横暴和践踏的时代里，希望文学艺术的美，能如春风感动草木一般，陶冶中国人的性情，给人们以战胜私欲和物欲的"伟大勇猛的力

① 陈明远：《文化人的经济生活》，文汇出版社 2005 年版，第 164 页。
② 陈醉云：《文艺的主观与客观及其争端》，《贡献》第 2 卷第 2 期，1928 年 3 月 15 日

量"。这一理念秉承了他传统的以思想启蒙为己任的文学思路，即关注人的精神世界和文化世界，关注理想人格的塑造，探讨人的精神文化现象，引导人们思考人生的目的、意义和价值等，注重在思想范围里解决问题。作品中所关心的多数是属于带永恒性的话题，诸如美和爱、生与死、人的命运、人生的意义价值、宗教等。

曾仲鸣发表的大量的介绍法国政治与浪漫主义文学的文章，如《法兰西与中国国民革命》《译法国现代政治中之一件故事》《法国大革命前民主精神的文学》《百年前的法国浪漫主义》《法国新浪漫主义》等。在这些作品中，曾仲鸣以无限惆怅和敬仰的心情，描述着巴黎的一草一木。那临风摇曳的垂柳、片片飘零的黄叶、那薄雾中的古礼拜堂、那在风中飞散幻为烟雨的喷泉、那在落日掩映下好似璀璨的彩云环绕的凯旋门，还有凯旋门下法国"无名英雄"的坟墓，这一切在曾仲鸣的眼中，不但是青年时代的生活记忆，也是法国人民反抗专制、追求自由的象征。在引进法国的浪漫主义文学时，曾仲鸣特别强调了浪漫主义的"主情""幽雅"，崇尚"个人"和"好美"的原则，因为浪漫主义者最恨那些没有艺术情感、只知道物质生活的"俗子庸夫"，他们尊重自我的主张，发扬自我的情感，忠实于自我的解放，他认为浪漫主义是在把自由主义所表现于政治的，表现于诗。

就第二部分的时事政论文而言，可以看出孙伏园的新的文学倾向，这一倾向也契合了 1928 年以后 30 年代的文学发展大势所趋。《贡献》的意义更多的在此得以体现。

五四时期是政治家谈文学，30 年代是文学家谈政治，这种文学领域的错位现象大概由于不同的文学思路使然。一般说来，人文学科思路占主导地位的社会，会出现政治家热衷于谈文学的现象，五四时期许多政治家，如陈独秀、李大钊等都与文学紧紧裹挟在一起。其实，五四新文化运动以反对旧道德、提倡新道德，反对旧文学、提倡新文学为主要内容，就标示了整个五四时代即是一个热衷于大谈文学、以人文学科思路为主导的时代。而在社会科学思路占主导地位的社会，则会出现文学家热衷于谈政治的现象，到 30 年代，这种状况就是最明显的。①

---

① 朱晓进：《五四文学传统与三十年代文学转型》，《中国社会科学》2009 年第 6 期。

我们从孙伏园发表在《贡献》第一卷第四期的《我们的一九二八年》上也可看到孙伏园对于政治的态度：

> 中国识字的人如此之少，社会如此不平安，教育如此不发达，经济又如此困穷而又不自由，试问单改良政治本身可以改良得了的么？当然是不能的。
>
> ……
>
> 又如乙去提倡平民识字运动，丙去发起研究社会问题的团体及刊物。这种分头用功的办法最切实，恰好要将一条大河的水澄清，必先分头去澄清各处的水源一样，看去似乎不在大河上做功夫，而其实是比在大河上做功夫更有效。
>
> ……
>
> 但是有什么救济的办法呢？我想除非将"学生干政"这句话另换一个解释。
>
> 政治本身就是组织。参预政治就是练习组织。政治是谁都脱不开的，十年前主张学生不干政，现在我也知道不对了。但是怎样干政呢？是叫学生学官僚的样，蝇营狗苟么？不是的，是叫学生学政客的样，运动奔走么？不是的。是叫学生学民众的样，开会呼喊，游行请愿么？也不是的。我觉得各人有各人自己的政治，大人有大人的政治，小孩有小孩的政治，有时可以互通，有时各不相犯的。
>
> ……
>
> 至于成人，则须痛改不干政的恶习。我国政治的腐败，大部分由于成人的放弃政权。小孩干预，成人不干政，这是何等不成事体的事体呵！我希望自一九二八年起，成人多多增加干预政治的趣味（连智识阶级教员著作家也在内，如果他们承认政治已经不是红脸打进白脸打出的政治了）。便在各种实际政治的运动中，但见成人的活动，不见学生的足迹，中国政治庶几有清明的希望了。

《贡献》刊出了大量陈公博等人写作的政治、哲学、社会学方面的文章。这些时政论文从社会科学的思路出发，特别关注社会的现实发展状况，关注社会政治制度和生产关系，注重着眼于人的现实的政治、经济和物质利益，注重采用社会分析的方法，强调改善人的生活质量，实现人的发展的重要手段。《贡献》从 1928 年 7 月 5 日出版的第三卷第四期起，每期特设"大题小做"栏目，所刊登的文章都是时政评论，从大处着眼，从小处入手，体现出作家对社会科学的浓厚兴趣，学习、研究、思考、探索的领域常常集中于政治、经济、社会、民族、国际关系等社会科学领域。

　　《贡献》以刊发时政论文来干预政治可谓是得风气之先，也契合了中国文学从五四文学传统向 30 年代文学的转型。以"新月派"为例，在 1927 年以前，新月文人多不主张干预政治，他们曾有过不成文的规定：剃头、洗澡、聊天什么都可以来得，但就是不能打牌和谈政治。"新月"同人的政治热情，严格意义上讲是在 1927 年以后才明显显示出来的，这与 30 年代政治文化氛围导致的整体的文学思路有关。新月派成员 1927 年重聚上海，表面看来似乎是一种偶然，而实际上是由当时政治形势发生剧变这一背景造成的。据他们中的许多人回忆，在那时的形势下，他们聚谈中国的问题，谈得最多的是政治问题，即中国的现状、发展趋向与最终出路等。他们办新月书店和出版《新月》杂志，就是想有一个提出和宣传他们种种政治和文学主张的阵地，"想要一个发表文章的机关"。①

　　我们再来论述第三部分作品，在《贡献》中，这些颂扬艺术之美，介绍艺术家及其作品的系列作品俨然是《贡献》中最夺目的浓墨重彩。这也是《贡献》之贡献之三。

　　因为有三弟孙福熙的参与，《贡献》的作者队伍中引入了一批留法知识分子，如曾仲鸣、林风眠、林文铮、刘既漂等。这批才气横溢的艺术家借《贡献》表达了自己以艺术解救时代困境的共同愿望。

　　林风眠认为，中国社会贫穷愚弱，强者强而暴，弱者弱而衰，人与人之间，全无人类应有之相互同情，冷酷、残忍、自私。而这经济、政治上的种种弊端，又皆因中国人本身精神与生活的堕落。中国人过的根本不是正常的生活，而是"变态的生活"。这"变态的生活"，源自"中国的旧艺术的恶劣与新艺术的缺乏影响"。引起人间种种纠纷的原

---

　　① 《敬告读者》，《新月》第 2 卷第 6、7 期，1929 年 9 月 10 日。

因，就在于人的自私，若使人的自私能在"同情与美感下消灭，……人类社会的各种纠纷与苦恼，大半可以不再发生了！"而艺术，恰恰"能把彼此的甘苦交换"，能"传达人类的情绪，使人与人间互相了解"，因此最能唤起此种同情。林风眠呼吁，"在中国的社会情形这样紊乱的时候，在中国的民情正在互相倾轧的时候，在中国人的同情心已经消失的时候"，我们需要的正是艺术、艺术家，我们需要用艺术来补偏救弊，以艺术的"美"，唤起同胞们的同情心。①

以林风眠的"致全国艺术界书"为代表，《贡献》推出了一系列颂扬艺术、介绍艺术家的作品。"艺术"被用来反思革命、反抗"政治"，甚至被赋予了提高社会生产率的功能。在对工艺美术的讨论中，就有文章发出呼吁："要提高社会的生产率，以与列强之资本主义竞争，俾社会的经济得以日益增高吗？请来提倡工艺艺术！"② 还有一位署名"白丁"的作者在"艺术的眼光"下，对国民党统治下的"政治性节日"提出了"去政治化"的要求。文章说："一国的兴亡，在世界全部的历史上看起来，真算不得一回什么事，也不过像一群虫豸互相争雄厮杀的陈迹而已。关于这一类互争雄长的胜利或失败的纪念日，恐怕还不及看月亮或登高山的节日的更富于美的趣味与永恒的价值吧。人生最大的目的，便是使生活趋向于'真''善''美'！一切事业的创造，生命的挣扎，社会的改进，政治的运用，归根到底的说起来，无非想使生活达到上述的三个条件而已。一切都是手段，只有'真''善''美'才是最高的目的。"③

《贡献》对艺术家的介绍真可谓不惜版面，1928 年 3 月 15 日和 3 月 25 日出版的第二卷的第二期、第三期上，连续推介了林风眠。

荆有麟在 1928 年 3 月 15 日的第二卷第二期《贡献》上发表《林风眠个人展览会》一文，称林风眠的油画《人类的历史》与达·芬奇的《蒙娜丽莎》"一样地成功着"。孙福熙在第二卷第三期《贡献》上发表《以西湖奉献林风眠先生》，文章中写道：

———————————

① 林风眠：《致全国艺术界书》，《贡献》第 1 卷第 5 期，1928 年 1 月 15 日。
② 李朴园：《美化社会的重担由你去担负》，《贡献》第 3 卷第 6 期，1928 年 7 月 25 日。
③ 白丁：《时节》，《贡献》第 1 卷第 4 期，1928 年 1 月 5 日。

风眠先生，你两脚分跨南北高峰，在旭日的红光中，身微俯，面向东，接受浙江人民奉献的西湖。

艺术院虽然在西湖，但仍然是全国的中心，因为他的命脉即在以全国的社会为对象，艺术院的目标是社会的或反社会的，这两者间的取舍，是林风眠先生与诸教授决定的，就是处处设想到社会的。从这一点出发，所以艺术院所培植的人才第一种是艺术家……

在同一期《贡献》上发表的俞剑华的《林风眠个人展览会一瞥》，则是属于对林风眠持批评态度的文章。俞剑华写道：

大艺术家国立艺术院院长林风眠先生，近日在霞飞路尚贤堂开个人展览会。林先生名闻中外，艺术高妙，久为艺术界所推崇，近又新任国立艺术院院长，为全国艺术教育最高的权威，将来中国艺术之进退，胥唯林先生之马首是瞻。

与其认林先生为画家，勿宁以林先生为思想家较为恰当……为发表思想而作，于发表思想以外，亦无任何之目的……过重思想，易偏于理智，为竭力追求画外的哲理，反使画上应具有的情趣，湮没不彰。且有时只顾思想的把握，将形状、色彩、构图等等不免有所忽略。

俞剑华分析林风眠的思想变迁说：

最初为热烈活泼，继为忧郁怀疑，阴暗烦恼，再次则诅咒人类，卑弃文明，最后则又愤世嫉邪，发大慈悲，渡人救世。

对展出的作品，俞剑华还给予具体的分析批评，其中对《金色的颤动》批评说：

林先生作品中有数幅，余竟百思不得其解，不但用意不明白，即形状亦几费周折始能认出。最甚为《金色的颤动》，虽然林文铮、邓以蜇诸先生均以为杰作，余未能领略，即命名亦在不可解之列。

在这里，俞剑华是一位严肃的批评家，态度是诚恳的，不是意气用事：

> 然在今日中国艺术界，或受传统之束缚，或受不当之熏染，对于林先生之作品，必不能十分了解、十分同意，甚或至于信口污蔑，大肆攻击，亦意中事。

他对于林风眠作品的这种批评，有助于中国艺术的健康发展。

在宣传过林风眠之后，1928 年 7 月 25 日，《贡献》将第三卷第六期作为介绍刘既漂的专号出版。

刘既漂在法国生活了八年，学过西洋绘画、装饰图案，也学过美术建筑。1927 年回国后，在国立艺术学院担任艺术学院图案系的教授。《贡献》对刘既漂的各种图案和建筑设计推崇备至，将"中西合璧""正大""悲壮""热烈""奔放""温和的相貌，健全的意志，与优美的气质"等一系列热情的赞美，加诸刘既漂的作品和他本人身上。《贡献》呼吁刘先生，以他的天才，赞助林先生，当"中国在这无建筑、无图案的时候，社会、民情颓丧的时候"，使工艺美术增加全国的艺术运动的力量，让艺术在潜移默化中改变人们的情感，让人们在有意无意中接受美的洗礼，"使艺术的光明，普照在中国民族的头上"，"使中国民族从封建的、民族的、宗法的思想中摆脱出来"，要使中国人能"同先进国的人民共同享受人生的乐趣，共同担负人类的工作"[1]。

1928 年前后主要由留法知识分子推动的这场"艺术救国"实践，继承了民国初年以来蔡元培、吴稚晖、汪精卫、李石曾等人大力推行留法教育运动时的教育救国理念。它的核心精神在于通过引进世界先进思想与文化，改造国民素质，唤起国民的爱国精神，进而达到移风易俗的功效。

可以说，《贡献》便是这场艺术救国实践的主战场。

从 1929 年 1 月起，《贡献》由旬刊改为月刊，在出版了三期月刊后，于 1929 年 3 月，《贡献》停刊。现在我们研究停刊的原因已无多大

---

① 李朴园：《美化社会的重担由你去担负》，《贡献》第 3 卷第 6 期，1928 年 7 月 25 日。

意义，但可以肯定的是，当时的孙伏园面临了一个他无法漠视的文学生存环境的变化。这种变化，起码包含着两个方面，一是文学生态环境，二是孙伏园个人的人际环境。

就文学生态环境来说，据统计，有明确创刊日期的文学期刊，1917年到1927年有144种，1928年到1937年有418种，其中有"杂志年"之称的1934年就有47种。创刊于上海的有455种，创刊于北京的有106种。① 一本小小的《贡献》在如此广阔的杂志海洋里沉浮着，随时都有可能被大浪吞没。

据各种记载综合来看，19世纪上海社会的消费主体是买办商人、本地的地产出售人、携资来沪的寓公、纨绔子弟、妓女。到20世纪20年代末起，中小商人和一般市民阶层壮大，构成城市大众群体，商场游乐场、戏院影院乃至各类艺术形式都为之一变。中小商人和工人阶级、小资产阶级知识分子一起构成城市大众群体。在这个群体中，有一定阅读能力和经济能力的新兴市民人数众多，构成强大的阅读消费阶层。② 但是，必须承认，市民读者的文化程度是有限的，他们还保留着喜欢阅读"游戏"小报和"醒世"闲书，喜欢看悲欢离合、大团圆故事，寻觅茶余酒后谈资的欣赏习惯。读者大众总体文化程度不高的实际，使得出版业要在竞争中求得生存和发展，必然要增强作品的趣味性，降低阅读难度，选择时下读者感兴趣的话题，并不断变换结构技巧，这样的需求为通俗文学的大量滋生提供了土壤。

不同的读者群决定了不同类型文学的发展。在这决定与被决定之间，文学与读者的关系一如商品与消费者的关系一样，在这种关系中，文学它是那样的软弱无力，那样的被动附从。这样的读者环境必然带来作家的创作转向。与新文学作家不同，通俗文学作家很少有新文学作家那样强烈的启蒙意识和先锋意识，取而代之的是鲜明的市场意识。通俗文学作家懂得为小说商品市场——市民读者的欣赏兴趣写作。在他们看来，好的小说的标准就是能让读者爱不释手，"读者不看本志则已，看了以后，一定不肯失去了一期不看，——换一句话，每期都有可以一读

① 王本朝：《文学传播与中国现代文学》，《贵州社会科学》2004年第1期。
② 张仲礼主编：《近代上海城市研究》，上海人民出版社1990年版，第1152页。

的价值，那，读者自然会一心一意地想着它，不愿失去一期不看了"。①
他们绝不会像有些新文学作家那样有意无意间忽略作者的存在，或是只
注意自己的作品，而忘却了读者。②

市民读者群的涌动，通俗文学作家的崛起，铅华洗净，文学只是文
学。在大上海日益趋向"物的依赖性"的社会现实中，人们已意识到文
学它只是文化生产中的一个分支。特别是自 1928 年以来，常常是一万
块钱或三千块钱，由一个商人手中，分给作家们，便可以购一批恋爱的
或革命的创作小说，且同时就支配一种文学空气。以一时风气为转移
的、随大流的所谓创作都是商业运作的结果，即便以"时代"为号召的
政治性题材创作，也不过是出版商与政治家的一场合谋。这场合谋深刻
地影响到作家的创作意识"不知不觉从'表现自我'成为'获得群
众'"，因为"'多数'即代表一种权力的符号，得到它即可得到'利
益'，得到'利益'自然也就象征'成功'"，③ 这里的"利益"显然不
仅包含了政治利益，也包含了商业利益。政治与商业的这种合谋造成了
文学的异化。

在当时的新文学工作者中，可能没有谁能享受到张恨水这般的"荣
宠"呢？张恨水曾谈起过长篇小说《金粉世家》发表后所产生的强烈
影响："特别是有文化的家庭妇女，都很爱读，那些阅读能力差的、目
力不及的老太太，天天让人念给她听。"④

面对市民读者群这一读者环境，通俗文学作家以及商业化炒作的出
版市场的崛起，孙伏园几乎没有任何资源优势。加之自 1927 年起，他
和北新书局及鲁迅之间个人的人际环境的一些改变，孙伏园对《贡献》
已是有心经营却无力呵护。

在鲁迅 1927 年 10 月抵达上海后的前几十天中，孙伏园与鲁迅的接
触还是颇为频繁的。10 月 3 日午后，鲁迅抵上海寓共和旅馆。林语堂、
孙伏园、孙福熙同访鲁迅。10 月 4 日午前，孙伏园、孙福熙邀鲁迅、周

---

① 赵苕狂：《花前小语》，《红玫瑰》1929 年第 5 期。
② 李春雨，刘勇：《接受与生命的驱动》，《天津师范大学学报》2006 年第 2 期。
③ 《沈从文批评文集》，珠海出版社 1998 年版，第 6 页。
④ 张友鸾：《章回小说大家张恨水》，《张恨水研究资料》，天津人民出版社 1986 年版，
第 132 页。

建人、许广平同至"言茂源"午饭。10月5日，孙伏园、孙福熙访鲁迅并赠合锦二盒，中午鲁迅邀许钦文、孙伏园、孙福熙、周建人及许广平往"言茂源"饭。夜李小峰邀饭于"全家福"，鲁迅与孙伏园、许广平、许钦文等在座。10月9日，鲁迅与孙伏园、许广平、周建人等七人往"中有天"夜餐。

以后明显减少，1928年仅来往两次。2月29日晚，孙伏园访鲁迅。3月14日，鲁迅得孙伏园信，午后即复。

可见在1927年11月之后，鲁迅与孙伏园的关系很有些变化，其原因大概有二。

一是鲁迅因为知道孙伏园与"北新"老板李小峰分红利一事后心生不快。

我们在此再次引用鲁迅致章廷谦的信：

> 伏园和小峰的事，我一向不分明。他们除作者版税外，分用净利，也是今天才知道的。但我就从来没有收清过版税。即如《桃色的云》的第一版卖完后，只给我一部分，说因当时没钱，后来补给，然而从此不提了。我也不提。而现在却以为我"可以做证人"，岂不冤哉！叫我证什么呢？
>
> 譬如他们俩究竟何时合作，何时闹开，我就毫不知道。所以是局外人，不能开口。但我所不满足的，是合作时，将北新的缺点对我藏得太密，闹开以后，将北新的坏处宣传得太多。
>
> 不过我要说一句话，我到上海后，看看各出版店，大抵是营利第一。小峰却还有点傻气。前两三年，别家不肯出版的书，我一绍介，他便付印，这事我至今记得的。虽然我所绍介的作者，现在往往翻脸在骂我，但我仍不能不感激小峰的情面。情面者，面情之谓也，我之亦要钱而亦要管情面者以此。①

"闹开之后"方才知道的有些事情使鲁迅感到不快。而且，在这件事上，鲁迅对孙伏园的不满明显会更多一些。合作时的"藏得太

---

① 《鲁迅全集》（第12卷），人民出版社2005年版，第98页。

密"，乃是因为利益关系而将鲁迅当外人，这无疑使鲁迅感到很不愉快。在这些方面，鲁迅与他们本来不大计较的，尤其是他为《语丝》所做的一切，几乎都是"义务劳动"。只是因为他们"藏得太密"，且当他明白自己被别人（自然指孙伏园、李小峰）利用赚钱时，才心生不快的。然而，鉴于孙伏园将"北新的坏处宣传得太多"，对于李小峰，鲁迅反而说了几句颇有些好感的话。在此后的《鲁迅日记》中，李小峰依然频频出现，孙伏园却是渐渐淡出了，个中原因大多出于此。

二是孙伏园之办嘤嘤书屋和编辑《贡献》杂志引起鲁迅之不快。

孙伏园之办《贡献》与嘤嘤书屋，给人一个感觉，就是要与《语丝》以及北新书局唱对台戏，这当然也使鲁迅感到不快。尤其是《语丝》杂志，这是鲁迅与孙伏园都曾全力投入的刊物。《贡献》在上海创刊，大致就在《语丝》在北京被查封之后不久。《语丝》日后移到上海来办，鲁迅应李小峰之邀出任编辑。恰恰就在这个时候，又发生了江绍原的荐稿事件，这让鲁迅心中更增一刺之感。

当时江绍原向鲁迅介绍一篇油印的《我所认识的冯玉祥及西北军》，作者为简又文，鲁迅没有录用。这篇油印文章不久便在《贡献》上发表。《贡献》第三卷第一期（1928 年 6 月 5 日）发表简又文的《我所认识的冯玉祥及西北军》同时，又登载了江绍原的介绍文章，其中说：

> 同学简又文先生，最近和我通信，里面附有他著的小册子（十六年十一月在旅沪广东学校联合会所讲）《我所认识的冯玉祥及西北军》，并问《语丝》能否登载。但《语丝》向来不转载已经印出之刊物（鲁迅先生复函中语），现在我便自动将它介绍给孙伏园先生主编的《贡献》。我想注意冯氏及其军队的人们，必乐于参考简又文先生的观察和意见。

这件事使鲁迅大为不快。另外，从 1927 年 12 月 9 日、1928 年 5 月 4 日、1929 年 1 月 6 日，鲁迅在给章廷谦的信中三次提到《贡献》、嘤嘤书屋，言辞颇为不屑，甚至有些恶毒而不怀好意：

伏园则在办一种周刊，曰：《贡献》（实在客气之至）。又听说要印书，但不知其详，因为极为少见。①

　　对于《贡献》，渺视者多。②

　　嘤嘤书屋久不闻嘤嘤之声，近忽闻两孙公将赴法留学，世事瞬息万变，我辈消息不灵，所以也莫名其妙。③

　　当时，孙伏园尚在上海，却与鲁迅"极少见"，后一封信中，连称呼都改成"两孙公"了，可见鲁迅心中之不满。

　　想当年，年方25岁的孙伏园因为催生了《阿Q正传》后名气大扬，成为文艺界的风云人物，而鲁迅也成了他作者资源库中的重要一员。尽管1928年孙伏园办《贡献》时，他的作者资源中即使没有鲁迅也一样的有实力，然而，鲁迅的这种言论及他的疏离一定会对孙伏园产生某些负面影响。

　　假如，鲁迅、孙伏园、北新书局能够强强联手，30年代的上海文学界，又该会有怎样精彩的一幕呢？可是人生没有假如，而造物总是喜欢弄人的。人生这个容器的容量实在是有限的，愁苦和畏惧多了，欢乐和勇气就少了；局促和紧张多了，潇洒和轻松就少了；傲慢和骄矜多了，恭谨与谦虚就少了，一些不需要的话语存放太多，一些箴言就会无处落脚。如此一想，一切便可释怀，就让有些话穿耳而过吧，在以后的几十年中，孙伏园没有提起过自己与北新书局，与鲁迅的这些不愉快。

　　1929年3月20日《鲁迅日记》中出现"伏园、春苔来"，这很可能是兄弟俩赴法国前去向鲁迅道别。1929年4月13日《鲁迅日记》中出现"上午得孙伏园等明信片"，这一定是孙伏园、孙福熙到巴黎后向鲁迅问好的。

　　1929年3月，《贡献》终刊，孙伏园收拾行装赴法国巴黎大学专修文学。当上帝关闭了一扇大门时，同时也会开启另一扇窗，离开上海后的孙伏园又开始了他另一段全新的人生历程。

---

① 《鲁迅全集》（第12卷），人民出版社2005年版，第96页。
② 同上书，第116页。
③ 同上书，第146页。

第六章

投身平民教育

定县今为定州市，被称为古国都市，华北重镇。省级历史文化名城，是河北省县级第一人口大市，华北地区的重要交通枢纽。民国初废州改为定县，1986 年，定县撤县改为定州市。2005 年被联合国地名专家组中国分部命名为"千年古县"。

孙伏园是这样描写当年的定县的：

> 定县是一片平原，境内连土堆般的小山也没有，就有也只是几个小山般的土堆。河流大小虽有几条，毛病却在太浅。所以山不高，水不深，恰好造就了一片平原的两大特征。
>
> 在这一片平原的上面，罩着半圆米色的云天。秋叶还没有落尽，柳树梢头缀着一撮一撮嫩黄的柳叶。如果心头没有刚过三个月的炎暑做着背景，一个人从半空中掉下来，对着这些嫩黄的柳叶，谁敢断定而今准是初冬不是初春！昔人咏残月诗有云："荣落何相似，初终却一般。"因为残月是很像新月的。其实残月和新月还容易分辨，借这两句诗来形容柳树的新叶和枯叶是再适切也没有了。
>
> 但从半圆米色的云天里，竟飞下一阵阵的粉片来。这初雪真是叫人认识初冬的旁证，叫人不为荣落相似初终一般的柳叶所迷惑的警告，叫人即刻回忆三月以前的炎暑而对于初冬存着一腔渴望的征兆。[1]

20 世纪的 30 年代，晏阳初以河北定县为根据地，以县为单位，开

---

① 孙伏园：《博野行》，《潇湘涟漪》第二卷第七期，1936 年 1 月 1 日。

始综合的社会改造试验，史称"定县实验"。在定县实验中，晏阳初逐渐形成乡村建设的整体思路。他将中国农村的问题归为"愚、穷、弱、私"四端，主张以文艺、生计、卫生、公民"四大教育"分别加以医治。在定县，知识分子们用农民听得懂的语言和喜欢的方式，编写了600余种平民读物；选编了包括鼓词、歌谣、谚语、故事、笑话等60万字的民间文艺资料，搜集民间实用绘画、乐谱等；组织歌咏比赛、农村剧社，举办各种文艺活动，以救农民之"愚"，培养他们的"智识力"。他们进行农业科学研究，创办实验农场，改良猪种和鸡种，对农民进行"生计训练"，开办生计巡回训练学校，训练比较热心、能干的中青年农民"志愿者"作"示范农户"，来带领其他农户使用新技术。还组织农民自助社、合作社、合作社联合会，开展信用、购买、生产、运输方面的经济活动，以治农民之"贫"，培养他们的"生产力"。他们实施卫生教育，普及卫生知识，培养卫生习惯，还创建农村三级医药卫生制度，村设保健员，联村设保健所，县设保健院，以救农民之"弱"，培养他们的"强健力"。他们对农民进行公民教育，以救农民之"私"，养成公共意识与合作精神。从此，定县这个中国数千个县中的一个普通县被载入一段独特的历史中。新中国成立后，我国备受国际推崇的赤脚医生制度，广受国内 NGO 采用的参与式社区工作方法，以及国务院扶贫办近些年的"整村推进"计划，联合国当前在世界范围内为消除贫困所作的努力，我们都可以从当年的"定县实验"中找到源头。

　　评说定县乡村平民教育实验的成败非本书所应及论题，我们只凭定县当年聚集了一大批一流知识分子这一点直叹：定县有幸。这些知识分子之中有许多人是学有成就的博士、教授、作家、戏剧家、农艺师和社会学专家等。他们既富于创造力，又特立独行，他们舍弃了仕途经济前程，献身于平民教育事业，甘心过清贫、简朴的乡间生活。

　　伟大的思想不能为其同时代所理解，这是正常的，因为思想在高处，而人们只在平地觅食。但思想是光，它总要从黑暗中透过来。当我们回望 20 世纪的中国时，少数几束能够使心灵感到温暖的光中一定包含着由定县的平民教育运动中透出的光亮。今天，中国并没有完全从传统的农业社会中走出来，农村中的许多地方"愚、穷、弱、私"仍是主旋律，民智尚未全然开化，民力没有得到足够发挥，而民主的建立更是任重道远。因此当我们展望未来时，更感到这束光亮不应从我们的天空遁迹。

当我们循着这束温暖之光追溯而去时，总能在光晕中找到孙伏园的身影：敬业、仁厚、悲悯，他单纯而又复杂，激情而又严谨，率真而又谨慎，能处理各种复杂的关系而又不世故，浪漫的文人气质与深刻的现实洞察力有机相融。也许是因为孙伏园的编辑成就令人瞩目，以至他的其他文化实践一直没有进入人们的研究视野。从 1931 年起，38 岁的孙伏园几乎用他生命中近十年的时间参加中华平民教育促进会，主持平民文学部的工作，其间的文化实践就是孙伏园研究中的盲区，对此，我们将在本章节中做积极的重估。

一、异质文化

1929 年 3 月，《贡献》终刊，孙伏园赴法国巴黎勤工俭学，在巴黎大学专修文学，并从事散文创作。写下了《自巴黎西行》《丽芒湖》等作品。以《丽芒湖》最为读者称道，作品构思精巧，文笔绮丽，沉静诙谐。《丽芒湖》收入 1931 年 9 月由开明书店出版的孙伏园、孙福熙、曾仲鸣合著的《三湖游记》中。

孙伏园在定县

孙伏园在巴黎的时间不长，1931 年 5 月，孙伏园回国。初从法国归来的孙伏园，不但西装革履一派洋绅士派头，而且高高地戴了一顶土耳其式的红帽子，颇有一派西欧艺术家的风度。

外表上的绅士风度，同时也体现在孙伏园的内在气质上。虽然，留学巴黎的时间不长，但给孙伏园的文化植入不浅，使他能够在正确体悟把握本土文化的精髓气韵的同时，又出乎其外，用现代性、世界性的眼光审察地域的文化风韵和居民的生存样态，实现由狭隘的地方意识思考方式向开阔宏大透视人类社会的类意识思考方式的转换，把具有壮美和优美气质的文化意识移植到更加复杂恢弘的大文化意识中，在碰撞与交流中培植出自己独特的文化意识，从而得以在异质文化背景中获得对本土文化的认知和超越。

首先是他的中和的人生态度。传统的文化熏陶和西方文明的洗礼，使得本来就有着良好的修养的孙伏园，更深得传统的"中庸之道"，又明显存有西方绅士之风。他变得更崇尚优雅人生，喜欢将生活艺术化，知人论世更多以幽默委婉中肯之语，不咄咄逼人，不锋芒毕露，不极端。

其次是他的独立品格。"自由、平等、独立"是西方文化的精髓，也是现代文明极其重要的内核。自由精神与独立品格是相辅相成、相融共生的。在西方现代文明的洗礼下，孙伏园更崇尚个体的独立性。他以恬静的心境和平和的心态，于庸常琐事中发现动人诗意，在艰难时世中感悟人生意趣，以开阔的视野和达观的态度，旁征博引，在中西文化隧道的穿行中表达自己的智慧和机智。

最后他的自由精神。短暂的巴黎留学，孙伏园对西方的民主和自由有亲身的体验，对自由有一种特别的感受和向往。崇尚仁爱，崇尚自由更明显地成了他今后的人生态度，人生追求。

地域文化形象，是某一地域有别于他者的、能显示自我差异性的"想象的共同体"。这些"想象的共同体"作为某一地域文化的产物，一旦形成，就会在人们的心理结构中积淀为比较稳固的社会记忆，成为地域文化的标志和符号，人和群体通过这些地域文化形象来达到对某一地域文化的感性和理性认识，从而形成对某一地域文化的集体想象，影响着人们对某一地域文化的认同、拒绝、赞赏或贬抑等。母土文化是最初滋润孙伏园生根、发芽、成长的土壤，他首先是从区域文化的"母体"中，获得某种文化基因，这基因犹如最初的乳汁，奠定了他健壮"发育"的基础，而过于自恋本土文化，容易导致目光狭隘、视野狭窄及故步自封。留学巴黎，正好给孙伏园一些异质文化的因子，在异质文化的背景下，孙伏园在与本土文化的碰撞融合中裂变出新的、更加恢弘的文化品格和文化意识，以及在价值观、思维观、审美观等方面求得对本土文化的认知与超越，并实现了文化审美心理结构的自我调整。

按常理，从巴黎留学归来的孙伏园，应该继续从事他的文学创作、编辑工作。然而，20 世纪 30 年代的中国现代文学的质地已发生了微妙的调整。中国现代文学在很长一段时期内，都在一种荷尔蒙过多状态中运行。① 以上海为例，"从文学革命到革命文学"，"革命文学"论争成了文学发展趋势。现在看来，当时革命文学的倡导者们由两部分组成，一部分是日本留学回国的青年，一部分是大革命失败后为躲避追捕而逃到上海的革命青年。这些人绝大多数身无余财，寂寂无闻，除了读过几天书，会写几篇文章和满脑子的革命意识形态观念、政治冲动，别无长处。上海半殖民地特色，可以为他们提供较为自由的活动空间和较安全的政治环境。然而，商业化的现实，也使他们不得不为生存而奔波。他们只能发挥自己的长处——卖文。他们组成团体，打出旗号——"革命文学"，为了自己的理论更有卖点，他们需要一场能够引起轰动的打靶表演，而其重点在于选择一块万众瞩目、出奇难打，而又不会威胁到打靶者生命的靶牌。这靶牌首先便是鲁迅。在上海，鲁迅是首屈一指的权威作家，且早已扬名海内外，但鲁迅又没有什么政治后台和暴力机构撑腰，所有条件都符合攻击者的要求。除鲁迅外，叶圣陶、冰心、茅盾、郁达夫等人都成了他们的靶子。论争由此而起，"革命文学"于是迅速向全国蔓延。一段时间里，这些倡导者的杂志、集子全国畅销，"革命文学"竟然短时间内声名鹊起了。竟还引起了权威间的"碰撞"，如胡适与郭沫若，鲁迅与沈从文，鲁迅与林语堂，鲁迅与周扬等，都曾有过碰撞，当然更多的自然是权威与文学新人间的碰撞，如鲁迅与第三种人之间的论争。一定意义上，是这种撞击丰富了文学理解，促进了文坛繁荣，但其鲜明的"文学政治"特征在一定程度上也败坏了文坛风气。中国现代文学从此由发生期抽身，创新性和新颖程度降低了。

如果说，20 年代的孙伏园尚且在出世与入世、愤激与平和、学院与社会之间游离不定的话，那么，从巴黎归来的孙伏园，他性格中淡泊、宁静和疏离的面向越来越突出，他已不愿意走入一场场文学纷争中，他看到这些有着责任或者义务什么的冠冕堂皇的名字，至多只是许多鸡零狗碎的算计和争斗，为蝇头小利和蜗角虚名所驱使。他更愿意"行心之

---

① 王雪伟：《中国现代文学的权威运作》，《重庆三峡学院学报》2008 年第 2 期。

所安"①，他希望自己将日常生活作为一个审美化的进程，将短暂的、破碎的、繁杂的日常世界与一个永恒的、辽远的、深邃的"文化世界"对接起来，而且希望在这个对接的过程中，自然地伸展自己的社会网络。如此，留在上海、留在北京，都不再是他所愿。而定县、晏阳初的"定县实验"似乎更合他意。

当年，他主编的《晨报副镌》约有五千人阅读，但当他从巴黎留学回国后，晏阳初提醒他：国内几万万平民正需要有人为他们撰写他们看得懂的文学，你何不到乡村去创造新的平民文学？孙伏园极以为然。由此，一位京城副刊的掌门人即将转型为平民文学的忠实践行者。

1931 年 5 月，应中华平民教育促进会领导人晏阳初之邀，孙伏园到河北定县从事平民教育，任平民文学部主任，编辑平民读物、《农民报》及平民学校课本《千字课》等。这一年，孙伏园 38 岁，他似乎明白厄普代克那句刻薄的话："这些三十五六岁、生活中已经没有多少可能性的人们。"所以，他很快完成了角色转换，立即脱下西装，摘去土耳其式的红帽子，改着一袭蓝布长袍、布袜布鞋的中国旧装束。他很投入，未来如何走，如何发展，他都不考虑，珍爱兴趣，做想做的，一旦做，就尽力做好，如此而已。义无反顾地一去八年，将生命中的壮年时期给了定县，给了平民教育事业，连他那四方的莫泊桑式的整齐严肃的胡须也被列入"定县平教会十景"之一。②

1933 年，《东方杂志》第 30 卷第 1 号以"新年的梦想"为题，发表了 142 人的答案。按地域分布是：上海 78 人，南京 17 人，北平 12 人，杭州 8 人，广州 4 人，天津、济南、安庆各 2 人，徐州、西安、镇江、无锡、苏州、嘉兴、定县、峰县、青海、南洋、日本各 1 人，未详 5 人。其中来自定县的便是孙伏园，他的回答是：

> 在这漫长的冬夜里，我们有的是饿，有的是冷，有的是虱子和跳蚤，有的是刺客和强盗，还哪儿来的一两个甜蜜的舒适的梦？

① 老向：《黄土泥·孙伏园先生》，人间书院 1936 年版，第 97 页。
② 同上书，第 99 页。

可见，定县环境之艰窘，孙伏园能在定县如此艰苦的环境中工作下去，其原因，一方面有他对中国农民悲惨生活的同情，另一方面也有强烈的道德责任感、救民于水火的忧患意识。这依然可归咎于他内心的文化动因。

他对教育之信仰是由来已久的，早在 1921 年 12 月 18 日的《晨报副镌》上，他就发表了《民治与教育的关系》，在文章中他是这样肯定教育的：

> 换一句话说，就是，人是教育得好的，所以不必用君主政治，也因为人是尚有待于教育的，所以不宜用无政府制度，——却应该自己举出人来，给他一种权柄，叫他替我们治理，治理得不好就立刻把他更换。现在惟一适宜的政治制度就是民治。做到民治的手段就是教育。民治的重要根据也是教育。民治国家的重要教条，就是对于教育的莫大信仰。

到 1928 年，在上海创办《贡献》期间，他更强烈地意识到教育、"智识运动"之于中国的重要性，我们可以从他发表在 1928 年 1 月 5 日出版的《贡献》上的《我们的一九二八年》可知，他不但强调了教育在中国实施的重要性，也指出了艰难性：

> 综上二因，不外教育不适应时代和环境的需要。在学校教育者的方面，应该觉悟这个缺点，努力与社会去接近，在社会一般人的方面，应该觉悟这个缺点，努力与学校去接近，使学校与社会打成一片。
>
> 除非我们承认我们这个不成样子的中国用不着我们的儿孙来继承了，除非我们承认我们这个不成样子的中国只要不会受过教育的儿孙来继承就够了，我们总得好好的继续办理我们的教育事业。个个中国人应该自问，我们会有什么本领教给我们的儿孙了？小鸡还不会啄米，小猫还不会捕鼠，难道母鸡母猫们死了能瞑目的么？不消说，不会啄米的小鸡，不会捕鼠的小猫，是逃不出天演公理，只有由消瘦而僵枯，由僵枯而死灭的一条路的。

……

　　不论怎样物质上艰窘，精神上痛苦，甚至国已将不国了，只要我们还有一毫能力，希望不将艰窘与痛苦做遗产传与子孙，我们还得挣扎着教育我们的子孙。

……

　　一切问题的总汇是我们怎样去做智识运动呢？

　　讲政治，讲教育，到底还是局部的。而种种问题的归宿点则是智识问题。

……

　　中国地域如此之大，人民识字者如此之少，交通如此之不便利，新闻纸杂志书籍等出版品如此之不发达，如果有一个问题，要使全国人民个个知道，恐怕至少得五十年，要使全国人民个个都有答案，恐怕至少得一百年。

　　在这种大国里做智识运动，当然是很困难的。

……

　　我们要不避浅薄，不畏艰苦，往普及的智识运动上做功夫。

　　当然，除了孙伏园的文化背景，我们还认为很有必要简单罗列一下中华平民教育促进会这个团队，也正是因为生活在这样的团队中，孙伏园的日常生活被赋予了一层文化的光斑，在这种光斑所营造的气氛、感觉中，孙伏园更有了一份超然的情怀，他可以明净地观照这个世界，平静地安顿自己的灵魂。

　　专攻中外哲学史、教育哲学、中外教育史的瞿菊农，1926 年获美国哈佛大学哲学博士学位，受教于美国新黑格尔主义者霍金等教授，是在哈佛大学获得博士学位的第一位中国学生，时任北京法政大学教授兼教务长，在定县甘心屈就平教会平民文学部干事。

　　生计教育部主任冯锐是美国康奈尔大学农学博士，时任岭南大学与东南大学教授，罗马万国农村研究院研究员。

　　卫生教育部主任陈志潜是美国哈佛大学医学博士，曾任国民党中央政府卫生署公共卫生处长，国内知名的公共卫生专家。

　　城市教育部主任汤茂如是美国哥伦比亚大学教育硕士，时任北京法政大学教授。

社会调查部主任李景汉是美国哥伦比亚大学社会学博士，我国知名的社会调查专家。在定县所做的调查是中国知识分子运用西方社会学的方法进行实地调查的典范之一，是中国首次以县为单位的系统的实地调查。他的《定县社会概况调查》一书为研究 20 世纪 30 年代中国北方的农村社区提供了翔实的资料，在国内外产生了深远的影响。

乡村工艺部主任刘拓是美国艾阿华大学博士，时任北京师范大学教授。

平民文学部陈筑山在日本、美国留学 11 年，中华民国成立后任第一届国会参议员，是反对袁世凯乱政篡国的先锋战士，时任北京法政专科学校校长。陈筑山与晏阳初长谈后，他毅然辞卸校长职务到平教会服务。

视听教育部主任郑锦，留学日本 10 年，创办北京艺术学科学校并任校长 7 年，是国内著名画家。晏阳初曾当面问他：你的画作何以只供豪贵赞扬，不用你的生花妙笔表达平民的可怜困苦生活？郑锦大受感动，半年后即辞去艺专校长参加平教会工作。

主持农村戏剧实验的熊佛西是美国哈佛大学博士，时任国立戏剧学校校长。他在定县举办戏剧学习班，成立了十几个农民剧团，是我国现代话剧运动的开拓者。

此外如担任秘书长的谢扶雅博士、导生制创议者黎锦纾博士、农业合作制度的倡导和推引者姚石庵教授、社会教育式主任汪德亮教授以及担任定县实验县县长的霍六丁等都是国内一流的知识分子。

定县实验很快就被认为是国内第一流人才，创制第一等的计划，所做出的第一等工作。当时大批知识分子积极投身平教会，他们都认为这将是救国的唯一途径。他们的专业和学校背景虽不同，但有着相同的价值取向，彼此可参照映衬，这是一个真正的宽阔复杂又趋同的人文组合。他们曾经亲眼目睹了西方城市的繁华和乡村的富足，更感中国乡村经济的凋敝。回国后，他们愿意为改变祖国的落后状况而作种种努力。革命的浓烈氛围与大革命失败后的政治气压在这群人身上几乎没有留下什么痕迹。他们不像左翼作家那样对现实有很深的投入，并肩起更重的社会负担，更没有直接参与政治、面对革命，他们对革命至多是同情。

假如要求他们比同情更进一步，哪怕去参加一些轻而易举的行动，对他们来说也是勉为其难的。于是，他们始终保持相对低调的、看似超脱的作风，不参加任何政治性强的社会团体，也从不介入任何文坛纷争，他们深受启蒙主义思想的影响，始终服膺并且秉持启蒙主义立场，也在此基础上形成了以人格教育为核心、以人的全面成长为根本旨归的文化观念、文化倾向。他们坚持关注普通中国人的命运，坚持从平民立场参与中国新文化的建设。他们批判封建愚昧专制，提倡科学，反对迷信，执著于开启民智，为建设民族新文化踏踏实实地苦干。

可以想象得到，在这样的人文组合中，孙伏园的心境还是比较舒畅的。当时的报刊记者是这样记写孙伏园的：

与想象中的"孙老头儿"见面了，是他初下车不久，我们就由白镜潭先生介绍而会见。他诚然是有"老头儿"的形式。戴着那么顶小小的帽子，穿着家做的布袜子，仿佛是个乡下佬儿，但又不像。这个"老头儿"并不和普通的"老头儿"一样，他并不老态，不过是有了胡须而已。他不是中国式的老头儿，他是短小精悍，精神丝毫不老的"老头儿"。他哪里是"老"，他依然是有"童心"的人，如果说"老"和"衰"是两件事。那么，他虽老而不衰。一个人怕的是衰老，有许多年轻人不是未老先衰了吗，那才是可惜的呢。

孙伏园一向有"老头儿"的绰号，这是章衣萍夫人吴曙天女士给他的"嘉名"。"孙老头儿"差不多是十年以前的人物，如今想来是更老了。我第一次在他到绥远的时候去见他，看着这"老头儿"究竟是不是"老态龙钟""老气横秋"的老头了，见面以后觉得"老头儿"固然不免有些老的表征，但他并不"衰"，只是老而已。这老头儿不是中国式的老头子。所以还有青年人的气概。他的装束仿佛已是乡村化了，戴着小帽，穿着大布之衣和布袜，带着浓厚的乡村气味。

我们几个人谈着，谈到刘半农先生去年来绥，第一次见刘先生觉得他有官僚气，后来他很不高兴我这样说他。孙先生笑着说看他有什么气，大家都笑了，有的说他像"乡绅"，他自己戏说是"土气"。我心里想他倒是有些"学究气",但我没有说出来。后来我给他照相,他拿着皮包,捏着手杖,我说:"孙先生有乡村老人逃难的气",大家都不由得笑了。

孙伏园先生就是一个现实中的人物。这老头儿他是多么短小精悍而踏实呵。①

在定县,孙伏园貌似出世,与所生活的时代保持距离,实际钦佩那种"不可为而为之"的精神,时刻关注着平凡人生,并且以自然朴实的风格传达出清澈的人生况味,同时也注重笔墨情趣,力求气韵生动,倾心于表现内在的情绪,对黑暗现实的批判显得沉郁而抑制。他虽然是与纷乱动荡的时局保持距离,但以维持清醒的姿态向时代发出自己的声音,以清音稀释时代的喧哗,以踏实取代人心的浮躁,以宁静消减人世的不安,以出世的精神,认真做入世的事业。传统文人的气质又使他形成了真诚的情感倾向、严格的自我反省、求真向善的心灵追求以及严肃的人生态度、执著的社会责任和知行合一的实践精神。这一切都化作一种文化使命融进了他的平民文学实践。

二、平民文学实践

平教会认为,中国农村之所以弄到衰败不堪的地步,完全是因为"愚""穷""弱""私"四个字作祟。要救中国,便得先救这四个字。这是平教会实验的基本理论。于是提倡"文艺教育"以救"愚","生计教育"以救"穷","卫生教育"以救"弱","公民教育"以救"私"。文艺教育,就是促进农民的文化生活,使其对自然环境社会生活有相当的欣赏与了解;生计教育,就是从普及科学知识、技术,改善生计组织入手,提高农民的经济生活;卫生教育,则是普及卫生知识,训练卫生习惯,用公共的力量谋公共的卫生,以提高农民的健康生活;公民教育,在于养成平民的公共心与合作精神,提高农民的道德生活与团体生活。此即所谓"四大教育"。

"四大教育"的第一项是文艺教育,平民文学工作就是文艺教育各

---

① 杨令德:《记孙伏园先生》,《绥远民国日报》1935 年 3 月 25 日。

项工作中的重要一项。孙伏园的平民文学实践可以从以下四个方面来总结。

第一是为农民选择适合使用的字和词。

首先是选择单字，收集平民书报九十种，平民应用文件二十五种，书报完全是白话的，应用文件完全是未经印刷的真材料，如发票、收据、借字、订货单、菜市账簿、官府告示、邮局条据、家庭日用账簿等。在这一百十五种材料中获取单字五十万四千六百零九个，依其发现次数之多寡，顺序排列，除了重复的，约计得单字八千。

这八千单字中，有一半以上只是发现一次两次，与日常生活没有多少关系的，于是选取发现次数较多的单字三千四百二十个，编列成通用字表。

从这三千四百二十个单字中，再要选择人人必须知道的基本字。选取基本字分两个步骤，第一步是客观选择，即在所得的通用字表中，取其发现次数较多的一千三百个字。第二步是用主观方法，从教育部国语统一筹备会出版的国音字典中，经二十人之同意，选得一千一百四十四字。这一千一百四十四字的主观字汇，正可弥补客观选择中的许多不足。

对经主客观选字的结果仍不敢自信，所以又参照小学教育学者陈鹤琴先生所选语体文应用字汇，互相比较损益，而成一千三百二十字的基本字表。

从通用字表的三千多字到基本字表的一千多字，这个过程，经历了主观与客观相结合，内部与外部相补充的选择过程，真是用心良苦。

接着，对通用字表、基本字表进行修正，总结出它的存在缺点。为弥补缺点，便开始第二步工作，即选词工作，着手《词表》的制定。

孙伏园专门为平民研制了两个《词表》。在第一《词表》中列出平民口头已有的词，第二《词表》专列平民口头应有的词。在平民读本或课本中，前一表中的词可以尽量应用，毫无限制。第二表中的词则还增加了相关意义的介绍，即在课本中一天出现五个，反复练习，期其成为农民用语之一部分，课本中所放不下的，则放在读物及词典中介绍。

可见，选词比选字更费心思。透过选词的过程，尤其是一天五个词的意义介绍，足见他工作之细致，不经意间流露的是对农民的了解、同情之心。

由于时代的进步，语法不断繁新，新的词汇大量增加，孙伏园又着手注音字母教学的实验与研究，将平民读物一律改成词类连书并附有注音字母。

什么叫词类连书？例如"今天天气很冷"一句话，读起来容易上下乱扯，特别是读注音字母，现在改为"今天、天气、很冷"，读起来就容易断句，这就叫词类连书。词类连书，孙伏园把它叫做"词儿连写"，加上注音字母，是我国文字教学上的一项根本性改革，实验结果，初级平民学校学生在两个月学习后就能口诵平民读物，效果十分显著。

除此，平教会于1935年3月创刊《农民报》，由孙伏园主编，这是我国第一张农民报纸，也用注音字母与词儿连写的办法出版。这既是农民的喉舌，也是农民自我教育的阵地，其中一半是农民投稿，很受农民欢迎。

第二是编辑平民课本。

用上述所选的字、词编辑成平民课本，当时，平民教育促进会编辑的第一部课本是《平民千字课》。

《平民千字课》出了几年以后，渐渐感到千字课应因职业而有不同，孙伏园便组织同仁，开始《市民千字课》和《农民千字课》的编辑。针对全国大多数平民，除市民和农民以外，还有大部分是士兵这一现实，也给他们编了一种《士兵千字课》。这市民、农民、士兵三种千字课，都供平民学校师生教学之用。这是一项浩大的文化普及工程，由孙伏园主持完成。

《千字课》是为初级平民学校预备的，为方便教学，全书为四册，每月学习一册，每册二十四课，一天学一课，除星期日复习以外，刚好够四星期之用。四个月后，平民学校毕业的农民刚好学完四册。改进后的教材分甲乙两种本，各分四册，每册24课，每课分"课文"及"新词用法举例"（介绍新词4—10个）。两种课本的第一册都是注音字母教学。课本内容甲种本以指导行动为主，不单纯介绍知识，如抵抗侵略、改良生活、信仰科学、研究技术等。乙种本总题目是《我们的中国》，内容包括地理、历史、农业、水利、工业、资源等。创新的甲乙两种课本，不论在语文教学或内容上都比以前的《平民千字课》大为进步，内容实际，生动活泼，在四个平民学校实验时，不仅学生读书兴趣浓厚，来旁听的人也很多。

特别是《农民千字课》，犹如一部福音书，为扫除文盲立下无量功德。到1934年时，定县已经普及小学，成人教育有了较大发展，文盲人数大大降低。据小陈村、西平朱谷、东建阳村三个不同规模的自然村抽样调查，学龄儿童入学率已分别达到85.1%、85%、89.9%。成人教育方面，据全县470个自然村的统计，已有338个村成立了高级平民学校508所，在校学生总数达到10891人。据1930年的统计，定县总人口为397000人。7岁以上的人数为330300人，其中文盲为274150人，占83%。12—25岁的青年有95800人，其中文盲为70890人，占74%。到1934年6月，全县14—25岁的青年82000人中，文盲已减少到32550人，占全体青年的39%。其中男青年的文盲已下降到10%。扫除文盲成绩居全国1900多个县之冠。[1]

第三是编辑平民文艺读物。

孙伏园认为，要将此前精心选取的字、词再回到平民中去为平民所掌握，除了《农民千字课》短短四个月的学习还不够，还应该为平民再拓展阅读视野。为此，必须找到一种载体，一种平民喜闻乐见的载体。

孙伏园想到了利用定县民间的秧歌、大鼓词等作为平民文学的载体。就这样，他从一个文艺副刊的掌门人转变为一个平民通俗文艺的编辑者，从雅到俗之间，他转变得如此自然到位。对此，同仁瞿菊农是这样评说孙伏园的：

> 在乡下找一个唱曲儿的瞎子来，叫他在一边唱，伏园先生在一边听而且记。记得了之后，依照他的形式，修改他的词句，注意他的内容，一滴一点都求其有教育的价值。然后，加以分词，加以注音，再去找乡下人来试读。有不合适的，再修再改。这一个瞎子完了，再找第二个瞎子来。
>
> 由找唱曲儿的瞎子起，到说大鼓的，到唱秧歌的，他都领教过一遍之后，从中取出一部分平民读物的模型来，再去编辑适合平民

---

① 李景汉编：《定县社会概况调查》，中国人民大学出版社1986年版。

的读物，着实费了点儿心血。这且不提。最见本领的是他能利用平民所识的有限文字，向他们讲解书经，讲解易经，灌输一些"古书常识"。好家伙，真不是容易事儿！这儿有平民读物，你们瞧，咱们掀开来看。先看他对一般平民怎样解释"经书"的经字：什么叫做"经书"呢？"经"是"线"的意思。书都是用线钉成的，所以在最古的时代，一切书都叫"经"。后来因为古代传下来的书渐渐的受后人尊重，"经"字的意义就渐渐的变成了做人的道理和规则，从此以后的书也就没有人再敢叫"经"了。

因为以后的书不敢再叫经了，原来的经便更尊重了。中国从汉朝以来，两千年的功夫，都是尊重孔教的；所以孔教所称道的经，在中国人思想上，有极大的力量。从前中国人做事，有和经书不合的地方，社会就可以批评，官厅就可以办罪。我们固然从经书上知道许多古代的事情，这是经书给我们的好处，但是经书也给我们许多害处，它叫我们的思想不自由，行动不自由，处处受了它的管束。

革命以后，中国人的信仰有了自由，佛教的经书，都一样的受我们的尊重，不像从前那样专尊重孔教的经书了。

因为不专尊重孔教的经书了，我们倒可以真正的认识孔教的几部经书的价值了。①

我们再来看孙伏园是如何采集秧歌的。秧歌是定县民间最流行的一种戏曲。苦无印本或写本，亦无职业的唱工。定县一般人能唱一段或数句者甚多，欲求一能唱整首者颇不易得。经四访求之，竟得一能唱多首秧歌之老者，名刘洛使。定县秧歌戏目，约近一百，刘洛使竟能唱一半。

孙伏园和同仁们用了一年余的时间，刘洛使一面背唱，大家轮流替他记录。共录下完整无缺的秧歌四十八首，计五十余万字。随即出版了《定县秧歌选》两巨册。

考虑到要为研究秧歌者留下原创性作品，孙伏园对于民间文学的出

---

① 老向：《黄土泥·孙伏园先生》，人间书院1936年版，第100页。

版，分为两种办法：一种是供研究用的，那是越近于真实越好，无论思想陈旧而至于愚陋，言辞浓艳而至于淫秽，一概不避；另一种是供推广用的，那是含有教育的意义，从民间采来的文学依旧放还到民间去，需要在描绘技术及内容上加一番注意，万不得已的时候也不惜作一番删改。对于秧歌如此，对于其他民间文艺也如此。

继秧歌集出版以后，继续采访大鼓词。大鼓词以韵文说故事，乡间庙会均有演唱。定县东乡有一叫田三义者，在农村演唱大鼓词四十余年，老幼男妇无不知之。可惜他和背唱秧歌的刘洛使一样，一个字也不认识。

孙伏园他们也把这位演唱者请来，仿采集秧歌的办法，一边请他背唱，一边替他记录。自1932年暑假后起，到1933年1月底止，六个月内，共采得大鼓词二百零三段，共六十一万二千余字。

采集的标准大约有三：一为最受农民欢迎者，一为短精者，一为未有印本者。这半年内所采得的大鼓词，大体上是合于这三个标准的。

遵循着从民间来，又回到民间去的原则，其经删改而编就的平民读物，不但交由初级实验平民学校学生试读，且仍由田三义对一般听众演唱，均得到很好的反应。

对大部分不能修改者，因其有可供研究之价值，便整理完毕，和《定县秧歌选》一样，全部付印，供各方面学者之研究。编平民通俗读物时，仍不忘给研究者留下宝贵的原生态作品，孙伏园编辑平民读物之功德真够圆满了。

除秧歌和大鼓词之外，他们还采集了定县的其他许多民间文艺。这些材料大都是短小零碎的，所以采集的方法，不像秧歌、大鼓词那样简单。孙伏园充分发挥定县本地的学者的作用，如一位叫沈杰三的老先生供给了许多的材料，各村庄小学教师们也给予了许多的便利。累计采得歌谣二百余则，歇后语三百则，谜语三百余则，谚语六百余则，故事笑话等百余则，共约七万字。整理完毕以后，也分别印行。

这又是一项浩大的文化普及工程，孙伏园凭着自己对社会民情的随时观察和对芸芸众生的悲悯关怀，以一副脚踏实地的精神，一团忧国忧民的热情投入到这项文化普及工作中，将自己的智慧惠施于平民，他永远站在前线上做实事，从不躲在后方空喊。①

这套平民文艺读物成了青年男女农民的最适宜读本，他们的学校用书是千字课本，这套读本便成了他们毕业以后自学或继续教育的读物，读本中的内容是他们早早就知道了的，花花斑斑的文字是他们有七八分认得了的，每一个字还都附着注音符号，最使他们惊奇的是这种向来口耳相传的民间文艺，今日竟变成了一本本的美丽的小册，对此，他们安有不夜以继日地以读完一本又一本为快呢。

第四是编辑其他平民读物。

平民读物有常识和文艺两类，常识读物分自然和科学，社会科学与应用科学。

孙伏园打算从农民需要的立场出发，出版平民读物一千册。其中百分之七十是常识，百分之三十是文艺。文艺包含三个部分，一部分是采集得来的或经删改的民间文艺，一部分是民间已经流行的大部旧小说的原文选录，又一部分是现代人的创作。② 鉴于对于文艺读物的编辑，前面已有所记述，在此，着重论及孙伏园是如何为常识平民读物的编辑倾注心力的。

常识类平民读物作为教育平民的载体，其编辑的工作须与生计、卫生、公民各部分的工作相紧扣，即要将这三方面的教育材料编成课本，供在学校学习者学习，除此还得为从学校毕业后，在社会家庭进行继续教育者编一套适宜的读物。

一切以农民的需要为标准，文字须几经修改，均以初级平民学校毕业生能阅读为标准。编辑完成以后，或用石印，或用铅印，印成实验用本时，得备学校式、社会式、家庭式三个类别。

实验用本每册附一"试读表"，"试读表"中特别注重"不妥当的处所"。在了解那几句话或那几个词不妥当后还觉不足，还要进一步了解"不妥当的缘故"。在"不妥当的缘故"一栏，编者凭推想列出三种缘故，标以数字，由试读者选择：（1）不懂；（2）不好念；（3）没有意思。试读者选择时，只需在格中填写一个数目字即可。此又可见编者

① 老向：《黄土泥·孙伏园先生》，人间书院1936年版，第99页。
② 孙伏园：《定县的平民文学工作略说》，《艺风》第一卷第9期。

的良苦用心。如果平民学校学
习四个月毕业之后青年农民认
为看不懂，不好念，或没有意
思。那就无论如何的妙句妙文
也得弃之不用。我们透过孙伏
园注重反馈这一点，其认真投
入程度可见一斑。

　　就这样，一个有着北京大
学和留学法国经历的文化名
人，一个曾经为新文化运动打
造言说平台的副刊掌门人，谦
和朴实地在乡间，在平民中为
农民编撰着农民所能看得懂的
平民读物。对此，同仁瞿菊农
极为赞赏：

《艺风》上的《定县的平民文学工作略说》

　　　　喊平民文学的早就大有人在，而真正研究平民文学的，也许还
　　是大有人在。不过，真正到民间去，为平民而文学，而又已编六百
　　多本读物的，舍伏园先生而外，又有何人？①

　　孙伏园在定县的平民文学实践也引起了在北京的周作人等文化名人
的兴趣。1934 年 11 月 3 日至 5 日，周作人和俞平伯在保定育德中学给
学生演讲结束后，至定县参观访问。

　　1934 年 11 月 3 日上午，他们二人在育德中学给学生演讲，下午便
前往定县。周作人在 11 月 3 日的日记中记道："下午往车站，学校送旅
费十五元。二时十分发车，五时九分到定县，伏园来接，即住其寓中，
晚彭人湖君来共饭。" 11 月 4 日的周作人日记记道："上午同伏园至东
街一看，九时半共乘无篷骡车即大车往城外参观。以驴骡各一拉车，农
场陈君同行，十时半至牛村，见其村长吴雨农君，略坐谈，至小陈村时

————————————————————

　　① 老向：《黄土泥·孙伏园先生》，人间书院 1936 年版，第 100 页。

已过午。四时后上车，回城已五时半点。途中，伏园为照相数枚，晚王向辰君来共饭，又往平教会与诸人闲谈，九时半始终散。"这一整天都是参观访问。11月5日，周作人日记记道："上午八时半至平教会，与诸人共照相，同平伯、伏园步往保健室，见院主陈志潜君，又往看中山靖王墓，照相一枚，往农场一转，十二时回寓午饭。"当日下午，周作人、俞平伯乘车回北平。

回京后，周作人写了《保定定县之游》，字里行间除了对这次定县之行颇有回味外，也对孙伏园他们的行为深表敬意：

> 下午3时10分由保定站坐火车南行，5时10分到定县，伏园来接，到他的寓里寄宿。
>
> 4日上午大约9时过光景，我同平伯、伏园出发下乡。先到牛村，访村长吴雨农先生，听他说明生计改进情形并农村概况，引导参观之后，再到陈村，访住在那里办教育事务的张含清先生。因为时候已不早了，先在张先生家里吃午饭，请他解释正在应用的导生制的新教学法，随后再去参观传习处、游戏场、托儿所等处。看看日色已西，匆忙作别，回到寓所已是5时30分了。这一天坐了两个骡子拉的大车，来回一共花了八个钟头，可是还不觉得困倦，路上颠簸震动不能说没有，因为路是有轨道的，所以还不怎么厉害。北大的老同学老向来谈，一同吃晚饭，同往平民教育促进会与文艺部诸君茶话，又大说其落伍话，散会回寓已经很不早了。
>
> 5日上午跟了伏园四处乱走。先到保健院访院长陈先生，承他费了好些宝贵的时间告诉我们许多重要的事实。其次去看中山靖王的坟，差不多算是替刘先生去扫了他的祖墓。伏园给我们照了一个相，平伯立着靠了墓碑，我坐在碑脚下，仿佛是在发思古之幽情的神气，只可惜这碑是乾隆年间官立的，俗而不古。末了我们去看农场，本来想关于赖杭鸡、波支猪的事情多打听一点，可是午后就要赶火车回北平，不能多逗留了，只能匆匆步了一转，回寓吃饭去了。下午1时40分火车开行，到7时45分，就回到北平正阳门了。我们这回旅行虽然不过整整四天，所见所闻，却是实在得益不少，而且运气也特别好，我们回来的第二天就刮大风，在旅行中真是天

朗气清，什么事都没有，此牛村之行所以甚可记念也。

　　平民教育促进会在定县的工作，已经有很多人说过了，现在可不复赘。我对于经济政治种种都是外行，平教会的成绩如何，我不能下判断，但是这回我看了一下之后对于平教会很有一种敬意，觉得它有一绝大特色，以我所知，在任何别的机关都难发见的，这便是它的认识的清楚。平教会认识它的对象是什么，这似乎是极平常极容易的，可是不然。平教会认清它的工作的对象是农民，不是哪一方面的空想中的愚鲁或是英勇的人物，乃是眼前生活着行动着的农村的住民。他们想要，也是目下迫切需要的是什么东西，目下不必要也是他们所并不想要的又是什么东西。平教会的特色，亦是普天下所不能及的了不得处，即是知道清楚这些事情而动手去做。①

　　当我们回顾生命经历时，有那么三句老话总能得到比较一致的认同。第一句是人的命运是跟时代联系在一起的。第二句是人生真正的转折点也就只有那么两三个。第三句是机会是留给那些有所准备的人的。只是在不同的生命经历里，常常是这三句话中的某一句话会起更多更大的作用。对于1937年的孙伏园来说，其中第一句话正是他命运的写照。孙伏园在定县的平民文学实践是很有成效的，他不断地编写、出版平民读物，几年中陆续出版了近千种，其中还包括科技、医药卫生方面的读物。孙伏园当时计划编辑出版一套"农民丛书"。但1937年初，华北局势紧张，平津不保，中华平民教育促进会不得不南迁，在湖南长沙设立办事处，并逐步将人员和设施向长沙转移。孙伏园编辑出版"农民丛书"的计划自然再也无法实现了。时势就这样逼着孙伏园再次改写了自己的人生历程。

三、作家县长

　　1937年5月，孙伏园和中华平民教育促进会的一些人员一起转移到了长沙。当时，平教会在定县实验区的工作人员约120人，来到长沙的

---

　　①　曹聚仁编：《现代中国报告文学选·乙编》，香港三育图书公司1968年版，第48—49页。

只有 30 多人，平民文学部共有 10 人，来到长沙的不足一半。

7 月 7 日卢沟桥事变发生时，平教会的大部分人员尚未从定县撤出。北平沦陷后，已到长沙的晏阳初惦记着尚留在定县的同事们，忧心如焚。当时电讯已断，消息隔绝，晏阳初便派孙伏园赴定县，将同事们转移出来，这实是一项十分艰难的任务，孙伏园义不容辞地担当了起来。

在长沙火车站，晏阳初送孙伏园北上，晏阳初紧紧握住孙伏园的手说："伏园君，全拜托你了。无论如何要把留在定县的同事接回来，平教事业需要他们。"孙伏园凝重地点点头说："晏君，我会不辱使命的。"他带着一个工友登上列车。孙伏园把个人安危置之度外，毅然从长沙登车，转武汉，经平汉路北上，赶往定县。

此时，全国已陷入战争状态，路上极不平安，生活已失去了往日的秩序。火车过石家庄，到距离定县仅有十几华里的新乐车站时，大批难民和伤兵拥挤于途，又遇敌机轰炸，混乱至极，孙伏园险些遇难。其时，定县那边已有战事，火车不能前进，步行又不能，按当时实际情况，肯定无法到达定县。孙伏园和工友四处打探定县的消息，他们找到一个军官，军官告诉他，定县已经失守了。孙伏园坚持要去定县，工友劝他说：就是去了，日本兵也决不会发慈悲放我们的人的，相反自己还要白白送命。孙伏园无奈地对南方长叹一声：晏君，我孙伏园有辱使命了。

1937 年 9 月 24 日，定县沦陷，实验区的工作被迫停顿，中华平民教育促进会的大部分工作人员便留在敌后了，有的参加了八路军，有的奔赴延安，有的陆续迁往长沙。

平教会曾在全国建立了几个实验县，来推动乡村建设运动，除了河北定县，湖南的衡山县也是一个。这些实验县的县长由平教会委派。湖南衡山实验县县长彭一湖于 1937 年 11 月辞职，这个县的县长仍由平教会推荐。此时，南京已经失陷，日军正在西进，衡山已是接近前线了。平教会几经考虑，还是把这个重任放在了孙伏园的肩上。孙伏园遂在兵荒马乱中出任衡山实验县县长，可谓受命于危难之中。

根据惯例，实验县从主任秘书，各局、各办公室、各乡镇的负责人都由平教会委派。他们大都学有专长，是年龄 30 岁左右的青年，如解放后任大学历史系主任的王硕如教授，任华南师范大学副校长的汪德亮等当年都曾在衡山任职。

1938 年初，孙伏园走马上任了。衡山县归衡阳专区管辖，专员孙廉泉也是平教会的同仁，省长张治中与孙伏园也相识，所以从人事关系来看，上下各方面还是比较融洽的。

衡山原是京广线上一个不大的县城，人口 50 万，境内南岳衡山名闻天下。1938 年抗战十分紧张，国民党中央政府不少机关从南京、武汉撤退，暂驻城乡各地，人口激增，前线下来的伤员满街皆是。白天敌机轰炸，夜间军输民运充塞要道。县政府除日常政务外，又忙没完没了的军差急事。譬如武汉下撤的某机关，在公路上失落"行李"一件，县政府即会被密令马上通知沿路各乡镇到辖区内公路上查找，路上找不到，再派人挨门挨户问讯，务必尽快找到。各级机关虽人员整齐，兵强马壮，但天天遇到件件不能耽误的"大事"，大家常常是精疲力竭，焦头烂额。

孙伏园有一支手枪，放在取拿十分方便的抽屉里。警报一拉响，他第一件事就是取出手枪别在腰带上立刻上街。一介文人，被时代局势所迫、所累至如此狼狈疲惫，仍不得有丝毫的懈怠。

衡山有 28 个乡，上任伊始的孙伏园一个一个地跑，了解情况，并作抗日宣传。那时有一股逆流，认为中国是个多民族国家，汉族固然是长期统治中国的主体，但汉族以外的少数民族中，也有入主中国的，如元清二代就是这样。当前日本侵入中国，也不过像过去入主中国的蒙古族和满族罢了，有什么可大惊小怪的。这种把入侵中国的日本帝国主义类比成中国历史上的蒙古族和满族的论调，影响了许多中国百姓。孙伏园必须在多种场合宣传抗战国策，如在民训工作人员训练班，在警察集训班以及保甲壮丁训练班等。几年后他把在衡山各地所作的部分讲演写成文字，合起来称《衡山四讲》，包括《中华民族之形成》《改进和适应》《怎样准备非常时期的来临》以及《在楚南第一桥》四篇。

在各地演讲，做一些抗日宣传，这正好可发挥孙伏园作为作家的特长。我们现在翻读他的《衡山四讲》，依然会被他巧妙的构思，生动的举例，高屋建瓴的论述所折服。

在《中华民族之形成》中，孙伏园以小中见大的笔法，从一个个小小的切入点去论述一个宏大的论题：

在这五千年过程中，各民族的精神都混在一起，各民族的生活习惯也都混合在一起，谁也算不清这个账，谁也不应该来算清这个账。举个眼前的例：我们学校里用的秋千架，是古代山戎族的游戏工具，自然成为中华民族的游戏工具之一，决不会从中华民族中突然出来一群人，说"我们是山戎族，秋千架是我们的，你们大家都不准用！"或者说，"秋千架是我们的，你们大家都得一天到晚用，使全世界都山戎化，才足表示我们山戎族的光荣。"

再如胡琴，在字面上也看得出来是古代胡族的乐器，胡族也混在中华民族里头，也和秋千架一样，决不会再有人来算这个账。

再如中华民族的常礼服袍子马褂，原是古代满族的服装，满族既已混合在中华民族里头，也和秋千架和胡琴一样，决不会再有人来算清这个账。我只举眼前的三个例，可以概括其他一切。凡在历史上加入中华民族的任何民族，无论他带进来了精神上和物质上的一切所有，使全中华民族增加了所谓光荣也好（例如元朝的征服欧亚），或者增加了所谓耻辱也好（例如汉族的妇女缠足），都只成了历史上的一个名词，都已密合无间的加入了中华民族。我再重说一遍，各民族的身体精神都混合在一起，各民族的生活习惯也都混合在一起，谁也算不清这个账，谁也不应该来算清这个账。

总之，我们用了五千年的长时间，流血流汗，完成的伟大的中华民族，有种种事实的证据，不容人强辩胡编，所以中华民族是整个的，敌人用尽阴谋，抹杀事实，编造谣言谬说，收买地痞流氓，妄想利用历史上参加中华民族的各小民族的名称，制造傀儡，我们千万不要上当。我们中华民族的每一分子，还有自以为属于某一小民族的，这种谬误观念也必须从速纠正。我们大家努力于抗战建国，等到获得胜利与成功，近代化的民族国家灿然出现，敌人自然就噤若寒蝉了。

中华民族是如何形成的这一宏大主题因为有了一个个小小的切入点，竟显得如此真实可信，演讲效果自然不会差。

《改进和适应》是向衡山民训工作人员作演讲，意在帮助民训工作人员提高解决实际问题的能力。当一个青年初入社会服务，对于社会上一切好坏习惯，有的应负改进的义务，有的却有适应的必要。自然是好习惯应该适应，坏习惯应该改进。但是到底哪些是好习惯，哪些是坏习惯，改进的方法是什么，适应的程度又是怎样。对此，孙伏园为他们举五条辨别好坏的标准，即"知识的标准"、"法令的标准"、"历史的标准"、"地理的标准"和"工作的标准"。此番论述，可谓是高屋建瓴，辩证统一，也体现出了孙伏园高妙的处世哲学。《怎样准备非常时期的来临》是在衡山警察集训班上的讲话，意在指导实战。在演讲中，孙伏园向警察提出在非常时期来临之前，要做好"知识方面的准备""技能方面的准备"和"身体方面的准备""道德方面的准备"。字里行间足见一县之长的细致入微，苦口婆心。

《在楚南第一桥》是向衡山白果乡受训壮丁的讲话，为了激励激发壮丁们的抗战热情，孙伏园向他们讲述历史故事以古鉴今。从楚南第一桥的来历，拓展到卢沟桥、北平市、山东曲阜、南京，最后又收回到楚南第一桥，真是语重心长：

> 我刚才说过，我们的地太宽了，人太多了，历史太久了；所以我们往往看不见国家民族全般的利益，看得见的只是个人的乃至家庭的，遮在眼前的小利益。现在我拿我们站着的楚南第一桥来做个过渡的工具，它一方面比国家民族全般的利益小得多，同时却比个人的和家庭的利益大得多，想使诸位明白爱国并不只是一句说来好听的话，也不只是一件应付官场的事，而是应该确切实行的，人人应有的责任。我想诸位已经明白怎样扩大爱乡的情绪，成为保卫国家的行为了。

走遍衡山的各个乡，了解实际情况，做一些抗日宣传，对孙伏园来说还是力能胜任的。可是以后衡山县城几次遭受敌机轰炸，孙伏园不得不长期整日陷于救济工作的政务中，特别是蓝衣社造成长沙大火，张治中受革职留任办理善后的处分后，孙伏园的处境更加艰难。正如他在《衡山四讲》后记中所说的：

> 在衡山做县长一年，我只感觉自己能力太差，无以称职。上级

政府和地方士绅民众，知道我原是一个文人，心有余而力不足，处处都原谅我。我自己呢？责任既在肩上，只有尽我最大的努力，十天中有八九天夜间和衣睡觉，一听见有事，便立刻起身照常工作。

在衡山一年，孙伏园就这样阴差阳错般地匍匐于这个落后国家最纷乱而无助的岁月中，眼睁睁看着属于自己的岁月渐远渐逝，还不得不去适应，去硬撑，去承受，去隐忍。在这样一个多乱多变的时代里，在现实和理想之间，在个人与社会之间，任何选择都得以牺牲自由为代价，这不仅是个体命运的叹惋，也是一场人文悲剧。人生即演戏，社会即舞台，个体都是演员。人世间，虽以人格、尊严、自由为第一等追求，但许多时候处世非迁就三分不可。孙伏园不是不明白这些处世哲学。然而，追求超然悠然的生存旨趣一直在他内心深处潜藏着。他的肉身居于县长之位，他的精神却自我领受了这一灵魂的使命。

所以，上任一年后，孙伏园几次向张治中请辞遭挽留，直到长沙大火，张治中才在省务会议上准许他辞职，他称这次辞职为"摆脱"："我这一年的所谓县政工作才算真正摆脱。"①

这位主动辞职的县长，任期只是短短的一年，但留下了不少他关心民众疾苦，体恤民情的故事，故事中的孙伏园是闻名遐迩的"作家县长"。

故事之一——

有一次，有许多队伍开到了衡山，某大队长跑到衙门里去找县长要挑夫一百名，而且当晚就要交人，孙伏园最反对这种拉夫的办法，他主张应该在事前加以宣传，发动民众自动地来军队服务。

最初是科长秘书和那人交涉，对方来势汹汹，而且口口声声说要见县长，不得已，秘书只好据实报告，孙伏园立刻出来接见这位不好对付的客人。

"你就是县长吗？"那人毫无礼貌地问。

"是的，先生有何贵干？"孙伏园很客气地回答他。

---

① 孙惠连：《衡山忆琐——父亲孙伏园在衡山县》，《鲁迅研究月刊》2008 年第 5 期。

"你还装不知道，我不是向你要民夫一百名，限今天晚上就要交吗？"

孙伏园点了点头，微笑着回答："呵，呵！"

那位老粗见孙伏园没有答复到底民夫有没有，他不免大发雷霆，很生气地问："岂有此理，你为什么不答复我的问题？你叫什么名字！"孙伏园仍然不生气，他微笑着回答他："我叫孙伏园。"

"喝！你是那个文学家孙伏园先生吗？"

那人不由自主地站起来立正。

"是的，过去我曾经写过一些文章。"

"唉！我真是有眼不识泰山，我常常拜读孙先生的大作，请先生恕我无礼，那么关于一百名民夫的事，不敢再劳驾了。"

就这样，孙伏园三个字，吓退了那位二尺五军官，也替那一百名挑夫解除了重担。①

故事之二——

孙伏园到任的第三天，就嫌吃的伙食太好，把会计叫来问他一月要花多少钱，会计将数目报出，孙伏园大吃一惊，"为什么要这么多钱一月呢？你去叫厨子拿账来给我看看。"

厨子恭恭敬敬地拿着柴米油盐酱醋茶的日记账站在县长的对面，他心里充满了惊异和恐惧，当县长的视线掠过这些笨拙的字迹时，他心里想：一个县长应该只管大事的，为什么连厨房的琐事他也要过问呢？

"怎么？一瓶味精只吃三天，你这是怎么回事？"孙县长看到这里，他严肃地把本子退还厨子然后将会计叫来。

"这厨子揩油揩得太厉害了，一瓶味精只吃三天，他是当做盐在使用吗？给他工钱叫他回去，我们这里不容许有任何舞弊事情发生的。"

于是这位厨子被撤职了，会计和所有县衙的大小官员，以及兵丁都得到了一个教训，孙县长是个清官，他是不许任何人揩油的。

第二个厨子来了，仍然和第一个一样，于是孙伏园气极了，连

---

① 孙惠连：《衡山忆琐——父亲孙伏园在衡山县》，《鲁迅研究月刊》2008 年第 5 期

忙写信去把那个跟随他将近二十年从来不揩油的厨子叫来，这才使他开始吃着清淡的放心饭。

"孙先生，我要辞职，不干了。"

突然有一天当孙伏园正在办一件很重要的公事，那个老厨子跑进来这么严肃地说。

"为什么？"

"以前我跟你这么多年，是因为你没做官，如今你做了官，我不跟你了！"厨子干脆地回答。

"喝！原来是这样！"

孙伏园睁大了眼睛直瞪着厨子，他摸了摸胡须默默地想，我做了官就不跟我了，这是多么"清高"的厨子，但我还不是和以前的孙伏园一样吗？他知道厨子要走，一定还另有原因，于是再三详细地问，厨子也就很坦白地告诉孙伏园，他辞职，为了要去长沙和他的太太住在一块。

"那不成问题，你去把太太接到衙门里来同住好了。"

于是这一个笑话传遍了衡山，县长太太还在数千里外的绍兴，而厨子却携妻带子过着极美满的家庭生活。孙伏园是这么牺牲自己为人家谋幸福的人。

故事之三——

孙伏园为了解民间的疾苦，常常一个人悄悄地下乡去调查，下雨天，他就挟着一把伞，像一个警察查户口似的那么挨家挨户去访问。有一次因为路太远，他雇了乘轿子，那村子里的老百姓，不知从哪里得来的消息说县长今天要下乡，于是家家户户准备欢迎，快走近村子了，睡在轿子里的孙伏园突然被一阵炮竹声惊醒了，他慌慌张张地问：

"他们为什么放鞭炮？"

"欢迎县长呀！"轿夫回答。

他连忙下轿来和老百姓打招呼，要他们停止放鞭炮，留待家里做喜事时放，老百姓看见县长这么俭朴，和善，体贴民心，有的喜得下跪，有的喜得流泪。进了屋子，孙伏园看见桌上椅上尽是灰尘，于是用自己的手帕擦了，同时说明爱清洁的意义。于是立刻许多老百姓提水来大扫除。从此每一乡一镇的保甲长无不督促民众扫街清洁，讲究卫生了。

故事之四——

有一天，孙伏园要过河去，划子上已有两个警察和一个老百姓坐在里面了，另外一个老年人还挑着一担粪要上船，警察不许，于是双方引起了口角，孙伏园连忙站起来调解：

"这位同志，你不应该以这种态度对待那位老人家，船是为大家的方便预备的，你为什么不许他上来？如果遇着他挑不动，你还应该帮忙他。"

"要你多嘴干什么？你有什么资格来干涉我？"

警察凶恶地骂着孙伏园。

那位老百姓连忙拉扯着警察的衣角悄悄地说：

"他就是我们的县长！"

"立正——"

骇得两个警察连忙站起来，慌慌张张地向孙伏园敬礼，同时赶快替那位老百姓把粪挑上船来，孙伏园也让座给老人坐，骇得老人也手足无措。从此，衡山县的警察再也不敢欺负老百姓，而老百姓对于这位为民父母的孙县长，更是感激得五体投地了。①

在朋友们看来，孙伏园就是这样做县长的：

我虽然没有亲自参加孙县长的上任典礼，但我可以想象出来那里定是一出最好的特写或小说材料，他那矮矮的肥胖的个子，加上那一撮美丽的黑胡子，也许有人疑心他是位神父或者牧师，他上台演说那种诚恳，和蔼仁爱的态度，叫每个人看了会感到深刻的亲切之感。他们——所有的民众——定很奇怪地相互地问："为什么这位县长不像县长呢？他连一点架子都没有，完全和我们老百姓一样啊！"

是的，他的确连半点官架子都没有，因为他永远是个老百姓，

---

① 鸣冈：《作家县长》，《黄河》1940年第九期。

而且是所有老百姓的好朋友呀！①

当年的定县是中国一个比较安定的农村社会，那里的农民生活、乡村组织、农业情形等都颇能代表华北一带一般的农业区域。中华平民教育促进会在定县有十大信条，即深入民间；与平民共同生活，向平民诚心学习；共同计划，共同工作；从他们所知开始，用他们已有来改造；以表征来教习，从实干来学习；不是装饰陈列，而是示范模型；不是零零碎碎，而是整个体系；不是枝枝节节，而是通盘筹划；不迁就社会，应改造社会；不是救济而是发扬。投身于平民教育的孙伏园在自觉心、责任心激励下，为培养国民的元气，改进国民的生活，巩固国家的基础，和众多优秀知识分子一起，走出象牙塔，来到泥巴屋、茅草房里的劳苦民众中间，与人民为伍，向人民学习，当民族的仆人，大众的仆人，践行着这十大信条。

① 鸣冈：《作家县长》，《黄河》1940年第九期。

第七章

往来于蓉渝间

尽管，随着抗日战争的爆发，实业的实验不得不终止，但是，中华平民教育促进会这团温暖的火焰仍在发光发热，这光和热中，依旧有那么多身影在忙碌，在为火焰添柴加枝。孙伏园的身影也时时出现在其中，只是地点转移到了蓉渝之间。

1939 年初，中华平民教育促进会安排孙伏园赴贵州定番县乡镇学院工作，院长为瞿菊农。不久后的 1940 年初，孙伏园又应原湖南衡阳专署专员孙廉泉先生之邀，赴四川大竹县做中华平民教育促进会的联络工作，负责专区实施新县制所需干部的培训工作。

定番与大竹的领导都是平教会同仁，且远离前线，孙伏园在两地做一些抗敌的宣传工作，如宣传团结内部、发扬民主以抵抗日本帝国主义等。如果说 1938 年在衡山县是一线的紧张战斗，在定番与大竹就是在后方边工作边修养的日子。

会中人员住在一起，宛如一个大家庭。那些年轻的后辈，都管孙伏园叫"妈妈"。女士们结婚生了孩子，孩子就管他叫"外婆"。经常是当一群孩子围上来叫"外婆"时，放眼四看，周围并没有老太太呀？原来"外婆"叫的就是他。

1940 年底，孙伏园接张治中电报，匆匆离开大竹，到重庆歇马场，执教于重庆中华平民教育促进会中国乡村建设学院，并受聘重庆政治部文化工作委员和设计委员，但没有什么工作可开展，不必每天去上班，只需开会时到场。业余时间开始写作《鲁迅先生二三事》，该书于 1942 年由重庆作家书屋出版，用重庆土纸印刷。

1940 年冬天，重庆《中央日报》改组，孙伏园应总编辑陈博生之邀到《中央日报》。以主笔的名义主编副刊。1942 年 1 月 24 日至 2 月 7

日，在《中央日报》副刊上登载郭沫若的历史剧《屈原》，孙伏园因此被撤销《中央日报》副刊"中央副刊"主编职务。之后，借重庆《时事新报》改组之际，孙伏园率领被迫离开《中央日报》的詹辱生、刘尊棋等进入《时事新报》，孙伏园任主笔，实际上在编辑部负总责。1943 年上半年，在主笔《时事新报》不到一年后，即退出《时事新报》。

当时在重庆的大报有《中央日报》《新华日报》《扫荡报》《时事新报》四家，孙伏园已在其中两家供职过，看来要在报界发展有些困难了。鉴于此，他便和刘尊棋、詹辱生等组建中外出版社，从事出版工作。他们在重庆上清寺买下一栋新建的竹板房子，地面、地下各两层，共约 100 平方米，作为办公地点。1945 年 9 月，因中外出版社分别迁往上海北京，孙伏园不再负责实际工作。

同时，1941 年 1 月至 1945 年 8 月，孙伏园还出任重庆士兵月刊社社长，负责编辑出版《士兵月刊》。士兵月刊社在重庆南纪门，与在化龙桥的中央日报社相距较远，曾经有一段时间，孙伏园在其间来回奔波。

1945 年 8 月至 1949 年 7 月，孙伏园到了成都。

1945 年 8 月，任成都齐鲁大学中文系主任，1946 年暑假，因成都齐鲁大学迁回济南而中断。

1946 年 9 月应成都华西大学文学院汪德亮院长之聘在华西大学教书，一直工作到 1949 年夏天。在华西大学教书的同时，又在"中西文化研究所"和铭贤学院兼职。孙伏园除做大学教师，还应成都《新民报》总编辑关白晖之邀任该报主笔兼副刊编辑，直至 1949 年上半年，《新民报》被查封。

1949 年夏天，孙伏园离开成都再赴重庆，在北碚的乡村建设学院任教授。院长是瞿菊农。学院有一个璧山实验区，由孙廉泉任主任，孙伏园辅助他管理实验区。老友重逢，人地两熟，工作舒心。1949 年 11 月，重庆解放。孙伏园应邀参加重庆市军管会召开的文教界代表座谈会，当选为重庆市第一届人民代表，参加了人代会。

1950 年 1 月，孙伏园欣然北上，进北京任职。

孙伏园在给友人的信中，称这段长达十年的岁月为在"蓉渝间来往匆匆"。① 匆匆来往于蓉渝间的孙伏园,尽管为了生计在奔忙,但仍有许多可圈可点之处。

一、登载《屈原》

1940 年下半年,孙伏园母亲在绍兴仙逝,无奈山高路远,兵荒马乱,交通阻断,无法回乡奔丧。客中居丧,悲苦倍极。孙伏园将"衡山四讲"《中华民族之形成》《改进和适应》《怎样准备非常时期的来临》《在楚南第一桥》重新整理,抄付石印,以文当哭,排遣悲情,祭奠慈母。

1940 年底孙伏园接到张治中的电报,匆匆忙忙离开大竹到了重庆。

张治中那时是国民党政府军委政治部主任。他给孙伏园两个聘书:一个是政治部文化工作委员会委员,一个是政治部设计委员会委员,孙伏园都收下了,但工作却没有什么可做,不必每天去上班,只需开会时到场。

抗战时期,重庆集中了一大批文化人,他们除了以《新华日报》副刊作阵地进行抗日救亡反对投降的文艺活动,还充分地利用了当时在重庆的许多报纸和文艺阵地,其中最主要的就是各种报纸副刊。1940 年前后,重庆规模较大的报纸有十多家,其中比较重要的是国民党的《中央日报》《扫荡报》,共产党的《新华日报》,内迁的《大公报》《时事新报》《益世报》《新民晚报》,此外还有《新蜀报》《国民公报》《商务日报》等。各副刊林立,开展斗争与竞争,并呈现出一种你中有我、我中有你的文化斗争的复杂格局。

《中央日报》的社长是陈博生,他是孙伏园在北京编辑《晨报副镌》时的同事,当时正是团结抗日的时代,陈博生坚邀孙伏园编副刊。

当时的中国正濒临日本帝国主义殖民战争浩劫的最危急时刻,五四以来在科学、民主、自由等理念相号召下走过来的一代中国人,开始面临着新的抉择。自 20 世纪初现代民族国家建制以来,传统的绝对主义君权体制开始崩解,社会出现了明显的分层,国民作为独立的个体被置于由国家、文化和个人等因素构成的关系结构中。当现代民族国家正常

① 《孙伏园致林辰信十二封》,《鲁迅研究月刊》2004 年第 5 期。

运转时，这个关系结构有较强的流动性，个体在其中的自由选择度也比较大，甚至可能获得一种超越民族国家的立场而达到世界主义或者比较纯粹的个人主义境界。然而，当遇到外敌入侵或爆发战争之际，社会进入战时体制，三者关系中的民族国家共同体这一极得到极度的强化，原有的关系结构失掉平衡，其流动性和选择的自由度也将受到严峻的限制。所谓身处"历史关头"个体将面临抉择的危机就是指此。孙伏园也不得不注意到这个三者关系结构的变化和个人抉择的问题。

主编副刊，这对孙伏园来说，是自己的长项，比起张治中给的两个闲职，这又是一项实实在在的与自己兴趣相近的实际工作，他接受了陈博生的邀请，前去就任《中央日报》的副刊主编一职。

起初，孙伏园和陆晶清分别主编《学海》和《艺林》，因为都是文艺副刊，从稿件看，性质也大体相似，所以后来《学海》《艺林》合并为《中央副刊》，陆晶清被调离，孙伏园任主编。

应该说《中央副刊》是国民党政府当局的另一个喉舌，这导致它不仅在文艺乃至文化活动中缺少积极影响，有时甚至成了抗战时期"强奸"民意的主要工具。正像许多进步文化人努力影响民营报纸副刊一样，在抗日救国的某一特定时期，孙伏园也想方设法在国民党报刊的副刊上尽力闪出一丝光亮。

孙伏园主编《中央日报》副刊后约了《新华日报》的编辑欧阳凡海共同发起重庆副刊记者联谊会，在《新华日报》写稿的作家也被孙伏园邀请为《中央日报》写稿，理由是有利于国共合作团结抗日。也正是在这样的时代背景下，孙伏园在《中央日报》副刊上发表了郭沫若的五幕话剧历史剧《屈原》。

郭沫若早在30年代，就在屈原及其作品的问题上，同胡适等人的怀疑论作过论争，到40年代，他又发表了一系列的研究论文，所有这些，都为他创作《屈原》作了精神上和材料上的丰富准备。从1942年1月2日到11日的短短十天内，郭沫若写就了《屈原》这部规模宏大、气魄雄伟的五幕史剧。

《屈原》脱稿之后，一些报刊的编辑朋友纷纷前来要稿子，希望能争取在自己的报刊上发表。这时，孙伏园也来找郭沫若要稿子。他对郭沫若说："你是一位考古学者，《屈原》肯定是写得很成功的，给我去发表吧，保证一字不改地给你登出来。"①

当时正是"皖南事变"之后，为了利用合法的形式作有效的斗争，以便应付随时可能遇到的各种各样的刁难，郭沫若把稿子给了正在编辑《中央日报》副刊的孙伏园。

从 1942 年 1 月 24 日至 2 月 7 日，国民党的机关报《中央日报》副刊连续用十个版面，发表了郭沫若的历史剧《屈原》，孙伏园专门为《屈原》写了《读〈屈原〉剧本》的后记，他称颂《屈原》是中华民族的"新正气歌"，颂扬婵娟杀身成仁，不惜以牺牲生命换取"精神独立"的精神，是"中国精神的象征"：

> 郭先生的《屈原》剧本上满纸充溢着正气。有人说郭先生的《屈原研究》的态度和方法是"新朴学"，那么他的《屈原》剧本实在是一篇"新正气歌"。
>
> 在第五幕里，屈原已经被放逐了，又被幽囚了；宋玉与公子子兰已经联成了一气，以援救屈原为名，到楚宫门口去诱惑婵娟的时候，两人肆逞了如簧之舌，你一段我一段地说得真像是仁至义尽似的，个性稍软弱的人一定要招架不住了，而作者竟用了极大的努力，描写婵娟的反应，一次是"姿态不动，无言"，二次是"姿态不动，无言"，三次是"姿态不动，始终无言"，四次是"姿态不动，毫无反应"，五次是"丝毫不动"，六次是"仍丝毫不动"，七次是"仍丝毫不动"！
>
> 这是中国精神，杀身成仁的精神，牺牲了生命以换取精神的独立自由的精神。
>
> 在中国历史上，甚至只在这次抗战中，表现这种"中国精神"的事件，何止千百起。我们用了劣势的武器，能够抵抗敌人的侵略，乃至能够击溃敌人的，就完全靠着这种精神。②

---

① 肖斌如等编：《中国当代文学研究丛书·郭沫若专集》，四川人民出版社 1984 年版，第 818 页。

② 孙伏园：《读〈屈原〉剧本》，《中央日报》副刊，1942 年 2 月 7 日。

应该说对人与事的某种特殊敏感和价值判断能力，正是孙伏园身上最富专业气质的独特性之一，他特别善于穿过芜杂的语言密林，直扑自己所需要的"选题信息"，并在瞬间就加工成了一个一个"出版项目"。也许一个编辑最需要的除了睿智与深刻，信息灵通与交友广泛，更应该有基于对职业的热忱和不断自我培植并增加的专业敏感、执著和预见能力。我们深信，1942 年的孙伏园已有了这种生命特质，所以，他选择了《屈原》。然而，他万万没有料到的是风波突起，国民党当局认为这个剧本并不适合他们的胃口。潘公展曾责问："怎么搞的！我们的报纸还要登载骂我们的东西！"结果是孙伏园被迫离开《中央日报》。至此，孙伏园在《中央日报》副刊只工作了一年多一点。

　　但是，《屈原》的故事仍在延续。1942 年 4 月 3 日，中华剧艺社终于冲破了重重阻挠和困难，在国泰大戏院正式公演《屈原》，一下就轰动了整个山城，震撼了大后方。重庆各报大量报道了《屈原》的演出盛况。《新民报》在公演当天，就以"《屈原》冒险演出"为题，报道了演出的成功。并说由于《屈原》在创作演出上的成功，"而使我们确信演出者与导演者的冒险精神。"意味深长地暗示了《屈原》冲破当权派的封锁，而出现在山城剧坛的斗争情景。《时事新报》《新蜀报》分别出刊了《〈屈原〉演出特刊》和《〈屈原〉演出特辑》。罗荪撰文赞扬《屈原》是"一首优美动人的诗"。有的文章还说《屈原》的出现，"实在是民国 31 年陪都剧坛上的一个奇迹。"《屈原》在各阶层人民、特别是在青年、中年以及老年知识分子中间，引起强烈的共鸣和反响，无论是在教室内外，在马路上，在轮渡中，随处都可以听到他们模仿演员朗诵《雷电颂》的声音。①

　　《屈原》正式公演之后，周恩来还亲自组织和修改评介这部戏的文章，宣传《屈原》演出的成功和意义。他抓住《屈原》，在重庆毅然发起一场进攻，打开了一个大缺口，从而有力地推动和促进了爱国民主运动的向前发展。他在设宴祝贺《屈原》演出成功时，对夏衍等人说过这样的话："在连续不断的反共高潮中，我们钻了国民党反动派一个空子，

―――――――――――――――
　　① 重庆抗战丛书编委会编：《抗战时期重庆的新闻界》，重庆出版社 1995 年版，第218 页。

在戏剧舞台上打开了一个缺口，在这场战斗中，郭沫若同志立了大功。"①

自然，这一切与孙伏园已无关，他也不想参与这些活动，他不留足迹，没有力量，他没有功，也没有名，因为他不指责谁，所以谁也不指责他。孙伏园是淳朴的，看起来他是个愚人，其实他是个智者，他只做一个自在的人，做无功的事。苟全性命于乱世，这也是一种生活，藏名匿迹，韬光养晦，此时，他正好可以着手整理出版《鲁迅先生二三事》。

二、《鲁迅先生二三事》

鲁迅和孙伏园，他们作为师生、编辑与作者、同仁同乡朋友，有着共同的文化追求、文化理想及情谊，正如前几章所述的，是后人过分地夸大了他们之间的"疏离""碰撞"。当我们辩证地来看待他俩的关系时，不难发现，鲁迅特别强调"做人"，孙伏园作为编辑，他更需要积聚作者资源，因而更强调"为文"，不存在什么"冲突"。相反，两人之间有许多共同的精神追求，孙伏园的《鲁迅先生二三事》便是一个明证。

《鲁迅先生二三事》收录了孙伏园撰写的回忆鲁迅、述说鲁迅思想、赏析鲁迅作品的文章共十篇。孙伏园在序言中交代了这十篇文章的写就时间：

> 小册里面的十篇东西，《哭鲁迅先生》和《药》是五年前先生刚去世的时候写的，《鲁迅先生的几封信》比那两篇略后，《惜别》和《往事》写于三十年初春，《鲁迅先生的少年时代》和《杂感两则》都写于三十年十月先生逝世五周年纪念日，《孔乙己》《腊叶》和《杨贵妃》则是知道要出小册以后才补上的。

《鲁迅先生二三事》由重庆作家书屋于 1942 年 4 月出版，由南方印书馆用重庆土纸印刷，1944 年 2 月，再版时，仍用土纸印刷。重庆作家

---

① 重庆抗战丛书编委会编：《抗战时期重庆的新闻界》，重庆出版社 1995 年版，第222 页。

书屋位于重庆白象街 88 号，当时的发行人为姚蓬子，孙伏园在序言中对他是极尽谢意：

> 百二十分感谢姚蓬子先生，要不是他的鼓励和催促，我是决没有这个勇气的。

《鲁迅先生二三事》中的文章写得生动翔实，注重客观描述，不溢美，不隐恶，不受时代和人为的制约，坦白诚实。可以说，孙伏园作为鲁迅周围长期有着密切关系的为数不多的亲密朋友之一，他笔下的鲁迅及他对鲁迅作品的解读是独特的。我们可以从以下三个方面对《鲁迅先生二三事》加以分析。

第一，文字本色，情感由衷。

1936 年 10 月 19 日，鲁迅不幸病逝于上海。鲁迅逝世时，孙伏园正在河北定县，他在 10 月 20 日下午 3 时才得到这个消息，10 月 21 日便赶到北京，和他的三弟孙福熙一起往谒周老太太，并向陶元庆所作的鲁迅的木炭画像凄然行礼。不久，孙伏园以鲁迅所著书名及所主编的刊物名点缀成一奇特的挽联：

> 踏《莽原》，刈《野草》，《热风》《奔流》，一生《呐喊》；
> 痛《毁灭》，叹《而已》，《十月》《噩耗》，万众《彷徨》。

挽联立意颇高，构思巧妙，感情真挚，内容博大精深。联中不但有鲁迅主编的刊物《莽原》《奔流》，而且有鲁迅的《呐喊》《彷徨》等文集。细品联语，这不是仅为表现鲁迅著作甚丰的简单罗列，而是撰写者的巧意安排，匠心独运。一是表现鲁迅先生作为一名文艺战士的丰功伟绩和战斗精神，二是表达了作者和民众对鲁迅先生逝世的悲痛之情。不仅如此，此联还用词考究，意蕴深邃，言有尽而意无穷，堪称上乘之作。

10 月 23 日，孙伏园又往上海发去唁电：

> 上海施高塔路大陆新村九号许景宋、周建人俩先生：

闻讯哀悼，不及趋往执绋，敬唁。

孙伏园、福熙、惠迪、惠畴

几天后，孙伏园写就《哭鲁迅先生》这篇长达五千多字的挚情之文，文章开头一段文字所表达的情感尤为真挚：

> 像散沙一般，正要团结起来；像瘫病一般，将要恢复过来；全民族被外力压迫得刚想振作，而我们的思想界和精神界的勇猛奋进的大将忽然撒手去了。
>
> 鲁迅先生去世的消息，我于一天半以后才在定县得到。十月廿日的下午三点钟，我被零碎事情缠绕得还没有看当天的北平报，多承堵述初兄跑来告我这样一个惊人的消息。从此一直到夜晚，我就没有做一点工作，心头想的，口头说的，无非鲁迅先生。我没有哭。我本来不敏感，后来学镇定，最后却因受刺激多了，自然就成了麻木。但我觉得这一回我所受的刺激是近几年来少有的。

在这长达五千字左右的"悼文"中，孙伏园回顾了二十五年来所受鲁迅先生的教诲、助力，包括精神的物质的鼓励，表达了自己对鲁迅的感激之情，而且颂扬了鲁迅许多崇高的思想品德、伟大的人格，表达希望鲁迅的思想、精神永远领导着人们勇猛奋进的坚强决心。

李长之在《鲁迅先生二三事》出版一个月后，曾这样评价该书：

> 这是鲁迅先生死后一本稀有的关于鲁迅生活写照的书。现在关于鲁迅的研究，已经渐入于八股的境界，无论就深处和广处，都很少有新的创见。看光景，总是像炒"子曰"的陈饭一样，假若鲁迅死而有知，怕会又要气得跳到半空里，而且觉得悲凉的罢。这原因，不外在于执笔的人不真实：一方面和鲁迅并没有深切的接触，单单从字面上捉风捕影，自然很容易陷在单调和平板的窠臼；另一方面就是即在那字面的探索中，也仍缺乏统一而深入的透视，结果遂使鲁迅先生在生前既在诬蔑中，在死后也仍埋在垃圾堆里，然而更重要的，则在这些研究者对于鲁迅并不真的爱好或崇敬，只是或

则震于权威，或者牵于流俗，或则慕于势利，言不由衷，当然不会有好文章了。

《鲁迅先生二三事》这本小册子则不然，这里虽然没有十分统一而深入的透视，但是它确是由一个和鲁迅有长久的接触的人，老老实实，从衷心里下着笔的。这就可贵。因为接触久，书中点点滴滴的叙述，都觉得亲切动人，因为是衷心，所以那赞叹或神往，即使过火，也仍然有分量。①

情动于衷而流于言。孙伏园写鲁迅充溢着对先生的敬意、怀念和歌颂。文章没有明显的抒情文字，作者把深沉的情感和思念融入了委婉细致的叙事当中，行文朴实自然。从印象最深的记忆中选取材料，以片断描写的形式，看似松散，实以鲁迅为中心，多方面表现鲁迅的为人处世态度和日常生活作风，绘制出一幅幅关于鲁迅的白描肖像，一组组特写镜头般的画面。乍一看，这些肖像和画面都是零碎的，片断的，缺乏有机联系，显得散乱跳跃无序，但读完全篇后你会感悟到这是一个不可分割的整体，是整体大于部分之和的整体。作者以难以割舍的情感的内在旋律控制着全篇，形散而神不散，汇聚成一幅丰富完整、鲜为人知的日常生活图景，人物形象也就在这画面中栩栩如生。作者组织材料，谋篇布局，看似漫不经心，信手拈来，却生动准确地表现出鲁迅的个性特征，给读者留下了深刻印象，是本色的文字，又是作者用心灵弹奏出的思念之曲，摇人心旌的深情之歌。如此看来，《鲁迅先生二三事》亦可算是我国现代散文史上不可多得的怀人名篇。

第二，用鲜为人知的史料书写鲁迅的与众不同之处。

一个人死了，悼念他的最好方式是将其生命中鲜为人知的东西昭示出来，让世人了解其可敬的一面。孙伏园写鲁迅情真意切，朴素自然，其清如水，其味如诗。从一个鲜为人知的角度，为鲁迅先生形象增添了异常真实，异常亲切的一笔，使鲁迅成为更完满、更丰富的"人"。《鲁迅先生二三事》中的鲁迅是一个与众不同的鲁迅。诚如李长之所评论的：

---

① 《李长之文集》（第三卷），河北教育出版社2006年版，第380页。

全书的贡献，可说有不可磨灭的两点：一是让我们对于鲁迅的性格更有一种认识，一是让我们对于鲁迅的作品更有一种了解。在这两方面，也都给我们了珍贵而忠实的材料，为我们在别处所不曾，也不能得到的。①

在《往事》等篇目中，孙伏园为后人提供了许多传记上的材料，如鲁迅的祖父是周福清，父系亲属住于绍兴城内都昌坊口，母系亲属住于绍兴东乡安桥头，他的母亲说话也有鲁迅之风，他的学医由于牙痛，他的知交有陈仪将军，他也偶有当"营棍子"之想，他每为学生打行李，也有为便于复仇的只用纸套着的匕首，他在北平的写作之室是"老虎尾巴"等。而更珍贵的是在《孔乙己》《药》《腊叶》等篇目中，为后人记述了鲁迅的许多创作动机、创作背景及作品意蕴，这些都是孙伏园独有的外人并不知晓的文学资料，例如《孔乙己》《药》中的几段记述：

> 我常问鲁迅先生，在他所作的短篇小说里，他最喜欢哪一篇。
>
> 他答复我说是《孔乙己》。
>
> 有将鲁迅先生小说译成别种文字的，如果译者自己对于某一篇特别有兴趣，那当然听凭他的自由；如果这位译者要先问问原作者的意见，准备先译原作者最喜欢的一篇，那么据我所知道，鲁迅先生也一定先荐《孔乙己》。
>
> 鲁迅先生自己曾将《孔乙己》译成日文，以应日文杂志的索稿者。
>
> 《孔乙己》中的主角孔乙己，据鲁迅先生自己告我，也实有其人，此人姓孟，常在咸亨酒店喝酒，人们都叫他"孟夫子"，其行径与《孔乙己》中所描写的差不多。
>
> 对于苦人是同情，对于社会是不满，作者本蕴蓄着极丰实的情感。不满，往往刻画得易近于谴责；同情，又往往描写得易流于推崇。《呐喊》中有一篇《药》，也是一面描写社会，一面描写个人；我们读完以后，觉得社会所犯的是弥天大罪，个人所得的却是无限

_____

① 《李长之文集》（第三卷），河北教育出版社2006年版，第382页。

同情。自然，有的题材，非如此不能达到文艺的使命；但是鲁迅先生自己，并不喜欢如此。他常用四个绍兴字来形容《药》一类的作品，这四个绍兴字我不知道应该怎样写法，姑且写作"气急尫尵"，意思是"从容不迫"的反面，音读近于"气急海颊"。

孙伏园和鲁迅先生是绍兴人，彼此交谈时也常常用绍兴土话，当要表达某层意思时，用彼此熟知的土话方言来形容，交谈确切程度往往能胜于用书面话。由此，孙伏园的耳福真够好的。自然，他眼中笔下的鲁迅先生是与众不同的。

又如《腊叶》中的记述：

不过《腊叶》写成以后，先生曾给我看原稿；仿佛作为闲谈似的，我曾发生过一次傻问：何以这篇题材取了"腊叶"。先生给我的答案，当初便使我如获至宝，但一直没有向人说过，至今印象还是深刻，觉得说说也无妨了。

"许公很鼓励，希望我努力工作，不要松懈，不要怠忽；但又很爱护我，希望我多加保养，不要过劳，不要发狠。这是不能两全的，这里面有着矛盾。《腊叶》的感兴就从这儿得来的，《雁门集》等等却是无关宏旨的。"这便是当时先生谈话的大意。

"许公"是谁，从谈话的上下文听来，我是极其明白的。鲁迅先生的熟朋友当中，姓许的共有五位。第一位自然是许季茀先生寿裳，那是先生幼年的朋友，友谊的深挚，数十年如一日的。第二位是许季上先生丹，一位留学印度，研究佛经的学者，先生壮年的研究学术的朋友，可以说是先生的道义之交。还有三位都是晚一辈的少年朋友：一位是少年作家许钦文先生，一位是钦文的妹妹许羡苏女士，还有一位则是许广平女士景宋。我常常私议：鲁迅先生的好友当中，姓许的占着多数，"许"字给予先生的印象是最好的。

但是那时先生口头的"许公"，决不是其他四位，确指的是景宋先生。

鲁迅的作品表现了新旧交替之际的中国社会生活和人类心灵的复杂

嬗变和真实律动，并以之为起点，探索了人类的心灵挣扎和困惑。作为一个内心丰富的"人"，生活中的剧烈变动和不动都在鲁迅那里有所感知，他经历过几个政权、生活大起大落，文章有很多种文体、发表在不同的刊物上、有各种写作的缘由，所以他的任何言说都是特定时空下的特定意图的反映，旨在回答特定的问题。19 世纪至 20 世纪之交的中国处于剧烈的嬗变当中，如果说，以农民为代表的普通民众遭受的是剧烈的命运颠簸，知识分子则典型地感受到心灵和文化的最尖锐冲击。鲁迅的作品有许多是表现这一时期变化中的社会状貌，展现知识分子的痛苦生活场景，深入其心灵深处，探究他们心灵的冲突、搏斗和困惑，揭示了他们在新旧文化变异中的艰难选择和迷茫困境。

孙伏园的回忆文章因其具有大量的有关鲁迅的第一手资料，对后来者研究鲁迅及作品极有价值。这些材料少主观臆断，能够帮助研究者开阔视野，立足于更高和更深远的文学背景上来认识鲁迅，又很能引人感兴味，乃是任何研究鲁迅作品的人必需的参考资料。

第三是敏锐严密的思辨中蕴涵着许多知师之论。

孙伏园具有坚实的理论基础和敏锐严密的思辨，又掌握了科学的研究方法，所以他对鲁迅的认识是非常深刻和令人信服的。孙伏园是真正深入到鲁迅及其赖以生存的社会文化背景中去，以个性化的眼光去探寻去发现的。例如《鲁迅先生的几封信》中的一段：

> 鲁迅先生不骛虚名，也不愿有虚应酬，有时别人以为还在虚应酬的阶段，他却早把别人当成真朋友了，于是乎有苦痛，于是乎有愤怒。

这就是鲁迅真性情的描写，应酬和牵挂，足以构成天下多事，遂总不如"销声匿迹"之为愈。一切的一切，纵或使一个人获有一时的声名和荣华，但都是次要的，终究是身外之物，并不足以使作品和人格有什么不朽。

在《鲁迅先生逝世五周年杂感二则》中，孙伏园认为：

> 从前刘半农赠给鲁迅的一副联语是"托尼学说，魏晋文章"。

朋友们都认为这副联语很恰当，鲁迅自己也不加反对。所谓"托尼学说"，托是指"托尔斯泰"，尼是指"尼采"，这两个人都是十九世纪思想界的巨星，著作都极宏富，对于社会的影响都深而且大。……鲁迅在学生时代，很受这二家学说的影响。

鲁迅研究汉魏六朝思想文艺最有心得，而且他所凭借的材料，都是以前一般学人不甚注意的……因此，在他的写作上，特别受有魏晋文章的影响。

试问今日誉鲁迅的，或是毁鲁迅的，能如孙伏园这般了解鲁迅吗？能读懂的人毕竟不多的。在《鲁迅先生二三事》的序言中，孙伏园说：

为要纪念鲁迅先生，应该好好的写一本书。现在却决不是时候，不但参考书籍几乎全无，故老朋友也无从访问，就说时间和心情又何尝有比较成片断的！

这个大愿只好牢牢地记在心头罢。

这些话倒是将来还是要说的，那么这个小册就算是将来那本书的初稿的一部分而暂时保存着罢。

照孙伏园自己序言中所表达的意图，应该是这样的，《鲁迅先生二三事》这个小册是将来那本书的初稿的一部分，而将来那本书便是《呐喊谈丛》或是其他鲁迅作品的文本细读。

描写鲁迅是件不易的劳作。《鲁迅先生二三事》出版后，特别是其中对鲁迅小说《药》《孔乙己》的两篇的解析文章，由于提供了鲁迅对自己作品的说明文字，引起了研究者的关注。在林辰等朋友的建议、催促下，孙伏园又以《呐喊谈丛》为题，陆续撰写了《明天》《鸭的喜剧》《兔和猫》《一件小事》《头发的故事》等篇，发表于《新民报》《大公报》等副刊。1948 年后又写了《白光》《风波》《故乡》《阿 Q 正传》几篇。1957 年在病中又以口述笔录方式写出《社戏》一篇。至此，《呐喊谈丛》已基本完成。

无奈，孙伏园必须得为生计匆匆往来于蓉渝之间，他必须不断地寻找能安身立命的机会。本该连缀在一起的日子像是被切割成了比自身的物理单位更为细碎的片断，如他自己所说的，"时间和心情何尝有比较成片断的"，他的生活向更加庸常平淡的方向无药可救地滑落，失去了完整和恢弘，日子与日子之间变得面目模糊，大同小异，相互重叠交叉，好像一条没有落差，体现不出跌宕之势的河流。当只能以黯淡的心情，来凭吊这些人生疆场上的失意时，孙伏园只能祈祷，尽量远离这一切负性的因素，并在灵魂中注入足以与之抗衡的神秘力量。

三、中外出版社与《文汇周报》

1940 年 1 月，新任军委会政治部部长张治中和晏阳初酝酿合办《士兵月刊》的工作。这个刊物是蒋介石手令交政治部办理的，其发行对象就是国民党军队的全部士兵，目的在于向士兵宣传抗战必胜的信念。张治中任湖南省政府主席期间，曾与平教会在长沙合办"湖南省地方行政干部学校"并取得较好的效果。同时，在合作中张、晏两位也结下了深厚的友谊。张治中知道平教会在进行"除文盲，作新民"的实验工作时，也曾做过《士兵千字课》的实验。他认为这种实验便是现时合办《士兵月刊》的一个基础。其具体办法就是由政治部新设一个士兵月刊社，工作人员则由平教会调派。这个社的编制直属于部长室。社长的级别为少将，编辑为上校、少校等。平教会便调派孙伏园为社长。

士兵月刊社只管编辑工作，印刷发行则由政治部负责，主要归第三厅办理。《士兵月刊》最初是半月刊，一、二期后，便改为月刊。在半月刊时代，用三十二开本；改为月刊后便用六十四开本。从第十一期起，为了便于携带，又改为五十开本，每期字数约五千字，内容为社论、新闻、军事常识、文艺。在文艺一栏内，有抗战英勇故事、军事小说、诗、词曲、漫画等。印刷发行方面，在重庆只印少数，供重庆驻军之用，然后将印本分发到各战区，加以翻印，印刷的册数数目相当大，现已无法估算。这是 1943 年第 11 期的目次：

序号	题名	页数
1	《学问为济世之本（精神讲话）》	1
2	《老将好学》	3
3	《贺平等的新约（时事讲话）》	4
4	《新约和旧约有何不同（时事讲话）》	6
5	《五十年的奋斗史（外交讲话）》	8
6	《保卫中国（士兵教片）》	12
7	《中国的山河（士兵教片）》	13
8	《中国的人口与交通（士兵教片）》	14
9	《不平等条约（士兵教片）》	15
10	《平等的新约（士兵教片）》	16
11	《迷彩？（军事知识）》	17
12	《战军有几种（军器知识）》	19
13	《怎样保护我们的脚（卫生常识）》	22
14	《心定气定打得中（射击知识）》	23
15	《一把锋快的刀（军事讲话）》	26
16	《汽油（自然知识）》	27
17	《那是什么？》	28
18	《王超群（忠勇故事）》	29
19	《小花子（战斗故事）》	30
20	《信就这样写（怎么写信）八》	32
21	《南京撤退（抗战小说）》	34
22	《编辑后记》	42

　　当士兵月刊社的事务暂时上了轨道后，孙伏园便去《中央日报》社任副刊主编。当时，《中央日报》社址设在化龙桥，与士兵月刊社社址南纪门相距颇远，于是孙伏园把社内的事务交给了堵述初，他自己只管一些原则性方向性的大问题。《士兵月刊》的稿子，都由堵述初送去经孙伏园审定，然后再送往政治部付印。

　　1945 年 8 月，抗战胜利后，士兵月刊社奉命撤销。从士兵月刊社成立至撤销，共有四年又八个月，孙伏园虽然一直任社长，但他的主要精力还是在中外出版社的经营和《文汇周报》的编辑上。这中间还有一段小插曲，自然也得略叙一番。

　　1942 年下半年，孙伏园离开《中央日报》后，正好遇上重庆的《时事新报》改组。《时事新报》由财政部的秘书高纯斋任社长，孙伏园应聘任主笔,从《中央日报》社退出的詹辱生任总编辑,高璋卿任总务主任,刘尊棋负责写社论,陈翰伯任资料室主任,这个组合几乎是原先《中央日报》社的老人马。孙伏园还邀了林亨元来到报社,共同负责。

该报原有两个副刊,一为《青光》,每天见报,二为《学灯》,每周见报。孙伏园自然会更多地关注副刊工作,他把原来的《学灯》改名为《文林》,每期一万字上下,《青光》专登文艺作品,《文林》则兼登创作与文艺理论。孙伏园他们这些人的办报思想作风自然不可能有大变化,自然又不为反对派所容,不到一年,即1943年上半年,孙伏园退出了《时事新报》。

当时重庆的大报只有《中央日报》《新华日报》《扫荡报》与《时事新报》四家,《中央日报》与《时事新报》两家孙伏园都供职过了,《新华日报》是中共报纸,《扫荡报》是国民党军报,其余如《新蜀报》《国民公报》影响较小,而且都是地方报纸,看来在这一个领域要发挥是比较困难了,孙伏园又得另谋出路。于是,想到了创办中外出版社。

这里,我们先来介绍一下中外出版社里孙伏园的两位同仁。一位是陈翰伯,1914年出生,1932年考入燕京大学新闻系,在校期间即参与了著名的"一二·九"学生运动的组织工作,并由此走上革命的道路,并在1936年加入中国共产党。1936年从燕京大学毕业后去西安东北军中办报,22岁即担任《西京民报》总编辑,从事党的地下工作。1937年,他陪同美国著名记者埃德加·斯诺的夫人海伦·福斯特·斯诺赴延安。1942年,任重庆《时事新报》采访部主任。

另一位是刘尊棋,1911年出生,早在1930年就参加新闻工作,担任苏联塔斯通讯社北平分社记者和翻译,以后当过报社记者、通讯社记者、驻外记者、战地记者、海外华侨报纸的编辑主任、英文通讯稿《远东公报》的主编。1931年1月刘尊棋加入了中国共产党,在当年的北平开始地下活动。当时正逢华北国民党当局竭力反共,搜捕中共地下党员,华北许多担任重要职务的党员被捕入狱,刘尊棋也被叛徒出卖同期入狱,与薄一波、刘澜涛、杨献珍、安子文等同被监禁在北平草岚子监狱,历时22个月。后因国民党"左派"领袖宋庆龄主持的民权保障同盟尽力营救政治犯,刘尊棋被先期保释出狱。但狱中党组织误以为他是自首出狱,将他开除出党,使他从此失去了组织关系。1941年末,太平洋战争爆发后不久，新加坡濒危，刘尊棋经缅甸回国。当时美国已与中国一起对日作战，美国在重庆筹设新闻处，1942 年末，刘尊棋应聘担任该处的中文部主任。当时要在中国进行新闻宣传，最便捷有效的方法是在中国的报纸上发中文新闻稿，美国新闻处必须有一个中文编辑部，必须物色一个熟悉新闻业务的中国记者。刘尊棋成了最合适的人选。

美国新闻处中文部在刘尊棋主持下，开拓了多种时事报道工作，主要通过国统区中文报刊发挥进步的作用。刘尊棋实际上是利用美国的财力物力，办起了一个为中国的抗日战争和民主运动服务的通讯社。

孙伏园、陈翰伯、刘尊棋三个人之间，由谁发起成立中外出版社，我们已无法确认。可以肯定的是，1942 年末，1943 年初，孙伏园退出了《时事新报》正在另谋出路，陈翰伯以中共地下党员新闻工作者的身份正在寻找利于抗日的平台，刘尊棋在美国新闻处有许多资源优势，他正想利用外国资源为中国人服务。他们三人决定成立中外出版社。于是，孙伏园又有了一个让自己安身立命的驿站。

他们在重庆上清寺买了一栋新建的竹板房子，地面二层，地下二层，共约 100 平方米。作为专职社长的孙伏园与副社长詹辱生住在社里，刘尊棋、陈翰伯都是兼职。

刘尊棋协调美新处同中外出版社正式签订合约，美新处的负责人觉得美新处自己出版中文图书，不如由中国的出版社代办翻译和出版图书。双方商定中外出版社选择美国新闻处提供的图书，由美新处支付稿费和出版费，并购买中译本的大部分。

中外出版社先后出版了《美国史》《天下一家》《联合国宪章》《亚洲的决策》《月落》《美国海军概况》等许多由美新处提供的原书译本。

1943 年出版的《天下一家》，由美国总统候选人威尔基撰写，是当年美国的畅销书。由于它宣传美国团结民主家共同反对法西斯轴心国家的外交思想，在欧美和亚洲的其他国家都受到重视。刘尊棋翻译的中文译本译笔流畅，加之出版及时，在当时销得不错。《亚洲的决策》是美国著名亚洲问题专家奥文·拉铁摩尔的著作，他的书在中国也很受重视。中外出版社还出版了美国记者埃德加·斯诺在第二次世界大战时所写的通讯集《战时游记》，这也是一部受读者欢迎的著作。

美新处当时能得到从美国空运到中国的新书，而刘尊棋又往往是这些新书的第一位中国读者，他凭着长期新闻工作锻炼出来的敏感，能为中外出版社选定那些最宜于译出的好书。美新处做好送新书工作，中外出版社只管做出版工作，中外出版社因此在战时重庆出版界赢得了显著的地位，从此站稳脚跟。

　　抗战期间，各国人民都十分关心世界大事，关心世界大战的形势，国统区的报纸读者也并不例外。因此除了出版著作，通过美国新闻处引进为国内读者关心的时事信息，显然又是一项有意义的新闻工作。《文汇周报》应运而生。

　　1943 年 5 月 1 日，《文汇周报》第一卷第一期出版，此后，每周六按时出刊。

　　稿件的来源应该没有问题，美新处中文部的供稿是免费的，也不要求报纸在刊出它提供的文稿时注明是由美新处供稿。刘尊棋亲自负责从美国报刊上挑选受中国读者欢迎的稿件。在第二次世界大战期间，美国和苏联处于同盟国地位，不少知名的美国记者写过有关苏联反对希特勒的通讯，其中包括斯诺和索尔兹伯里的作品。中国读者非常欢迎这些由中文部译发的通讯。美国一些著名评论家，如李普曼、伊利奥特和鲍德温等当时都持反对法西斯的观点，因此他们的文章经美国新闻处中文部译出后及时提供给国统区报纸，报纸编辑也往往视为难得的好材料。

　　在上清寺附近的重庆美专校街 106 号的中外出版社里，孙伏园的精力主要集中在《文汇周报》的编辑出版上。

　　他专门请沈尹默为封面刊名题签。每一期出版时，他都要撰写"编后记"。编后记的内容主要有三：一是表达本期的编辑意图；二是点评本期的作者作品；三是预告一些相关事项。多则上百字，少则几十字，言简意明。这是 1943 年 5 月 1 日出版的第一卷第一期的《编后记》：

　　　　这一期原稿作者大都是中国读者熟知的，威尔基与尼赫鲁已不需要介绍，裴斐尔是美国远东问题权威，巨著已有二十几种。基拉尔费是美国海军专家，珍珠港事变爆发后著有《太平洋战略》一书，轰动全球。

　　　　史坦因是苏联欧洲经济问题的权威，武汉会战时期一度来华，担任我国经济顾问。斯特莱特是美国自由主义政论家，为《民族》与《新共和国》杂志经常撰稿人。本年一月他自己创办了一个新的月刊，名为《自由世界》。公认为美国出版界的生力军。

编者原想就从几篇章中比较生疏的人名，地名和论列的事实，尽量注释，但因创刊匆促，只得在以后逐渐实现这个心愿了。

就这样，日复一日，孙伏园"晨兴理荒秽，戴月荷锄归"，在编辑部一开间的门面里忙得不亦乐乎。他看上去就像是一个极平常的小店员，很难想象这位店员是负有盛名的编辑，是法国巴黎大学的留学生，

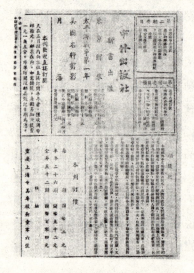

孙伏园撰写的《编后记》

是做过县长的平民教育运动的骨干。一切曾经的生命中的绚烂光泽和激情都已退去，只留下一只空船渡人世之河，船上的孙伏园内敛平和，因为是空船，没有人会反对你，也没有人会图谋害你。在极其简朴清扬潇邈的生活方式中，在无求无待无心的恬淡自足里，孙伏园实现了对于生命的有限形式的无限超越。即使肉身正匍匐于这个落后国家纷乱无助的年代里，他仍守着一份"诗意的存在"，挥洒着可感可知的历史文化情调。此时的自得是一种人生智慧，一种带有形而上色彩的修养和境界，一种饱经沧桑后的悲天悯人，一种摒尽了烦恼庸俗后的清明澄澈。

孙伏园矮个子，胖墩墩的，红鼻头，双颊时时露着笑容，嘴上留有一块四方的胡子。别人的胡子，总是用保险刀刮的，或是由理发师代为精心修剪，孙伏园永远是自己对镜，自己慢条斯理地剪，简直像公园里花匠剪的榕树一般，整整齐齐，一丝不紊，这一把特别样式的胡子，可以说是孙伏园在外形上的最大特征，也许正是因为这胡子，友人们大多称他为"伏老"。

每天，孙伏园忙完之后就去茶馆吃饭喝茶。茶馆里三教九流的人无所不有。孙伏园每到茶馆，就和茶馆里的人们攀谈起来，大家平等相

待，无拘无束，茶馆里面常和孙伏园攀谈的人，便半开玩笑半认真地送给他"舵把子"的称号。

孙伏园的嗜好除烟、酒、茶，还有两样：糖和鳝鱼，请他吃饭时，鳝糊是少不了的菜。这样的对话常常出现在孙伏园和茶客之间：

"伏老，你怎么不写文章？"有人问他。

"写不出来了！"他微微地笑了。

接着又幽默地补充两句："我的弟弟孙福熙，他刻了一块图章：'没有画的画家'，我可以刻一块图章：'没有作品的作家'。"

听的便笑着说："伏老，你太客气了。"

重庆市内牛角沱有个生生花园，内设茶座。花园主人认识孙伏园后，有一次，捧出文房四宝，请孙伏园题字留念。孙伏园援笔立书"生生不已"四字交与花园主人。花园主人欣然拜受。

那时候，他很少写文章，但常常欣然提笔，为他人写碑铭招牌，字迹劲秀。他对人对事，遇热遇冷，总是那样的冲淡朴素，两颊间，经常挂着层层的笑丝。

《中央日报》附近的"庆余茶馆"和中外出版社旁边的"五味和"小饭馆是孙伏园当时常常光顾的地方。"庆余茶馆"的招牌字，也是孙伏园的手笔。"庆余"老板对待孙伏园恭敬得有些过分，对此，一般人看不顺眼。孙伏园便替老板辩护说："他是小说里的人物。""五味和"饭馆里也有孙伏园写的条幅，"五味和"生意兴隆，孙伏园常在此招待客人，和许多文化界友人相聚，天南海北地聊谈。

1942年夏初的一天，就在这个"五味和"饭馆附近，孙伏园和许寿裳不期而遇。许寿裳是在1941年夏赴重庆任国民政府考试院考选委员会秘书的，后又成为专门委员。这其实是一个闲职，所谓的考试院不过是"蒋介石假训政之名行独裁之实的一种装潢"。然而，对于许寿裳来说，歌乐山上的这段生活却为他摆脱多年来的教育行政杂务，潜心从事学术研究与写作创造了条件。在这期间，他先后完成了《章炳麟传》《俞樾传》《三民主义述要》《周官研究》《传记研究》《越缦堂日记选注释》《中国文字学》等著作，并都出版发行。《亡友鲁迅印象记》的大部分也在这时写成。

他乡遇故知，自然是喜形于色。正好孙福熙也在重庆，三人相约在

"五味和"饭馆小酌,由孙伏园做东。许寿裳的侄子沈家骏在五十多年后回忆起这次相聚仍记忆犹新:

> 我忝列末座,既解了一时的嘈饿,又饱聆长者们的谈吐,菜肴有四拼、炒三丝、炒虾仁、鸡火蹄筋、红烧鲶鱼、鱼头汤等近十个菜,最后以贵阳春饺代饭。这一顿饭足足吃了三个小时。他们倾心长谈,话题从魏晋时期文学、元稹的诗、女汉学家施费曼、还有鲁迅先生的纪念活动等等,内容广泛。餐罢,由伏园先生作东。在归途时,伏园先生昆仲一定要为许老雇车代步,许老坚持"还是边走边说好"。因为那时都走向牛角沱方向,从中一路经两路口,过上清寺到牛角沱足足十华里有余,并肩而行,从容谈笑,从中看出珍贵的友情。
>
> 我与前辈存在着代沟,只是感到伏园先生和福熙先生对寿裳先生态度十分恭谨,这正如古人所云"观人于微",可以见到两位先生的为人素质与修养,令我肃然起敬。①

此番情景,谁能不歆羡。

孙伏园决心把《文汇周报》办成为国际时代的权威发言者,青年读者把握大局动向的正确罗盘针。当时我国著名国际问题评论家乔冠华、章汉夫、金仲华、石啸冲、陈原等都时常为刊物撰稿。加之有刘尊棋为它选送美国报刊上一些最值得阅读的文章。因此《文汇周报》不仅有本国知名作家的作品,也有国外知名作者作品的译文。它可读性强,每期销量达4000多份,成为抗战时大后方销量较多的刊物之一。

今天,当我们翻阅一期期《文汇周报》及孙伏园撰写的《编后记》时,我们总能感觉到孙伏园的苦心经营。

自从1943年5月1日出版第一卷第一期起,至1944年5月,共计出版2卷52期。这一年间,还算一切顺利,每期都在周六按时出版。至第三卷十期时,因为经济原因,不得不改为合刊,将两期合并成一期出版。对此,孙伏园在第三卷十九、二十合期的《编后记》中非常歉意地告知读者:

---

① 绍兴鲁迅纪念馆编:《孙伏园怀思录》1994年版,第136页。

自从第三卷第十七期第十八期起本报每两期合出一期，本期就是第三卷第十九期第二十期即总七十一期七十二期的合刊。

　　这自然是万不得已的办法。自从创刊以来，每星期六准期出版，到第六十八期即第三卷第十六期为止，从来没有误过一天，要是不为万不得已的理由，本报同人为了保持一年半以来的好习惯，也没有一个人愿意如此做的。

　　所谓万不得已的理由，主要的自然是经济。平汉粤汉两线的战事，使我们遭受不少经济上的损失，外埠报费的催缴，本来是经理方面一件徒劳无功的工作，战事起后使这徒劳也成为不需要了，至于经理方面的种种困难，真是一言难尽，编者不应该在这里絮说。这里只要对读者声明一下：第一，以后两期合刊了，篇幅几乎减少了一半，出版的日期当然是绝对保持的。第二，稿件的选择不得不更调整了，我们希望尽量省用这宝贵篇幅。第三，

《文汇周报》封面

经济情形略见开展，便尽早恢复原状，每星期六出版。

　　也是为了回报读者的支持，在出版了五期合刊后，从第四卷第三、四期起，《文汇周报》封面由黑白改为彩色，色泽亮丽醒目，为刊物增添了不小的美感。

　　可是，物价飞涨，油墨排印工资几乎增加了一倍，至第四卷九、十期合刊时，不得不加价。由原来的16页改20页，孙伏园试图以此来减少读者的损失，并且在《编后记》中又致歉并承诺今后加页不加价：

　　本报又要加价了，我们决定从下期起开始实行。这真是一件十分抱歉的事情。

　　但我们也决定增加篇幅：原来是十六页，现在改印二十页。事

实上，第七十三期，第七十六期，以及本期都是二十页。从下期起，我们确定至少二十页。临时再有加增篇幅，是二十四页或二十八页，订阅价目绝不再有变更。

这样勉强维持至出版五卷后，从第六卷第一期起，因为孙伏园离开重庆至成都，《文汇周报》改由陈翰伯主编，孙伏园为发行人。

以编辑副刊而负盛名的孙伏园，至此，他的编辑生涯也结束了，只是，结束得有些无奈。

四、大学教师

抗战胜利后，孙伏园主持的《士兵月刊》和它的办事机构，奉军委的命令被撤销。1945 年 9 月，中外出版社分别迁往上海、北京，孙伏园接军委的命令，原《士兵月刊》社的工作人员都要到政治部去报到，分配其他工作。孙伏园不愿去政治部报到，便又得自寻出路。

抗战胜利以后在四川的外乡人多愿回战前工作过的地方或故乡，孙伏园却暂时滞留四川。那时候朋友们见到他问得最多的就是什么时候东下出川。他也自我解嘲："我才不走呢，大家都走了之后，四川就不挤了，我可以一个人从从容容地把所有四川的名胜游遍，然后再作出川的打算。"当时，友人求他写条幅，他写得最多的内容就是李商隐的《夜雨

孙伏园书赠堵述初诗手迹

寄北》："君问归期未有期，巴山夜雨涨秋池，何当共剪西窗烛，却话巴山夜雨时。"这是孙伏园内心的真情流露，一种无可奈何的心情。

由于抗日战争，内地不少高校及单位迁往大后方四川，抗战胜利后纷纷准备迁回原址，一时间交通状况颇为紧张。孙伏园是留在成都，还是去鲁赴沪或到北平，一时难以定夺。他在 1946 年 1 月给友人林辰的信中有如下一段话：

弟个人行止可以简单奉告，将来在沪在平抑到济南，均未决定。甚至暂留成都，不与一般下江人争交通工具，至少四五月前无何异动，可以断言。兄为西南人，川黔风土大致相类，鄙意殊无亟思去蜀之必要。①

写此信时，孙伏园在成都，说是四五月前无何异动，实际上，孙伏园在成都一直到 1949 年夏天才离开。也就在同年的 10 月 7 日，孙伏园给林辰的信中谈了自己的近期打算及对成都的感觉：

　　九月廿二日来信收到，弟此次被友人强拉到齐大任教，事出仓卒，故未写信奉告。大约精神道义上必须帮忙到底，而弟在重庆之多角生活，彼等亦能谅解。齐大搬回济南后，弟决心帮忙三年五载，以读书，以写作，于人于己，均可两利。就食住等项来说，成都确强于重庆，惟天候卑湿，到处霉苔，非有种种反抗天候之条件，决不利于生活、健康。②

信中的友人指中华平民教育促进会的汪德亮，时任齐鲁大学文学院长，经他邀请，孙伏园在该院任教职。虽然此信中他表示"齐大搬回济南后""决心帮忙三年五载""以读书，以写作，于人于己，均可两利"，但 1947 年齐鲁大学迁鲁后，他并未随校前往山东。齐鲁大学迁回济南，孙伏园被华西大学留住任教，这工作一直做到 1949 年暑假。

孙伏园在华西大学讲授《小说戏剧选》。当时中文组曾经延聘了一些著名教授，谢无量、蒙文通曾长期任课，分别主讲《庄子》和《魏晋学术》。但客籍教授寥寥，似不见容于川味颇浓的教授群中。其中邵潭秋先生是江西南昌人，由于是"部聘教授"，且早年有《培风楼诗》行世，又主讲包括《诗经》在内的《诗选》，不容易说出反对的理由；黄念田先生是湖北蕲春人，是国学大师、著名北大教授黄季刚的哲嗣，主讲《昭明文选》，烂熟当中的若干篇章，要挑剔也并非易事。而孙伏园只有一段做编辑的历史，在某些人的眼里似乎无足轻重，而"小说戏剧"更是向来不入文学之林的。但孙伏园是不会去计较这些的。

他总是面带笑容，穿一套深色的不很合体的旧西服走上讲台，开始他兴致勃勃地评论作品的大学教师的生活。

孙伏园讲课很特别，不像其他教授口若悬河，一上来就讲个没完。他要求每人自选一部著作，做好准备、轮流来讲，讲完了他来评论。他自己也讲，带有示范的意思，讲的是法国福楼拜的作品《包法利夫人》。同学们大多热烈响应他的提议，自报的作品古今中外都有。但也有几位以"卫道者"自居的同学很不以这种"异端"为然，有的报去的作品竟是徐訏的《鬼恋》（流行小说）。孙伏园把大家报的作品一一念了出来，同时对这些作品略作评论。他念到的作品有《三国演义》，有俄国屠格涅夫的《罗亭》，有德国斯托谟的《茵梦湖》等，他都分别肯定了这些作品的意义。待念到某同学提出的《鬼恋》时，他略显迟疑，过了片刻才说了个"也好吧"。

让学生自由发言只是课堂上的小插曲而已，讲得多的仍旧是孙伏园。他有时讲得很散漫，兴之所至，常常离了题，有一次竟大谈起上海滩上的贫富悬殊现象来。也许，在孙伏园的心目中，表现这些社会现象就应该是小说戏剧的主题吧。

也许，孙伏园不是一位出色的大学教师，但他绝对是一位人生导师型的大学教师。他总是善于将课堂内容和人生境界联系在一起，教书又育人。他以自身磅礴开阔的气象，淳雅黯朗的风姿，耿介清拔的修持，给学生一种无言自化的启迪，一片清畅自在的生机，他如清风明月，涤人耳目，洗人性灵，引人寄心遥远而不以眼前利害得失为务。

物价狂涨，在乱世中苟活的孙伏园虽然是大学教师，可是收入不高，他不得不兼职以糊口。其中一处兼职就是在"中西文化研究所"。

"中西文化研究所"是一个天主教神父的集团，所长是巴黎天主教远方教会的神父，中文名为文嘉礼，能讲一口地道的中国话，所内有研究文学艺术的神父十人左右。孙伏园每周给神父们讲两次中国文化课，所里每天供给孙伏园一顿早餐。所中环境清幽，而孙伏园正苦于华西大学的宿舍太小，便接受文嘉礼神父的邀请，住进了"中西文化研究所"，一直住到1949年夏天离开成都。

孙伏园另一处兼职是在铭贤学院。铭贤学院是一个私立学校，孙伏园在那里任中文课教学工作。铭贤学院是在铭贤学校的基础上逐步发展起来的。铭贤学校则是在美国欧柏林大学的资助下，由孔祥熙于1907年（清光绪三十三年）在山西省太谷县创办的一所私立学校。几经迁移后，1947年夏，孔祥熙指示铭贤学院全部迁往成都。9月，学院租用原中央银行造币厂成都分厂等单位房屋，作为临时校舍。10月，铭贤学院迁往成都。同时，招收农艺、畜牧、农经、机械工程、纺织工程、工商管理等系新生共计96人。11月3日正式上课。

　　从1947年11月起，孙伏园在铭贤学院的任教时间并不长，铭贤学院的待遇比一般大学好些，别的大学的教员领到薪水后，必须到银钱市场上去兑换银元，铭贤学院由学校兑换好银元发给教员。

　　孙伏园的第三处兼职是在《新民报》。从1946年开始，孙伏园应成都《新民报》总编辑关白晖之邀在该报副刊任主编，并间或写社论。孙伏园常常担心自己的社论导致报馆被封影响同仁的生活，总是审慎小心地操笔写社论，既不能言之无物，又不可是非分明。但是无论怎样审慎，新民报馆还是于1949年上半年被查封了。

　　春去秋来，在成都，孙伏园主要以大学教师的身份度日糊口，不算特别体面，但还是有尊严地活着。当时，国民党政府为了照顾武汉时期中央政府老同事的生活，决定每人发一笔外汇，只需本人到指定的地点领取即可，依靠这笔为数不少的钱，今后生活就可以好多了。孙伏园也有领取的资格，但他放弃了，他怕拿了钱从此被牵着鼻子永无自由。所谓"穷且益坚、不坠青云之志"便是如此吧。

　　一般人所谓的成熟，多少总意味着世事洞察、人情练达、谙熟人际之微妙、参与潜规则的运行并游刃有余。这样的成熟表示老于世故，圆滑狡诈，老谋深算，不可信不可靠；这样的成熟表示天然不再，童真不再，自由不再，这就是所谓的"成人不自在，自在不成人"。成熟的含义除了这些，或许还应有别的，如从内心往外散发的稳健风范和做派，如心态的雍容淡定，如脱离单薄后的愤怒，如由激情转化而来的静质柔软却绵绵不断的力量，如高贵而宽容的保守主义。这个时期的孙伏园拥有的应该是这种成熟的气质，他内敛平和、朴实冲淡、谦逊有礼。

第八章

北京岁月

1948 年的元旦，胡适和傅斯年在一起喝酒，相对凄然，痛哭流涕，他俩背诵着陶渊明《拟古》第九首以解嘲自己末日将临：

> 种桑长江边，三年望当采。
> 枝条始欲茂，忽值山河改。
> 柯叶自摧折，根株浮沧海。
> 春蚕既无食，寒衣欲谁待。
> 本不植高原，今日复何悔！

1948 年秋天，当人民解放军包围北平时，解放区广播电台专门向胡适广播了一段劝辞，规劝他留在大陆做北京大学校长兼北平图书馆馆长，胡适在北大校长办公室听到后，既不激动也不快乐，只是平静地说了一声："他们要我吗?"①

世事难料，命运无常，许多时候，人生犹如一场赌博。曾几何时，孙伏园的名字曾和胡适、傅斯年同时出现在倡导新文化运动中的各类报刊上，现如今，他们各奔前程，一方局促东隅，一方欣然前往北京。

1949 年暑假后，孙伏园离开成都到平教会在重庆北碚的乡村建设学院任教，院长是瞿菊农，学院有一个璧山实验区，由孙廉泉任主任，孙伏园的任务是随时料理实验区的事务。人地都熟，心境自然较好，至少不至于像在成都那样朝夕担心被杀。到任以后两月余，即 1949 年 11 月

---

① 古远清：《几度飘零——大陆赴台文人沉浮录》，广西师范大学出版社 2010 年版，第 9 页。

重庆就解放了。

重庆解放以后，孙伏园参加了重庆市军管会召集的文教界座谈会，被选为重庆市第一届人民代表，参加了人代会。他详详细细地把平教会的情况报告给负责文教接管的任白戈，又把负责平教会工作的瞿菊农、孙廉泉介绍到楚图南那儿。不久孙伏园接到胡愈之的邀请，准备到北京参加工作。

1950年1月，孙伏园从重庆到北京，途经武汉，顺道看了二儿子孙惠畴。在延安锻炼成长的惠畴此时已担任第四野战军后勤部干部学校校长，四野的陈沂是二儿子的领导，与孙伏园也相识。干部学校还盛请孙伏园作了报告，临行时陈沂又送了路费。

一、家人团聚

1950年2月2日，孙伏园到达北京，暂住在前门外李铁拐斜街政务院远东饭店。

郭沫若和于立群去看他，告诉他组织已决定让他担任华东军政委员会的文化部副部长，部长是科学家吴有训，孙伏园再三婉谢。

不久以后，胡愈之又代组织转告孙伏园，让他担任浙江省教育厅副厅长，他又婉谢了。

孙伏园之所以一再婉拒，是因为他觉得应该做自己力所能及的工作。最后他任出版总署图书馆馆长，全国文联随之增选孙伏园为全国委员会委员。

旧地重临，又被安排进体制内，有了稳定体面的工作，孙伏园心情之轻松愉快非言语所能形容。

出版总署图书馆位于北京东总布胡同十号大院内的一幢小洋楼里，1950年7月1日，出版总署图书馆正式开馆。1951年，在十号大院内的一处空地上建了新楼，出版总署图书馆就从小洋楼迁入新楼。1954年，出版总署撤销并入文化部，出版总署图书馆易名为版本图书馆，出版总署图书馆就成为一历史上的名词，孙伏园仍继续担任版本图书馆馆长。

1951年3月，林辰被冯雪峰调到刚组建不久的上海鲁迅著作刊行社。社里安排他到绍兴参观访问，他从未去过绍兴，林辰致函时在上海乡间参观土改的孙伏园同往，孙伏园欣然同意，奉陪赴绍兴。①

1951年6月，孙伏园亲自作向导陪同林辰先到杭州住了几天，看看西湖景物。然后前往绍兴，在绍兴大约住了一星期。孙伏园陪林辰参观了与鲁迅及其著作相关的地方，每到一处，他都一一为林辰详加解说。一周后，林辰离开绍兴，孙伏园继续在故乡小住了几日。

在忙忙碌碌中，转眼到了1951年的冬天，孙伏园终于可以在北京和家人团聚了。

孙伏园的夫人叫胡瑞珍，她与孙伏园同乡、同年。按当年的习俗自然是包办成婚。胡瑞珍小学文化，粗识文字。孙伏园常年在外谋生，胡瑞珍一直在家乡操持家务，养育子女，十几年如一日服侍着瘫痪的婆婆。孙伏园数年回家一趟，并住不了几日，平常多以书信与家中联系。胡瑞珍能够给孙伏园写信，若信中有错别字，孙伏园则在回信中指出改正。

婚姻是旧式的，但夫妻依然可以相亲相爱。年近花甲，孙伏园夫妇终得朝夕相伴，共同生活。他们相敬如宾，一如往昔。特别在孙伏园中风以后，胡瑞珍精心服侍十多年，她一生护理两代中风病人而从无怨言。母亲胡瑞珍的美德及他们夫妻间的至诚至爱亦一直是后辈处理家庭婚姻关系的榜样。

孙伏园从不干预孩子的学习，只是鼓励他们自立，他常对他们和声细语地说："我只供给你们到大学毕业，以后就靠你们自己奋斗了。"②孙伏园有四子一女。大儿子名惠迪，二儿子名惠畴，三儿子名惠连，小儿子名惠南，女儿名惠绥。

惠迪八岁就离开绍兴随孙伏园到北京读书，惠畴小学毕业后，也由孙伏园带往北京求学。

1938年，孙伏园与担任八路军驻长沙办事处的主任徐特立同志在湖南相遇。他邀请徐特立到当地进行演讲，宣传抗日。期间，他通过徐特立介绍，将惠迪、惠畴送往延安。

惠迪、惠畴到达延安后，经过在陕北公学和中央组织部训练班的一

---

① 《孙伏园致林辰信十二封》，《鲁迅研究月刊》2004年第5期。
② 绍兴鲁迅纪念馆编：《孙伏园怀思录》，1994年，第4页。

段学习，惠迪被分配到中央警卫团工作，担负保卫党中央的光荣任务。新中国成立后，任警卫团政委，驻北京西郊。惠畴被分配到陕甘宁边区陇东分区工作，后长期在军队从事宣传、政治工作。从广州军区宣传部副部长、广州军区师以上干部理论训练班主任岗位上离休。

孙伏园和大儿子孙惠迪

　　三子惠连 1948 年毕业于重庆大学化学工程系。历任上海汽轮机厂、哈尔滨汽轮机厂、上海锅炉厂、上海发电设备成套设计研究所工程师、教授级高级工程师，从事发电设备材料的试验研究。

　　幼子惠南于 1959 年从苏联列宁格勒大学地理系自然地理专业学成回国，在中国科学院地理研究所从事学术研究和推广应用工作，多次获国家科技进步奖。

　　女儿惠绥在绍兴初中毕业后成为一名小学教员，从小与母亲一起承担家庭负担，抗日战争胜利后考取稽山中学，新中国成立后高中毕业，被分配到绍兴专署任会计，不幸于 1950 年 23 岁时患伤寒去世。

　　许多年来，这个家庭是聚少离多，常常是一个家分成三处，甚至五处。

　　惠迪、惠畴在延安，这是一处。在绍兴的家人只知道他们去延安找八路军了，详细情况一无所知。在抗战胜利后，国共和谈的中共代表团成员王若飞曾带给孙伏园两张照片，一张是惠迪、惠畴和王若飞的合照，另一张是惠迪、惠畴兄弟俩的合照。这两张照片都只有现在135胶卷底片那么大小。当时，孙伏园在重庆，他看完后以最稳妥最快速的办法寄给绍兴的亲人。母亲胡瑞珍和年幼的惠南、惠绥见到照片如见到亲人，异常高兴。胡瑞珍处世谨慎，从不将这事与家人以外的任何人讲，怕家人的安全就会受到威胁。自从有了信与照片，精神虽有了些许安慰，但东塞西藏，唯恐被别人发现或失落。这两张照片一直是孙伏园家的"绝密资料"，虽然加起来还不到一克重，却始终是母亲胡瑞珍重点保护的珍品。想念的儿子不在身边，照片就是她所看到的和拥有的一切了。她对照片的担惊受怕，也像对儿子的担心一样，她怕有人走漏风声，或因其他什么原因被搜出来，那是会人头落地的。她还怕受潮发霉对这珍品有任何损坏，甚至怕老鼠会把它啃了，或者是白蚁将它咬了。由于母亲的精心保护，照片一直完好地保存到解放。

这个家的第二处在重庆。

抗战爆发时，三儿子惠连原在家乡绍兴读中学，绍兴沦陷时，他逃出虎口，先后在玉山、桂林等地读中学至毕业，然后考入重庆大学，与孙伏园在重庆相聚，只是不久后孙伏园又到了成都。惠连虽然和父亲只短暂相处了不到三年，但他常常回忆起那段日子，写下了不少挚情文字，如发表在《鲁迅研究月刊》2010年第9期上的《君问归期未有期——记孙伏园在四川十年》和《中华读书报》2007年12月3日上的《往事连连——动荡年代的大学生活》等等，字里行间满怀深情：

> 1944年至1948年，笔者在重庆读大学，至今令人难忘。原因有三：第一抗战时期生活艰苦；第二陪都集中了国统区的精英，见多识广；第三父亲孙伏园在那儿工作，是我一生中和他相处最长的时间。
>
> 1941年夏，故乡绍兴被日寇占领。我17岁别母亲与弟弟妹妹冒险逃离沦陷区，到江西玉山省立临时中学读高一。这是专门接收战区学生的学校。1942年日军又占领玉山，全校师生逃难流亡，往浙闽山区步行一千多里到临时省会泰和县，学校解散。我又到接纳战区流亡学生的广西省立桂林中学，读高二。1944年高中毕业，鬼

子再次占领湘桂线，桂林沦陷，历千辛万苦经贵州到重庆。那是我流亡的最终目的地，父亲就在那儿。长途奔波，盛夏酷暑，饮食不周，疲劳困顿，苦不堪言，但是见到父亲，是我最大的幸福，从此结束3年的战区流亡学生生活。①

　　1947年暑假我从重庆去成都看父亲并度假，住在华西大学教员宿舍，我与父亲同室。那时父亲经常是在报馆看了大样以后深夜回到宿舍，进屋就睡，父子并不言语。每日清晨门房把《新民报》从门缝里塞进来，一共两份。通常我从地上捡起报纸送父亲一份，自己拿一份，两人躺在床上边看报边议论。②

　　这个家的第三处是在绍兴。

　　这里由祖母、母亲胡瑞珍、女儿惠绥和幼子惠南四个人组成，这四个人可以说是家庭中最弱的一部分，是老弱病残，老小三代在一起，祖母不但年老体弱，而且因脑溢血而半身不遂，连日常生活都无法自理，惠绥是只有十几岁的少女，惠南则是刚刚上小学的儿童，当时的胡瑞珍还不到50岁，凭着对老人的孝心，也为了孙伏园能安心工作，以中国妇女特有的牺牲精神，担起了这副扶老携幼的担子。

　　幼子惠南出生于1934年，在抗战以前，他尚不记事。在抗战开始以后，特别是绍兴沦陷以后，关于父亲及哥哥的情况，大人们是对他"封锁"的，怕他年幼不懂事，说走了嘴，给家庭带来祸水。特别是关于大哥惠迪、二哥惠畴投奔解放区的事，那是绝对不能有丝毫疏漏的。抗战胜利后，家人想让他跳级以同等学力资格报考初中。在口试前，姐姐惠绥专门叮嘱他，如果教师询问家庭情况时，就说"父亲在内地教书，大哥、二哥在外地经商，长期未通信息"。

　　说来也有趣，惠南了解自己父亲的情况，最早还是从绍兴稽山中学语文老师金纪贤那里开始的。那时，金老师任年级的语文老师兼级任导师。他是一位有进步思想的先进青年，在教语文的时候，经常介绍一些

---

　　①　孙惠连：《往事连连——动荡年代的大学生活》，《中华读书报》2007年12月3日。
　　②　孙惠连：《君问归期未有期——记孙伏园在四川十年》，《鲁迅研究月刊》2010年第9期。

文艺界、思想界的情况，并宣传进步思想。他常介绍鲁迅的著作，介绍
鲁迅时，又常提到孙伏园，特别是在讲《阿Q正传》的时候，把有关
《晨报副镌》《京报副刊》的情况和孙伏园如何向鲁迅先生建议写《阿
Q正传》及以后又如何向鲁迅先生催稿的事，都讲得非常生动。惠南才
知道自己的父亲孙伏园的一些故事。直到1951年冬，幼子惠南才和母
亲经上海三哥惠连家，汉口二哥惠畴家，然后到达北京。孙伏园去火车
站接亲人，惠南竟误将父亲当三爹孙福熙。作为孙伏园的小儿子，惠南
对父亲真正全面的了解开始自新中国成立以后，更确切地说是自1951
年底才开始。

孙伏园与家人在北京合影

就这样，从1951年冬天起，在北京东城大雅宝胡同二号的出版总
署宿舍大院里，孙伏园有了一个团聚的家。儿子们个个有出息，事业有
成，工作体面，学业优秀。夫妻之间甘苦与共，安危相依。孙伏园有一
个比自由恋爱还美好的老式婚姻。其实，家庭的幸福可以很单纯，"单"
到围着一张桌子吃饭，"纯"到"你耕田来我织布"。夫妻的美满本不
是向对方表白的，也不是用来向他人炫耀的，它是用来感受的——自己
感受，对方也能够感受。

二、勉力而为

出版总署图书馆是一个为政府机关服务的综合性图书馆，除征集保
存全国出版的新书外，还采购旧书刊供署内同人借阅参考。自迁入新楼
后，图书馆的任务仅是征集新书、编辑《全国新书目》、做好出版物分

类统计等专业工作。因此，曾有成立"中央书库"或"样本书库"的倡议，但经过长时间酝酿终未实现。1954年，出版总署撤销并入文化部，图书馆的名称正式改为"版本图书馆"。"出版总署图书馆"就成为历史上的名词了。

从出版总署图书馆的成立到易名为版本图书馆，馆长一职始终由孙伏园担任。

孙伏园在办公室

北京东总布胡同十号院坐落在胡同东口路北，这个院落原是北洋政府时期俄文专修馆旧址，出版总署就在这个院里办公。总署所属的发行局、印刷局、人民出版社以及世界知识出版社等机构都设在院内。院的南部是砖瓦平房，房舍之间有绿色游廊相连，没有游廊的房舍又形成各自的小院。院子东北部是幢两层楼房，楼院方砖铺地，南侧有丛太平花，蓬松杂乱的枝条在花池里成为一片绿色的灌木丛。位于西北隅的小洋楼便是出版总署图书馆的办公室和书库，小洋楼东南方有一片草地，栽种着丁香和海棠，还有几株洋槐，像个小庭园。

出版总署图书馆的正副馆长是孙伏园和孟超。孙伏园是党外民主人士，主管业务；孟超是革命老干部，主管政工工作。孙伏园的办公室在小洋楼向阳的房子里。

1950 年初春，孙伏园发现这个院落里有共产党早期领导人瞿秋白 1917 年时学习俄文的遗址，便计划成立"瞿秋白纪念堂"。建堂的计划很快得到胡愈之、周建人两位署长的赞同，又请瞿秋白的夫人妇联副主席杨之华参与选看堂址。

大家确定将图书馆小楼对面的一座长方形房子辟为"瞿秋白纪念堂"。这是一个东西长约 15 米，南北宽约 6 米的厅房，四周没有房屋相连，房基是坚固的青条石。厅的南墙没有门窗，东侧开有拱形屋门，门楣上的半圆形窗镶着红黄蓝绿彩色玻璃。门外有五六级青石台阶。厅的西侧和北侧都有磨砂玻璃窗。房顶是南高北低一面坡式的。这样别致的建筑原来是美术专科学校的绘画室，所以门窗的设置不在南面，以求避开阳光的直射。

经过多日布置，纪念堂在 1950 年 7 月 1 日正式开放。室内悬挂着烈士遗像和郭沫若写的堂名横幅，陈列有《瞿秋白文集》《海上述林》及《新青年》等革命刊物。在举行了庄严肃穆的纪念仪式后，各部门分别进内参观。这一天对"十号大院"来说是个非常有意义的日子。首先是建党 29 周年纪念日，又是瞿秋白纪念堂成立日，再就是出版总署图书馆正式开馆日，当晚还召开了全署工作人员大会。

瞿秋白纪念堂成立之后，有一段时期曾兼作期刊阅览室，也曾做过业务学习的课堂。1951 年，在大院空地上建起了大礼堂和图书馆的新楼，图书馆就从小洋楼迁到新楼了。图书馆迁到新楼后，瞿秋白纪念堂划归人民出版社管理。

孙伏园作为领导，他总是在月初对所属各组下字条，写下这期间该完成的任务或该达到的进度。下达的不是死命令，下属可以讨价还价，几经商议后再成定局。在日常的称呼中，大家对孙伏园很少挂上职务头衔而称孙馆长，一般的称呼是孙伏老，亲近一点的连姓都省略了，就称"伏老"。这个雅号还被编进了赞誉他的顺口溜。解放初期，普遍号召干部学习俄语，孙伏园也报名参加了业余班。以他已掌握的其他外语基础，学习成绩斐然。许多没有学过的俄语单词，因发音相似，他就能触类旁通。在业余学习中得到了表扬，就有人编了"伏老，伏老，不服老"的顺口溜，一时广为流传。

孙伏园外表平易近人，待人接物总是笑嘻嘻的，带有一种温和的面

容。人们喜欢称呼他"伏老"或是"孙伏老",更喜欢听他讲述五四运
动和抗日战争前后文化界的珍闻逸事。他曾很得意地介绍过抗战期间在
重庆的一次"文协"集会。会上有人以到会者的姓名集成一副对联:
"伏园,焦菊隐;老舍,黄药眠"。他多次提到过这副对联,觉得他的名
字能与老舍作为对仗,十分高兴。

1953 年,孙伏园 60 岁华诞时,老舍和胡洁青夫妇特请齐白石老人
绘"红梅颂寿"条幅。孙伏园将之悬挂在家中客厅。他向来访的同人介
绍那满幅湛丽的红色花瓣是用珍藏多年的红硃所绘,这次取用此颜料是
大师之盛情。众人见画面上白石老人题款署 92 岁,而当年他实际年龄
应是 89 岁,众人对此疑惑不解,孙伏园便解释说白石老人作画自署年
龄往往有增岁的习惯。

那时,孙伏园已习惯支了手杖行走,因为他血压居高不下,高到红
鼻尖上鼓起了清晰的血脉。1953 年斯大林去世,听说就是因为抽烟太
多。他就把烟戒了,后来连他喜欢喝的酒也减了,但血压还是降得不
够,为戒烟,当时流行的一种办法是在原来装烟的盒子里改装糖块,犯
烟瘾时就以糖代烟。但是糖块缺少卷烟的提神作用,容易犯困。孙伏园
犯困时,就站立起来踱步,有时干脆提了手杖在大院里散步。见他这样
的勉力而为,同事们将原来的顺口溜"伏老,伏老,不服老"改为
"伏老,伏老,缚勿牢。"

不管孙伏园如何地勉力,不幸还是发生了。

1954 年冬天,当时北京举行文艺会演,孙伏园也爱看,但为慎重起
见,还是先去量了一下血压,结果非常正常,所以他就大胆地天天去看
戏、听戏,几乎每晚总要到 11 时以后才回家。但因为情绪好,自我感
觉也不累,也许因为血压正常而失去应有的警惕,他坚持白天上班,晚
上看戏。

一天下午工间操时,孙伏园与办公室的同志们一起围着火炉吃糖炒
栗子,一面吃,一面说笑。一会儿,只见孙伏园后退了几步,坐到了沙
发上,瞬间就失去知觉。人们知道是中风,立即叫车送医院,一点没有
耽误。幸得抢救及时,没有生命危险。

病情稳定以后,就出院回到家中。组织上特批为孙伏园请了一位绍
兴的熟人,以保姆身份帮助孙伏园家人共同护理。孙伏园从此辗转病榻

长达 12 年之久。

应该说，当时组织上是极其关心孙伏园的。虽然生病，仍继续让他任版本图书馆馆长，几次提工资，也都没有漏了他。图书馆的工作由当时的副馆长吕朗主管，大事仍与孙伏园商量或通气。后来组织上还给他特批两名大夫轮流到家里出诊。一位是颇有名气的北京中医院肿瘤科的秦厚生大夫，一位是针灸大夫。他们二人一般每两周来一次，相间而来，有时他们也一起来，对病情进行会诊。在护理方面则多由夫人胡瑞珍和专门从绍兴请来的同乡保姆精心料理。

孙伏园自己也很配合，总能遵医嘱，很好地保养治疗。光是蜈蚣、蝎子这些毒虫，他就吃过成百上千条。不论是多苦的药，他都大口地喝，像正常人喝白开水一般。

尽管身体不适，但因为组织关心，家人照料，孙伏园仍过着安静平稳的生活。当时他住在北京东城大雅宝胡同二号。

从建筑样式及布局看，二号在明清时期，很可能是高官第。宽大的宅门，高高的台阶，门两旁是石墩，迎门是一面大影壁。二号分东西两院，以西院为主，是住宅区。正房、厢房、南房一应俱全，是清一色的明清建筑。这大雅宝二号是"藏龙卧虎"之地，除孙伏园，还住着张静庐和米谷等人，都属民国以来文化界的重量级人物。大院有棵枣树，秋天打枣时，年长的雷大爷会在头天通知各家。打枣时，有的送盆，有的送桶。孩子爬树，大人捡枣。人欢枣甜，一年一度的打枣成了大院的节日，可见，大院里的氛围不错。

平时，孙伏园起居定时。那时电视机尚未普及到家庭，他总是以收音机为伴，听新闻，听戏剧。他常坐在窗前的写字桌旁，把窗糊纸撩起一半，这样可以随时看到前来探视他的亲朋好友。每逢有人踏进他的庭院，他总在窗口先看见，然后拄着拐棍步履蹒跚地走出家门，热情相迎。

孙伏园住北房东头，与他家远远地窗对窗住着毕克官。毕克官常常隔一段时间去孙伏园那儿聊聊，带去一些外界的信息，例如文联大楼里的大会，夏衍等提出毛选注释对"四条汉子"的批判的公案，许广平上台发言时声泪俱下，毛泽东对文艺界的两个批示，文艺部门纷纷忙于检查，等等，孙伏园都听得津津有味。每次，他都说："好听！好听！谢谢!"如果毕克官时间隔得久些没去串门,夫人胡瑞珍见了毕克官,会以绍兴腔对他说:"毕同志,孙先生来懂等侬哉!"

　　作为病号,孙伏园沐浴着党的雨露,在内心深处,他除了感谢政府,感谢党和人民,仍没有放弃自己的追求。他坚持用左手写字,居然练至能用左手为人写条幅。偶尔他也接待一些文艺界人士的来访,如名演员赵丹。那时赵丹为了演电影《鲁迅传》曾拜访他多次。孙伏园每次总是详细介绍鲁迅的风格、言行、形象。有一次,赵丹化好妆请他看像不像鲁迅,他笑嘻嘻地端详了半天,说:"像倒很像,只是个子太高了,鲁迅是没有这么高的。"说得周围的人都笑了。

　　转眼到了 1958 年,中国社会全面迈入"大跃进"运动。那是一个红红火火的年代,轰轰烈烈的年代,激动人心的年代,全民鼓噪的年代。那年 6 月初,一本由作协编发的《作家通讯》发到了每个会员的手上,上边有 303 位作家的"创作规划"或"写作计划"或叫"跃进规划"。为什么要发表这些作家个人的创作呢?"编者按"解释:"因为,我们的国家有计划,工厂,合作社都有自己的计划",同样的,我们的文学工作怎么可以没有计划呢?而且作家的"创作计划怎样"更是人民关心的。在这些"创作规划"中,被摆在第一位的是老舍的"1958 年写作计划":"大型歌剧一本、大型京剧一本、多幕话剧一本、相声一或二段、鼓词一首、短文二十篇",总共才 33 个字,实实在在。孙伏园的计划也在其中:

　　　　一年来,我的病况没有多少进展:一、不能系统地用脑,书报只能看大字,内容只能靠广播和青年朋友阅读。(有时试验自己阅读,常常引起头晕)二、右臂右腿及下半身不遂部分,虽有进展,并不很大,平时只能在室内坐卧,到院内散步,必须经别人携扶。三、中药没有间断,针灸也没有间断。睡眠饮食并不太坏,血压还比平常人为高。根据上述的身体情况,一九五八年想大概作如下打算:

　　　　一、如前一样,每天不间断地收听中央台和北京台广播的一切新闻,希望在党的号召下和六亿人民呼吸步调能够合得上拍、接得上气。

二、每时每刻拿民主党派和无党派民主人士社会主义自我改造公约五条自己勉励，把心交给党，把知识和力量贡献给社会主义建设事业。

三、约略熟习作协领导编辑的各文艺刊物的每期目录，每期内由青年朋友阅读听取若干篇。虽在病中、还勉作一个社会主义现实主义的文学工作者。

四、如有余力，希望进行修改"呐喊谈丛"及"鲁迅先生二三事"。①

从这份计划中，可以明显看出研究鲁迅、宣传鲁迅、纪念鲁迅是孙伏园病中工作的重要组成部分。尤其是完成《呐喊谈丛》一定是他最愿意做的工作，他也并未因病而停止，这可从他1957年时给林辰的信中看到：

两个多月前，奉上《呐喊谈丛》中的《社戏》一篇，这只是口述笔录方式的初步尝试，不知道能不能供你斧削。

现在回想起来，这里面或者有前后矛盾和重复的地方，你一定会给我改正。至于思想的肤浅和说到事实的边缘，却因语汇不够，不能达到真理的深处的，也只好求你附带注意。

有两点当时没有明确的：

（一）罗汉豆即胡豆，为普通话蚕豆的别名，这是汉张骞通西域时由大月氏（就是现在的阿富汗王国）传入中国的。

（二）谭叫天生于1847年，死于1917年，作者第二回看京戏，正是他虚年69岁的时候，所谓"不可不看的大法要"，或者有"来日无多"的意思。此点如有必要亦请加入。

如承蒙改好，请赐示，以便托人前往领取。

我病体进步不大，但还算不走弯路，现在室内两间，勉强能走动，下台阶得人一扶，也能在院内走走。②

① 何季民：《中国作家在1958》，《中华读书报》2008年7月30日。
② 《孙伏园致林辰信十二封》，《鲁迅研究月刊》2004年第5期。

无奈力不从心，他只是勉力写一些纪念文章。作为鲁迅同时代的人，作为鲁迅的学生和同事，孙伏园也就成了经常被采访、约稿的对象，他也就自然地承担了宣传鲁迅的责任。我们把孙伏园解放后写作的纪念鲁迅的文章列成下表：

发表时间	标题	刊登处
1950 年 10 月 19 日	以无比努力纪念鲁迅先生	《大公报》
1951 年 10 月 15 日	十九世纪八十年代	《文艺新地》
1951 年 12 月 27 日	鲁迅先生的小说（一）	香港《星岛周报》
1952 年 1 月 3 日	鲁迅先生的小说（二）	香港《星岛周报》
1952 年 10 月 19 日	鲁迅先生和北京	《北京日报》
1953 年 10 月 22 日	谈谈"鲁迅故居"	《北京日报》
1953 年 9 月	五四运动中的鲁迅先生	《中国青年》
1956 年 10 月 17 日	鲁迅先生和当年北京的几个副刊	《北京日报》（由记者记录）
1956 年 10 月 19 日	鲁迅先生在西安	《西安日报》（由孙福熙记录）
1961 年 9 月 26 日	追念鲁迅师	《中国青年报》（由记者记录）
1962 年 8 月 14 日	鲁迅和易俗社	《人民日报》（由记者记录）

每年的九、十月间，正是鲁迅诞辰和逝世的日子，从表中可知，孙伏园在大多年份总有纪念文章写就，就是 1954 年中风后的几年中，他也通过口述或请记者、或请弟弟孙福熙记录，来完成宣传鲁迅纪念鲁迅的工作。

1949 年后的鲁迅研究，作为一个政治和学术交织在一起的问题，它体现出这样几个特点。一是研究鲁迅无风险，只要不超出意识形态的范围，研究鲁迅可以是一种学术活动，同时也可以在政治上获得收益，20世纪五六十年代成名的文学评论家，几乎都曾涉及鲁迅研究。二是凡早年与鲁迅不和但在政治上还没有出局的各种人物，都以承认鲁迅完全正确的方式来表明自己的历史失误，郭沫若以及所谓的"四条汉子"莫不如此，他们都以特殊的方式表达对鲁迅的敬意，如郭沫若为绍兴鲁迅纪念馆题写馆名。三是凡是与鲁迅早年不和的人，不可能再公平陈述自己早年真实的历史，便以鲁迅的是非为是非，成为观察中国现代文化史的基本模式。①

　　在这种研究鲁迅的时代背景下，孙伏园在自己宣传纪念鲁迅的文字中也难免会回避一些什么来自我保护，但他从不放大什么，总是用朴实的文字表达自己对鲁迅的敬仰之情。也从不借宣传鲁迅宣传自己，更不利用宣传鲁迅的机会或借鲁迅之手去贬低朋友，打击自己不喜欢的人。他很少在介绍鲁迅时提到自己，即使确因事实本身需要将自己也摆进去时，他也总是一笔带过，或是以自我批评的口气去衬托鲁迅的高大形象和敏锐的政治警觉性。

　　病魔缠身的孙伏园，他的心情还是愉快的，他感激党和人民给他的关心的同时，对国家建设乃至家庭生活水平的提高也由衷的高兴。1959年10月，幼子惠南也留学苏联学成回国，在中科院地理研究所工作。孝顺懂事的儿子将领到的第一个月工资给父亲买了一支大号金星钢笔，给母亲买了一盒上等的雪花膏，这两件礼物，双亲都很喜欢。孙伏园开心地试了一下钢笔，感觉不错，就又小心地将它收了起来。过了一段时间，等旧的用不了时，才启用儿子送的礼物，一直用到去世。

三、元帅探望

　　孙伏园广交朋友，择善而从。由于工作的性质，在报界的时间比较久，孙伏园接触、来往各种各样的人比较多，朋友也比较多。这确是一个不可多得的长处，因为广交朋友，他可以了解各界人士的思想动态。在他的朋友之中，有在《中央日报》、《时事新报》等报业的同事，如刘尊棋、陈翰伯等，有陈波儿等进步电影工作者、导演、演员等，也有文艺界著名人士，如黄齐志、郭沫若、茅盾、老舍等，还有徐特立，陈毅等共产党员。

　　1962年左右，孙伏园家从大雅宝胡同二号搬迁至东总布胡同十号，单位还给他家安装了电话。孙伏园和夫人常住北京家中，四位儿子及家人有的在外地工作，有的在北京工作。尽管大家工作在全国各地，但兄弟、妯娌、子侄儿们总是把北京的家看做是大家庭的中心，部队有休假时，大儿子、二儿子都到北京来休假。三儿子出差北京机会也不少，每

————————————

　　① 谢泳：《鲁迅研究中的"厦门叙事难题"》，《当代文坛》2009 年第 1 期。

次来一般不住招待所而住在家里。父母亲每次总要准备些儿子们喜欢吃的菜。儿子们有的时候还与双亲一起，全家到东安市场或中山公园吃一餐，玩一玩，照相留念。1963年8月4日，这个家庭迎来了几年来的最大一件喜事。

当时已任国务院副总理的陈毅也是孙伏园的朋友。陈毅元帅的专程探望，令孙伏园感奋不已。

1963年8月4日，陈毅副总理的秘书来电话转达陈毅要来看望孙伏园。大概只过了半个小时，陈毅就登门了。那天部队工作的二儿子惠畴正好在京休假，幼子惠南逢星期日在家休息。得讯，他们兄弟二人即到胡同口迎接。陈毅同志到达后，孙伏园将家人一一介绍后，与陈毅同志在客厅交谈，二儿子在场。

陈毅同志的爽朗、坦率、幽默，使人感到亲切而有感染力。他一进门就幽默地说："噢！伏老！你还没死呀！前些天在报上见到讣告，以为你死了，后来知道是你弟弟福熙。"由此开始，本来感到拘谨的主人就放松了。

他们共同回忆二十年代北京文坛往事，谈大革命时期的白色恐怖，聊抗日战争、解放战争等，内容十分丰富，交谈甚欢。

当谈到外交方面的事时，陈毅说外交工作只要国内政治经济上去了，外交部长就好当。他说他自己是外交部长，还是副总理，很受尊敬，还因为是元帅、诗人就更受人敬重。陈毅还给孙伏园讲了一个自己在接待外宾时的一则趣闻轶事。有一回陈毅举行晚宴，各国使节多按时到达，唯有某一过去殖民大国使节尚未到达，当他来到的时候，陈毅淡淡地说了一句："你今天来晚了，来晚可是要受罚的呀！"正在这时，有一个使节随口说，按中国传统规矩，挨罚得下跪。话音刚落，这位迟到的使节果然向陈毅同志单腿下跪，陈毅忙请对方起身。记者们见状竟拿着相机发愣，没有一个反应过来拍下这个镜头的。

元帅拨冗亲临寓所探望，这令偏瘫十年的孙伏园久久难以平静，激动和感慨万分的孙伏园决定以诗的形式记下与陈毅谈话要点，并另成一信，由小儿子惠南一并送到外交部。

孙伏园用左手写字，写了又改，改了又抄，反复好几遍。夫人胡瑞珍还善意地把他的行为比作是小学生写作文，一遍又一遍地写，总写不满意。孙伏园听了也满不在乎，总是一字一句地推敲，直到两信完稿。

第一信

陈毅副总理同志：

八月四日承您光临寓所，令我感奋万分，因就那天谈话，记录了三五百字，作为书信方式，另纸呈教，当然离诗还远得很。

记得您的生日在阴历七月，那么这几句俚辞就算对您生日的祝贺吧。

我和我的家人，在京的和在京外各地工作的，对您和府中各位致以最崇高的敬礼。

孙伏园左手书上

九月 10 日，1963

第二信

元帅：

我一多年病号，蒙您光临看视，
每念八月四日，衷心感奋不已。

三一八眼前事，刘和珍诸烈士，
白色恐怖弥漫，追悼会您主席。

主席报告完了，飘萍率先发言，
严斥军阀元凶，印象至今明显。

北伐节节胜利，蒋介石却反叛，
参加八一建军，您上了井冈山。

从此千二骨干，受毛主席训练，
无产阶级教育，国内外所仅见。
主席军事思想，组织成为红军，

八路新四各军，到人民解放军。

红军大队北去，游击自更艰苦，
粮食封锁三月，囊中存米可数。

鲁迅十月去世，次年三月得知，
队员若不买鞋，何来此旧报纸。

抗日南北开花，无论八路新四，
日寇全面投降，蒋贼撕毁协议。

蒋贼人民公敌，人人愿与偕亡，
一九四九那年，怎不全国解放！

冀晋鲁豫淮泗，世界最大平原，
粮食又富人口，首都即在其间。

有人民解放军，保卫革命果实，
人人生产劳动，六亿安居乐业。

中国问题解决，贡献世界不小。
社会主义阵营，至少尽能温饱。

不断革命学习，思想普遍提高，
回忆结合对比，过去切莫忘了。

孙中山旧民主，第二代没脊梁，
不媚日即媚美，见盗贼便投降。

岂知十月革命，伟大列宁后辈，
二代功大于过，三代整个败家。

时代肩负非轻，目注台湾为营，
支持民族解放，保卫世界和平。

元帅万众崇仰，正当六十华年，
职司内外文武，到处雨我公田。

病号沐党雨露，志在人民勤务，
夙兴夜寐锻炼，信将残废康复。

钢铁怎样炼成？向柯察金学习，
把一切献给党，效吴运铎同志。

伟大革命舞台，参加者几十亿，
胜利接着胜利，老病永不退席。

六亿健康步伐，期望差能看齐，
一二三一二三，顺致革命敬礼！

孙伏园
九月 10 日

从 1954 年至 1963 年，孙伏园患病十年，故自称"多年病号"。1926 年"三·一八"惨案后，陈毅任刘和珍诸烈士追悼会主席，参加刘和珍烈士追悼会时，孙伏园与陈毅同志相识建立了友谊，三十多前的往事，孙伏园记忆犹新，故称"三一八眼前事"。他们的谈话中也涉及鲁迅去世时的情景。当年，陈毅在赣南坚持革命斗争，遭到国民党的严重压迫、严密封锁和军事"围剿"。1937 年 3 月，游击队员到一集镇买鞋，而包鞋的旧报纸上登载着鲁迅在上海病逝的消息，陈毅才惊悉鲁迅已于 1936 年 10 月 19 日逝世的噩耗。这便是"次年三月才得知"的缘由。他们也谈及苏联问题。列宁逝世后，斯大林作为党和国家的主要领导人，领导苏联共产党和苏联人民保卫巩固了世界上第一个无产阶级的国家，并进行了社会主义改造和社会主义建设，还领导苏联人民和苏联军队取得了反法西斯战争的伟大胜利。其一生也犯有阶级斗争扩大化、破坏党和国家的民主集中制等严重错误。在斯大林逝世后，苏联国内出现过全盘否定斯大林历史功绩的倾向，孙伏园认为其"功大于过"。对斯大林逝世后的苏联领导人赫鲁晓夫，受当时政治形势影响，孙伏园以"败家"目之。

这次元帅探望后，孙伏园对谈话的深刻印象和理解都远没有因信写成而结束，在余生中，他不时地提及。在 1964 年 10 月赫鲁晓夫下台，我国第一颗原子弹爆炸成功之际，孙伏园兴奋之余又回忆起与陈毅的谈话。他一遍遍地听广播，听完后不免议论，说话也多了，家人担心他过于兴奋血压升高，一再劝他安定镇静。

四、安然离世

1963 年以后的几年，我国国民经济呈现不断向上趋势。孙伏园的心情也一直不错。他关心社会，关心出版局、版本图书馆的工作，还几次提出入党的问题，但家人和他的领导及周围的同志都劝他先养好身体，然后再谈工作。其实大家当时已经清醒地看到，要他完全恢复健康，已是不可能的事。半身不遂的身体，能正常生活维持那么长的时间，已经很不错了。

在姚文元的《评新编历史剧〈海瑞罢官〉》发表以后，孙伏园听了很多次广播，曾经有过不安的预感。作为文艺界的前辈，孙伏园对于姚文元的父亲姚蓬子，对于吴晗，都有所了解，对海瑞、《海瑞罢官》及批判文章，也有自己的看法，对批判文章的背景及可能产生的后果，更有一些思考，特别是联系到肃反、反右中的一些扩大化，孙伏园颇感不安。

孙伏园凭着他个人几十年的历史经验教训，建国后对党的知识的学习和了解，对党的深厚感情，他对当时文艺界存在的有些作风，对文艺创作、文艺批评的具体处理自然产生了一些不同的看法。用他自己的话来讲，叫做"跟不上形势"，"跟不上时代的发展"。他认为说错了不如不说。

1965 年期间，中共中央管党史的领导同志特地到东总布胡同孙伏园家中，亲切地询问毛主席的《湖南农民运动考察报告》是怎样由他登在大革命时的《中央日报》副刊上的，孙伏园什么也没说，只说中风后脑子不好，什么都记不得了。事后他对他的学生说："主席记忆力极好，我不愿干扰他。"①

这个解释好似《世说新语》，短简的有一句没一句的机锋，让各人有各人的了悟。我们不认为这是孙伏园的城府有多深，这位尽管辗转病榻多年仍关心国家大事的老人，一定是感觉到了外界的沮郁气氛。走笔至此，我们忽生一念，倘若当年孙伏园没有中风，那他的晚年又该是一番什么景象呢？这不是没有参照物的。

文化部被批成"帝王将相、才子佳人部"之后，就把数以百计的各级干部派到河南的安阳、林县一带搞"四清"。1966年初夏，"文革"这把野火实际上已经点燃，文化部下令把派出去的干部统统限时召还参加运动。其人数之多，一般路过的列车已容纳不下，须得在备用的站台上加上三节空车厢，约定挂上某次客车拉回北京。当发现那次挂靠的列车一时不会开时，那些急性子的好斗积极分子就在站台上开展批斗活动。罚站在中央的被批斗的人其中之一就有孙伏园的搭档孟超。尽管当时的批斗风气还没有后来那样恶劣，什么脖子上挂牌、低头弯腰、后举双臂作喷气飞机状，但干瘦的孟超最后还是未能低头久站，无奈地蹲了下去。至于一介书生，已是病弱不堪了，仍被迫游街示众，被迫跪在地上嗫嚅地认罪，这样的故事在那个年月里是太多太多了。

除了极少数恣意妄为的魔头，百分之九十以上曾经为恶犯错的人，一是受制于自身品质的缺陷，其次更重要的是由于现实的引导和逼迫。换言之，社会之恶远大于个人之恶。而当那种社会之恶随历史变动悄然引去时，个人却往往要留下来单独承受罪孽。于是肯定有人会不甘心由自己承担一切过衍，他们会将现实的引导和逼迫所起的作用一一指明。这看上去有辩解的成分，实质上却是特殊的忏悔——用对社会之恶的省思，而向真理复归。然而，遗憾的是社会对这样的反思很少予以欢迎和接纳。

一场病让孙伏园避免了在黑白颠倒、是非不分的混沌中受煎熬，一场病让他能未遭玷污凌辱而能安然离世。当年父母为孙伏园取"福源"

────────────────────────

① 余鸿成：《孙伏园老师二三事》，《龙门阵》1983年第一辑。

之名时除了希望他成为孙家的福之源泉外，或许还昭示着他自己的人生也是有福气的。

1966年1月2日孙伏园在北京弘通观2号家中去世，享年73岁。

1月6日上午，早餐后不久，文化部出版局的领导来到孙伏园家中，接孙伏园一家人一起去参加追悼会。大儿子惠迪庄重地端着遗像，众人跟随其后，上车去会场。当他们到达时，各单位的领导、同事们都已来到了追悼会会场。追悼会由出版局版本图书馆领导主持，先由胡愈之献花圈，再由出版局局长陈翰伯致悼词，最后二儿子代表家属向组织、领导和同事们表示衷心感谢。大约不到一小时，追悼会结束后，亲人们将孙伏园的骨灰盒送往八宝山革命公墓骨灰堂。

孙伏园与中国现代文化史、文学史上众多重要人物有密切交往，本来可以为后人留下更多宝贵的回忆和史料，然而，随着他的与世长辞，这一切也成为不可能。

后　记

　　终于可以写《后记》了，这意味着这本在我笔下走了近三年的书到了可以交付出版的时候了，我借用作家池莉的一段话来形容我此刻的状态——

　　当你埋头工作了许多日，终于在某一刻圆满地完成了预想的工作，你站起身来，推开窗去，恰好这一天外面是蓝天白云，花香草也香，那么，深深地呼吸吧，放眼远望吧，微笑吧，呼喊吧，不要急于结束这一刻，不要忽略了这一刻，这就是幸福，慢慢品味它，享受它，并且收藏它吧。

　　三年来，窗外绕屋扶疏的绿树，随季节次第开放的鲜花，加上晨曦夕晖，加上鸟语风声，它们都助我文思，使我下笔流畅。回想写作过程，我心中充满快乐和充实。

　　2006 年，我忝列为教授，从此，没有了职称晋升的压力，本来就慵懒怠惰的我，更是借口世事羁绊，几乎不看书不写作。我每学期只需承担一期学报的编辑任务和一周两学时的教学任务，对这两项工作我早已驾轻就熟。就这样，多歇歇，别太累，到时吃，按时睡，不和环境来作对，得空与友聚聚会，既有清醒也有醉。我深深感到，不必看书查资料，不用写论文申报课题的生活真好。

　　这样的日子维持到 2007 年底，每年的年底，学校总会要求教师填写自己本年度的科研成果，而且，只能填发表在核心期刊以上的论文和省级以上的课题。2007 年度，我的科研成果表一片空白。由此，我的心中产生了些许的不安，甚至还有点坍台之感。

　　一个所谓的教授，总不能让自己每年的科研成果都是零吧，我总该写点什么吧。这年头，似乎出版书籍比在一级期刊上发表论文更容易，那就写本书吧。正好，越文化研究基地有个"越中现代知名作家系列研究"项目可供申报。从 2008 年暑假开始，我着手《孙伏园评传》的准备工作，2009 年，项目申报成功。如此，我 2009 年和 2010 年的科研成果表不再是空白了，还堂而皇之地写着"省部级课题《孙伏园评传》"。如果，本书能在 2011 年出版，那么，2011 年的统计表上还可赫然写上"专著《孙伏园评传》"。还有，按时下流行的做法，待我将书稿中的相关章节稍作整理，变成论文后再拿去发表，还可衍生出新的所谓的科研成果。如此看来，这本《孙伏园评传》之于我，真是"给力"。

尽管，写作《孙伏园评传》起始于为了让自己在填写年度科研成果表格时不至于空白，但是，毕竟，这些文字是我寒窗明辉下的一些思考，一些独立的思考，其间含有乐在其中的自觉自愿的成分，融进了我强烈的兴趣和激情，我思故我在，人若此，书亦然，我信奉此道。平日里，我每天上午去学校处理一下学报的稿件，下午在家校对一两篇清样，到傍晚时分，便上瑜伽馆练瑜伽，享受瑜伽带给我的宁静和舒展，终日无人打扰，连电话也少有，我的生活就是如此的简单清冷安逸。这样，我就有了许多可以相对自由掌握的时间，当我沉浸于思考的问题时，我完全可以脱离正常的生活节奏，自由自在地游走在灵活支配的时间中。再者，我不用为评职称而急于拿去发表，所以，我可以耐心地缓慢地一点点地写，不必一蹴而就。

然而，历史的丰富多彩与错综复杂，在被有意或无意的删改过滤之后，早已失去了本来的模样，许多细节彼此间的盘根错节也随之变得陌生，远不像非此即彼般简单。惟其如此，对我的写作，我不敢说是在去伪存真，在复原历史的真实状况与演变脉络，我只是在努力地让事实说话。我没有精心设置结构，基本上是按时间发展顺序平铺直叙，也没有生动的场景描绘和心理剖析，只是在事实的叙述中，间或流露几句感叹，让著者应有的主观色彩淡淡地残留在字里行间。

像我这样资质愚钝浅陋又不肯下苦力的人，能给孙伏园写评传，真是莫大的荣幸。在本书即将付印之际，我特别要感谢孙伏园的哲嗣，尤其是三儿子孙惠连先生，幼子孙惠南先生，他们分别住在上海和北京，我便敬称他们为上海的孙先生和北京的孙先生。两位孙先生都是我国科技领域有所建树的科技工作者，他们的切身回忆和慷慨赠与的珍贵资料给我的写作提供了极大的支撑，他们的关注、鼓励和首肯更是我写作的不竭动力。

我还要特别感谢越文化研究基地，课题立项后，基地就将一笔丰厚的科研经费给了我，这让我感到特别有尊严，若遇人谈起出书费用，我总是说我这本书是不用自己出钱印的，虚荣心因此得到了极大的满足。

尽管春寒料峭，我的屋外已是春色满园，黄色的素心梅还未凋谢，粉紫的广玉兰正含苞，给点阳光就灿烂的矮牵牛开得热闹，从暖房里培育出的牡丹和杜鹃怒放着，鲜红的茶梅和茶花竞相绽放。此刻，我将收藏起我的幸福，同时，我用二十多万字的篇幅小心翼翼地向孙伏园叩问：先生，我可曾把你读懂？

吕晓英

二〇一一年三月

主要参考书目

一、期刊

《晨报副镌》，人民出版社 1980 年影印本。

《京报副刊》。

《贡献》。

《语丝》。

《文汇周报》。

二、著作

《孙伏园散文选集》，百花文艺出版社 2004 年版。

孙伏园：《鲁迅先生二三事》，湖南人民出版社 1980 年版。

《孙福熙散文选集》，百花文艺出版社 2004 年版。

《鲁迅全集》，人民文学出版社 2005 年版。

《周作人文选》，广州出版社 1996 年版。

张涛甫：《报纸副刊——以〈晨报副刊〉为例》，广西师范大学出版社 2007 年版。

周作人：《知堂回想录》，香港三育图书文具公司 1971 年版。

陈树萍：《北新书局与中国现代文学》，上海三联书店 2008 年版。

《谢冰莹文集》，安徽文艺出版社 1999 年版。

裘士雄编：《孙氏兄弟谈鲁迅》，新星出版社 2006 年版。

陈万雄：《五四新文化源流》，三联书店 1997 年版。

宋志坚：《鲁迅根脉》，福建教育出版社 2008 年版。

朱乔森编：《朱自清全集》，江苏教育出版社 1997 年版。

房向东：《孤岛过客——鲁迅在厦门的 135 天》，崇文书局 2009

年版。

　　范培松：《中国散文批评史》，江苏教育出版社 1981 年版。

　　许红霖等：《近代中国知识分子的公共空间》，上海人民出版社 2008 年版。

　　陈离：《在"我"与"世界之间"——语丝社研究》，东方出版中心 2006 年版。

　　冯并：《中国文艺副刊史》，华文出版社 2001 年版。

　　石曙萍：《知识分子的岗位与追求》，东方出版中心 2006 年版。

　　朱寿桐：《中国现代社团文学史》，人民文学出版社 2004 年版。

　　赵瑜：《小闲事——恋爱中的鲁迅》，武汉出版社 2009 年版。

　　倪墨炎：《倪墨炎书话》，北京出版社 1998 年版。

　　孙晓阳：《邵飘萍》，人民日报出版社 1996 年版。

　　张越：《五四时期中国史坛的学术论辩》，百花洲文艺出版社 2004 年版。

　　姚福申、管志华：《中国报纸副刊学》，上海人民出版社 2007 年版。

　　陈昌凤：《蜂飞蝶舞：旧中国著名报纸副刊》，福建人民出版社 1999 年版。

　　王文彬：《中国报纸的副刊》，中国文史出版社 1988 年版。

　　姚福申：《中国编辑史》，复旦大学出版社 1990 年版。

　　宋恩荣编：《晏阳初文集》，教育科学出版社 1989 年版。

　　谢冰莹：《作家印象论》，三民书局 1978 年版。

　　王文彬：《中国现代报刊资料汇辑》，重庆出版社 1996 年版。

　　吴秀明主编：《文学浙军与吴越文化》，浙江文艺出版社 1999 年版。

　　黄健：《"两浙"作家与中国新文学》，浙江大学出版社 2008 年版。

　　丁帆：《重回"五四"起跑线》，人民文学出版社 2004 年版。

　　王晓渔：《知识分子的"内战"》，上海人民出版社 2007 年版。

　　钱理群：《周作人研究二十一讲》，中华书局 2004 年版。

　　《20 世纪中国著名编辑出版家研究专辑（3）》，河南大学出版社 2006 年版。

三、资料及论文

孙伏园：《定县的平民文学工作略说》，《艺风》第 1 卷第 9 期。

孙伏园：《农民文学用字的研究》，《矛盾》第 2 卷第 5 期。

孙惠连、孙惠南：《孙伏园致陈毅元帅二信笺释》，《鲁迅研究月刊》2009 年第 2 期。

王世家注释：《孙伏园致林辰信十二封》，《鲁迅研究月刊》2004 年第 5 期。

绍兴鲁迅纪念馆编：《孙伏园怀思录》，1994 年。

李小峰：《新潮社的始末》，《五四运动回忆录（续）》，中国社会科学出版社 1979 年版。

周作人：《孙伏园与副刊》，《亦报》1950 年 1 月 23 日。

张涛甫：《孙伏园时期的〈晨报副刊〉》，《江淮论坛》2004 年第 2 期。

李小峰：《鲁迅先生和北新书局》，《出版史料》1987 年第 2 期。

陈剑晖：《论散文作家的人格主体性》，《文艺理论研究》2003 年第 5 期。

朱晓进：《五四文学传统与三十年代文学转型》，《中国社会科学》2009 年第 6 期。

任嘉尧：《孙伏园主编的〈晨报副刊〉》，《新文学史料》1984 年第 1 期。

孙惠连：《衡山忆琐——父亲孙伏园在衡山县》，《鲁迅研究月刊》2008 年第 5 期。

孙惠连：《往事连连——动荡年代的大学生活》，《中华读书报》2007 年 12 月 3 日。

孙惠连：《君问归期未有期——记孙伏园在四川十年》，《鲁迅研究月刊》2010 年第 9 期。

栾梅键：《论"五四"新文学的三维空间》，《文艺争鸣》2007 年第 9 期。

李春雨、刘勇：《接受与生成的互动》，《天津师范大学学报》2006 年第 2 期。

谢泳：《鲁迅研究中的"厦门叙事难题"》，《当代文坛》2009 年第 1 期。

孙伏园年谱简编

1894—1900 年　一岁至七岁

1894 年 12 月 24 日孙伏园出生于绍兴城内渔化桥河沿，祖籍绍兴嘉会（今绍兴齐贤镇），原名福源。

六岁时，孙伏园在一家私塾启蒙。

1901—1908 年　八岁至十五岁

就读于绍兴昌安门外袍渎敬敷小学。敬敷小学教师多饱学之士，教学严谨，尤其是王声初校长、鲍菊潜先生的传授，对孙伏园后来从事文学活动大有影响。

1905 年，曾祖母去世。

1906 年，曾祖父去世。

1907 年春，父亲和灿弟去世。

1909—1911 年　十六岁至十八岁

1910 年，敬敷小学毕业。

就读于绍兴山会初级师范学堂，任完全课第一班班长。1911 年 11 月，鲁迅出任山会初级师范学堂校长，偶尔也代国文教员改作文、上课，孙伏园与鲁迅有过接触。

1912—1916 年　十九岁至二十三岁

从山会师范学堂转学到绍兴府中学堂。后入浙江省第五中学继续读书。

毕业后在上大路箔业学校教算术、英语，课余仍勤奋自学。曾改名"伏渊"。其间，常去周作人处补习英语。

1915 年，澄弟去世。

1917 年　二十四岁

负笈北上报考北京大学，未能如愿。

由周作人介绍，经文科学长陈独秀准许，在北大旁听。同时，半工半读，仍由周作人介绍，经图书馆主任李大钊同意，在北大图书馆做书记，月薪八元。

1918—1920 年　二十五岁至二十七岁

1918 年进北京大学读书，更名伏园。

1919 年，加入新潮社，参加五四运动。

1919 年，五四运动后，兼任《国民公报》编辑（《国民公报》于 1909 年创刊，1919 年 10 月 25 日被封）。

1919 年 8 月 1 日，孙伏园访鲁迅，请他写些东西。8 月 2 日晚，鲁迅着手开始翻译日本武者小路实笃的剧本《一个青年的梦》，8 月 15 日，《国民公报》第五版"新文艺"栏目上开始连载鲁迅的译作《一个青年的梦》，这是孙伏园第一次编辑鲁迅的文章。1919 年 10 月 25 日，当剧本刊至第三幕第二场时，因研究系与安福系军阀发生矛盾，《国民公报》被查封，《一个青年的梦》被迫中断连载。同年 8 月至 9 月，孙伏园在第五版"新文艺"栏目上，共编辑发表鲁迅的七篇散文诗。在"寸铁"栏编辑发表鲁迅的四则小杂感。在此之前，鲁迅的作品几乎都发表在《新青年》《每周评论》上，《国民公报》是鲁迅发表作品从刊物走向报纸的第一步。可以说，是孙伏园的约稿拓展了鲁迅作品的发表园地。

1920 年 7 月兼任《晨报》第七版"文艺栏"编辑。

1920 年 7 月 13 日，因母亲病重回绍兴。8 月 16 日，由绍兴返回北京，因长江大水被困在浦镇十三日，9 月 6 日回到北京。

1920 年 10 月 28 日，新潮社进行第三次职员改选，周作人当选主任编辑，由周作人指定毛准、顾颉刚、陈达材、孙伏园四人为编辑，孟寿椿当选主任干事，由孟寿椿指定王仲宸、孙伏园、高尚德、宗甄甫、李小峰、郭绍虞六人为干事。

1921 年　二十八岁

北京大学毕业。

1 月，参加文学研究会，为文学研究会十二个发起人之一。

辞去北大讲师之职，出任《晨报》专职编辑。10 月 12 日，接替李大钊，主编《晨报》第七版"文艺栏"，并将该栏改为四版单张，定名为《晨报副镌》。

12 月 4 日，鲁迅的《阿 Q 正传》在《晨报副镌》开始连载。

1922—1923 年　二十九岁至三十岁

主编《晨报副镌》，其间，编辑刊发鲁迅的文稿五十余篇。

1922 年 5 月 5 日编发"马克思纪念"专辑，1922 年 11 月 7 日编发"俄国革命纪念"专辑。

1922 年 3 月，《新潮》在出版三卷二号后宣布停刊，新潮社也随之宣告解散。1922 年冬天，与李小峰等人讨论，为了让新潮社重获新生，决定出版文艺书籍。

1923 年 1 月，《新潮社文艺丛书》第一种冰心的诗集《春水》出版。此后陆续出版九种（第二种是鲁迅翻译的爱罗先珂的童话剧《桃色的云》，第三种是鲁迅的第一本小说集《呐喊》），孙伏园是该丛书顺利出版的重要策划者和全程参与者。

1924—1925 年　三十一岁至三十二岁

1924 年 7 月，鲁迅等十多位教授应陕西省教育厅与西北大学合作的暑期学校的邀请，赴西安讲学，孙伏园也被邀，以《晨报》记者身份与鲁迅同行赴西安。

1924 年 10 月 3 日，发现鲁迅诗《我的失恋》被代理总编辑刘勉己抽掉，气愤至极，辞去《晨报副镌》的主编之职。

1924 年 10 月 31 日，孙伏园在《晨报副镌》发表启事，宣布辞去编辑职务。

1924 年 10 月，应《京报》总编辑邵飘萍之邀，任《京报副刊》主编。

1924 年 11 月发起成立语丝社，创办《语丝》。11 月 17 日，出版八页十六开报纸型周刊《语丝》，后改为八页三十二开装订本。孙伏园在语丝社会员之间（特别是鲁迅与周作人之间）的相互联络中起重要作用。

1924 年 12 间，孙伏园和李小峰拜访鲁迅，把心中酝酿多时的创办北新书局的想法告诉鲁迅，并得到了支持。

1924 年 12 月 5 日，《京报副刊》发刊。其间，编辑刊发鲁迅的文稿六十余篇。

1925 年 3 月，北新书局成立，孙伏园是书局的主要入股者。

1925 年 11 月 9 日，《语丝》周刊 52 期上刊载孙伏园致编者周作人的信，首次提出"语丝的文体"这一话题，由此引起语丝社同人围绕"语丝体"展开讨论，并演变成为 20 世纪散文批评家第一次自觉地、有意识有目的地围绕现代散文的"体"进行探讨的批评活动。

1926 年　三十三岁

4 月 24 日，《京报》被查封。

8 月，孙伏园到厦门大学任厦门大学国学院编辑部干事。

10 月，北新书局出版孙伏园著作《伏园游记》，由蔡元培题签，封面画像为胞弟孙福熙所画，由晨报社印行，发行 3000 册。内收《南行杂记》《从北京到北京》《长安道上》《朝山记琐》四篇游记，在描述沿途风光的同时也记叙了社会习俗、人情风貌，为现代游记的写作提供了一种新的视角。

10 月，赴广州中山大学，联系鲁迅赴广州的具体事项。11 月 5 日，从广州返回厦门。

12 月，赴广州，任《民国日报》副刊编辑，兼任中山大学史学系主任。

1927—1928 年　三十四岁至三十五岁

1927 年 2 月 10 日，由黄埔军校毕业生护送徒步从广州赴汉口。

1927 年 3 月 22 日，中国国民党中央机关报《中央日报》在汉口创刊，孙伏园应邀任《中央日报》"中央副刊"总编辑。

1927 年 3 月 28 日第 7 号副刊，刊发毛泽东的《湖南农民运动考察报告》。

1927 年 5 月，刊发郭沫若的《请看今日之蒋介石》。

1927 年 5 月 14 日至 6 月 22 日，刊发谢冰莹的《从军日记》，谢冰莹因此轰动文坛，红极一时。由此，孙伏园又扶植了一位文坛新将。

1927 年 9 月 1 日，《中央日报》"中央副刊"停刊，孙伏园共主编出版"中央副刊"159 期。

1927 年，与弟孙福熙共同在上海创办嘤嘤书屋。

1927 年 12 月 5 日，《贡献》旬刊创刊（第五卷起改为月刊），孙伏园出任主编。一年四卷，每卷九册，每册五十多页，十六开本印刷，显得大气典雅，特别是每册的封面均不同，均设计得新颖独特，极富审美价值。部分封面由陶元庆设计，风格夸张鲜艳抽象。《贡献》由上海嘤嘤书屋出版发行。《贡献》作为一综合性刊物，在发表分析时局的政论文的同时，也刊登了大量的随笔、散文小品、小说、剧本和诗歌，论画、谈音乐、讨论戏剧，还探讨美术建筑等。撰稿人有汪精卫、于右任、林语堂、周建人、江绍原、许钦文、沈端先、冯雪峰、丰子恺、孙福熙、白丁、傅雷、曾仲鸣、陈醉云、查士骥、徐慰南、李励之、招勉之、赵铭彝、饴冰、九芝、开因等。其中傅雷的连载"法行通信"等文章颇受读者欢迎。《贡献》于 1929 年 3 月出至第五卷第三期终刊。

1927 年 8 月，《伏园游记》由上海北新书局再版。

1928 年，嘤嘤书屋出版曾仲鸣的《法国短篇小说集》，该集精选了左拉等人的短篇名作十篇。

同时，协助孙福熙编辑《当代》月刊（《当代》月刊于 1928 年 2 月创刊，由嘤嘤书屋出版，樊仲云主编，共出版 4 期）。

1929—1930 年　三十六岁至三十七岁

1929 年 3 月，《贡献》终刊。赴法国巴黎勤工俭学，在巴黎大学专修文学，并从事散文创作。主要作品是域外游记，以《丽芒湖》最为读者称道，作品构思精巧，文笔绮丽，沉静诙谐，被誉为"游记体文章的范本"。

1931—1935 年　三十八岁至四十二岁

1931 年 5 月，自巴黎回国，应中华平民教育促进会领导人晏阳初之邀，到河北定县从事平民教育，任平民文学部主任，编辑平民读物、《农民报》及平民学校课本《千字课》等。

1931 年 9 月，开明书店出版孙伏园、孙福熙、曾仲鸣合著《三湖游记》。

在河北定县从事平民教育，业余时间里，鼓励文艺爱好者李芳兰（中华平民教育促进会定县实验区保健院护士，湖南人，曾在长沙和陶玫君、易梦之等文艺爱好者创办文艺刊物《潇湘涟漪》）将《潇湘涟漪》移至定县继续出版，并时常指点他们如何编辑。还帮助请周作人题刊名，约请周作人、许寿裳等当时的名家在此刊上发表文章，孙伏园的《哭鲁迅先生》一文也刊发于此刊。刊物从 1933 年起连续出刊三年多。

1935 年 10 月 20 日下午，得知鲁迅逝世，顿感所受刺激为近年少有，21 日，自定县赶赴北京，22 日，前往鲁迅故居吊唁。

1936—1938 年　四十三岁至四十五岁

1937 年初春，中华平民教育促进会在长沙设立办事处。

1937 年 6 月，中华平民教育促进会总部南迁至长沙，孙伏园随中华平民教育促进会至长沙，仍担任平民文学部主任。

1938 年初，湖南省衡山实验县成立，孙伏园出任衡山实验县县长。著有演讲稿"衡山四讲"：《中华民族的形成》《改进和适应》《怎样准备非常时期的来临》《在楚南第一桥》。

1938 年 5 月，孙伏园委托他人把大儿子孙惠迪、二儿子孙惠畴送到延安陕北公学学习。

1939—1949 年　四十六岁至五十六岁

在蓉渝间匆匆来往。

1939 年初，中华平民教育促进会安排孙伏园赴贵州定番县乡政学院工作，院长为瞿菊农先生。

1939 年，故乡绍兴稽山中学校董会特聘孙伏园为稽山中学校长，孙伏园因故不能莅绍，由其弟孙福熙代理。

1939 年 3 月 27 日，被选为中华全国文艺界抗敌协会第二届大会理事。

1940 年 1 月—1945 年 8 月，在重庆。

其间，孙伏园供职于《中央日报》、《时事新报》两大报社和中外出版社、士兵月刊社两家出版社。

1940 年初，应原湖南衡阳专署专员孙廉泉先生之邀，赴四川大竹县做中华平民教育促进会的联络工作，负责专区实施新县制所需干部的培训工作。

1940 年下半年，孙伏园母亲在绍兴仙逝，无奈山高路远，兵荒马乱，交通阻断，无法回乡奔丧。客中居丧，悲苦倍极，孙伏园重新整理旧稿"衡山四讲"，抄付石印，以文当哭，排遣悲情，祭奠慈母。

1940 年底，接张治中先生电报，匆匆离开大竹，到重庆歇马场，执教于重庆中华平民教育促进会中国乡村建设学院，并受聘重庆政治部文化工作委员会和设计委员会委员，但没有什么工作可开展，不必每天去上班，只需开会时到场。业余时间开始写作《鲁迅先生二三事》。

　　1940年冬天，重庆《中央日报》改组，孙伏园应总编辑陈博生之邀到《中央日报》，以主笔的名义主编副刊。1942年1月24日至2月7日，在《中央日报》副刊上登载郭沫若的历史剧《屈原》，孙伏园因此被撤销《中央日报》副刊"中央副刊"主编职务。

　　借重庆《时事新报》改组之机，孙伏园率领被迫离开《中央日报》的总编辑詹辱生、总务主任、资料室主任刘尊棋等进入《时事新报》，孙伏园任主笔，实际上在编辑部负总责。《时事新报》原有《青光》《学灯》两个副刊，《青光》每天见报，《学灯》每周见报。孙伏园将《学灯》改名《文林》，登载创作和文艺理论的文章，每期刊登一万字左右，《青光》则专登文艺作品。1943年上半年，在主笔《时事新报》不到一年后，即退出《时事新报》。

　　当时在重庆的大报有《中央日报》《新华日报》《扫荡报》《时事新报》四家，孙伏园已在其中两家供职过，看来要在报界发展有些困难了。鉴于此，和刘尊棋、詹辱生等组建中外出版社，从事出版工作，在重庆上清寺买下一栋新建的竹板房子，地面、地下各两层，共约100平方米，作为办公地点。

　　中外出版社首先出版了刘尊棋翻译的《月落》和《天下一家》两书。随后，出版《文汇周报》，孙伏园任该刊主编。《文汇周报》内容专收反法西斯战争的译文，作者多为美国新闻处中文部的工作人员，出版时，每期均有孙伏园为之配写的《编后记》。1945年9月，因中外出版社分别迁往上海北京，孙伏园不再负责实际工作。

　　1941年1月至1945年8月，任重庆士兵月刊社社长，负责编辑出版《士兵月刊》，《士兵月刊》为国民党军委会政治部和重庆中华平民教育促进会合办的刊物，发行对象是国民党军队的全体士兵，几乎每个战区都有，印刷发行由国民党军委会政治部负责。起初为半月刊，32开本，第三期起改为月刊，64开本。每期字数五千左右，内容以社论、新闻、军事常识、文艺作品为主。士兵月刊社在重庆南纪门，与在化龙桥的中央日报社相距较远，曾经有一段时间，孙伏园在其间来回奔波。

　　1942年4月，重庆作家书屋出版孙伏园著作《鲁迅先生二三事》，用重庆土纸印刷。

1944 年 9 月，加入中国民主同盟会。

1945 年 8 月—1949 年 7 月，在成都。

其间，在华西大学等学校教书和任《新民报》主笔兼副刊编辑。

1945 年 8 月，任成都齐鲁大学中文系主任，1946 年暑假，因成都齐鲁大学迁回济南而中断。

1946 年 9 月，应成都华西大学文学院汪德亮院长之聘在华西大学教书，一直工作到 1949 年，历时四年。

1947 年 9 月起，在华西大学教书的同时，又在"中西文化研究所"和铭贤学院、成都《新民报》兼职。

"中西文化研究所"是一个天主教神父的集团，所长是巴黎天主教远方教会的神父，中文名为文嘉礼，能讲一口地道的中国话，所内有研究文学艺术的神父十人左右。孙伏园每周给神父们讲两次中国文化课。所中环境清幽，而孙伏园正苦于华西大学的宿舍太小，便接受文嘉礼神父的邀请，住进了"中西文化研究所"，直到 1949 年夏天离开成都。

铭贤学院是一个私立学校，孙伏园在那里任中文课教学。

1946 年，应成都《新民报》总编辑关白晖之邀任该报主笔兼副刊编辑。直至 1949 年上半年《新民报》被查封。

1949 年夏天，离开成都再赴重庆。

在北碚的乡村建设学院任教授。院长是瞿菊农先生。学院有一个璧山实验区，由孙廉泉任主任，孙伏园辅助他管理实验区。老友重逢，人地两熟，工作舒心。

1949 年 7 月，在第一次全国文代会上被选为全国文联委员。

1949 年 11 月，重庆解放。孙伏园应邀参加重庆市军管会召开的文教界代表座谈会，又当选为重庆市第一届人民代表，参加了人代会。

1950—1966 年 五十七岁至七十三岁

1950 年 1 月，应胡愈之之邀欣然北上。途经武汉时，顺道看望二儿子孙惠畴。孙惠畴时任第四野战军后勤部干部学校校长。

1950 年 2 月 2 日，到达北京，出任出版总署图书馆馆长，全国文联增选孙伏园为全国委员会委员。旧地重临，又被安排进体制内，有了稳定的工作，孙伏园心情之轻松愉快非言语所能形容。

出版总署图书馆位于北京东总布胡同十号大院内的一幢小洋楼里，

1950 年 7 月 1 日，出版总署图书馆正式开馆。1951 年，在十号大院内的一空地上建了新楼，出版总署图书馆就从小洋楼迁入新楼。

1951 年 6 月孙伏园随团到上海江湾泗塘乡参观土改，参观结束后陪同林辰一行前往故乡绍兴，亲自作向导，凡是和鲁迅及其著作相关的地方，孙伏园都详加解说。一周后，林辰一行离开绍兴，孙伏园继续在故乡小住几日。

1954 年，出版总署撤销并入文化部，出版总署图书馆易名为版本图书馆，出版总署图书馆就成为了一历史上的名词，孙伏园仍继续担任版本图书馆馆长。

1954 年冬天，中风脑溢血，经抢救治疗，虽脱离危险，但因右边偏瘫，不得不在家治疗休养。

仍继续担任版本图书馆馆长，坚持在家中阅读办公，锻炼用左手写字。

1963 年 8 月 4 日，陈毅元帅专程到孙伏园家中探望，共同回忆二十年代北京文坛往事。陈毅元帅的光临令孙伏园感奋不已，他于 9 月 10 日用左手书写诗一首，以诗代信呈给元帅。

1966 年 1 月 2 日，孙伏园在北京弘通观 2 号家中去世。